대화로 해결하는
능력

대화로 해결하는 능력

초판 인쇄 2019년 9월 25일
초판 발행 2019년 9월 30일

저   자 · 구현정, 김경민
펴낸이 · 박찬익
편집장 · 황인옥
펴낸곳 · (주)박이정
주소 · 서울시 동대문구 천호대로 16가길 4
전화 · 02)922-1192~3 **팩스** · 02)928-4683
홈페이지 · www.pjbook.com
이메일 · pijbook@naver.com
등록 · 2014년 8월 22일 제305-2014-000028호

ISBN 979-11-5848-531-3 (03700)

대화로 해결하는 대화능력

구현정 · 김경민 지음

(주)박이정

머리말

서점에서 자기계발서 코너에 가면 가장 많이 눈에 띄는 책이 인간관계나 대화와 관련된 책들이다. 이렇게 훌륭한 책이 많은데 그래도 책을 써야할까 하는 생각을 떨치기 어려운 것도 사실이다. 굳이 이 책을 다시 시작한 이유는 중년에 접어든 제자의 도발 때문이다.

"선생님, 대화에 관한 책은 정말 많아요. 근데 읽어보면 대부분 대화가 중요하다, 말을 잘해야 한다, 잘 들어야 한다는 당위적인 이야기와 에피소드 몇 개일 뿐, 실제로 대화력을 키울 수 있는 내용이 드물어요."

제자의 말에 설득당한 김에 이론적으로 체계를 잡아서 실제적으로 사람들의 대화력과 우리의 말문화를 한 등급 올릴 수 있는 책을 써보면 좋겠다는 터무니없는 목표를 세우고, 내용들을 고민하게 되었다.

이 책은 여섯 개의 큰 주제를 담고 있다. 먼저 대화의 밑거름에서는 대화를 시작하기 전, 대화의 전제가 되는 기본적인 인성을 반영하는 요소들을 생각해 본다. 대화에서 말로 표현되는 것보다 더 중요한 것은 목소리의 온도나 몸짓과 같은 비언어적인 요소들이다. 이런 요소들은 잠재되어 있는 상대에 대한 배려를 드러내는 것이다. 그렇기 때문에 지능지수가 높다고 말을 잘하는 것은 아니다. 대화를 잘 하는 사람은 머리가 좋은 사람이 아니라 관계지능이 높은 사람이며, 한 사람의 관계지능은 그 사람이 하는 말을 통해 측정할 수 있다.

대화의 첫걸음에서는 상대를 알고, 나를 아는 것, 다시 말해서 지피지기(知彼知己)를 생각해 본다. 다른 사람을 이해하기 위해서는 상대의 말이나 행동이 나랑 다른 것인지, 그렇지 않으면 나는 맞고, 상대는 틀린 것인지 생각해 보아야 한다. 서로 같지 않은 것을 틀렸다고 생각하면 상대방을 바로잡아야 한다는 사명감에 사로잡혀 대화가 싸움으로 바뀌게 되기 때문이다. 따지고 보면 정답이 정해진 상황은 그리 많지 않고, 사실은 내가 틀린 것일 수도 있음에도 불구하고 목청 높여 내 주장만 고수한다. 서로 다르다는 것을 인정하려면 내 방식을 따르라고 고집하지 않아야 하고, 서로를 구속하지 않기 위해서 상대방과 적절한 심리적, 물리적 거리도 유지해야 한다. 진실한 대화를 나누려면 무엇보다 먼저 내가 나에게 진실해야 한다. 내가 가지고 있는 자존감과 자아의식, 그리고 상대방과의 적절한 거리를 생각하면서 나를 상대방에게 얼마나 드러낼 것인지를 결정하는 작업을 하게 된다.

대화로 문제를 해결하기 위해서는 먼저 한 사발의 마중물을 부어서 펌프가 작동하도록 준비 작업을 해야 한다. 대화의 마중물에서는 만나서 인사를 나누고, 잡담과 같은 소소한 대화를 나누는 상식적인 절차를 생각해 본다. 탈무드에서 입이 하나이고 귀가 두 개인 이유는 한 번 말하고 두 번 들어주라는 것이라고 해석한 것처럼 대화가 흐르기 위해서는 말하는 것보다 상대방의 말을 정성껏 들어주는 것이 더 중요한 일이다. 살아가는 일은 늘 우리를 긴장하게 만들기 때문에, 만나서 함께 웃음을 나눌 수 있는 사람들을 좋아한다. 웃음은 생활의 활력이 되고, 함께 웃는 웃음은 관계를 활기 있게 만든다. 분위기를 긍정적이고 밝게 만들 수 있는 유머는 이어지는 대화를 더 자연스럽고 유쾌하게 만드는 마중물이 된다.

이렇게 일상적으로 나누는 대화에도 공식이 있을까? 대화로 문제를 해결하기 위해서는 협동하기 위해서 지켜야 하는 원리, 순서에 따라 말을 하는 방법, 말에 대해 적절한 대답을 하는 방법, 대화를 계속 이어가는 방법들과 관련된 공식들이 있는지, 누가 먼저 말을 해야할지, 그리고 어떻게 대답을 하고, 어떻게 말을 이어가야 할지와 관련된 원리들을 생각해 본다. 대화는 상황에 따라 순발력 있게 반응하지 않으면 언제나 분위기를 깨는 말이 되고 만다.

대화의 맥락이 다르면 다른 공식이 적용되어야 한다. 밥 먹을 때 하는 대화와 술자리에서 나누는 대화가 같을 수 없고, 서로 만나서 얼굴을 보며 나누는 대화와 이메일이나 카톡으로 나누는 대화가 같을 수 없다. 그리고 잘못한 일에 대해 사과하는 대화가 일상적인 대화와 같을 수 없다. 장면과 상황에 따라 대화를 나누며 상대방을 배려하는 방식은 달라질 수밖에 없다.

대상이 다르면 다른 공식에서는 여성과 남성의 대화, 부모 세대와 Z세대 자녀와의 대화, 젊은이와 어르신의 대화와 같이 대상에 따라 달라지는 대화에 관해 생각해 본다. 또한 시대가 바뀌면서 이제는 가까운 곳에서 만나게 되는 다양한 사람들과 대화하는 다문화 시대 대화에 관해서도 생각해 본다.

이 책을 쓰는 동안 오래 묵은 제자와 연식은 다르지만 같은 세상을 살아가는 이야기들을 공유하면서 더욱 깊은 사제의 정을 나눌 수 있었음에 감사한다. 이 책 표지 디자인을 자문해 주시고, 제호를 제작해 주신 상명대학교 디자인대학 원유홍 학장님, 그리고 내용 가운데 의학적인 부분을 감수해 주신 아주대학교 의과대학 허 균 교수님께도 감사드린다. 글쓰기를 그만두고 싶은 유혹을 느낄 때마다 맛난 음식과 감칠맛 나는 언어로 격려해 준 가족들, 특히 제자의 남편인 문성욱 상무님과 딸 가은 양, 그리고 동료와 친지들께 감사드린다. 이 책을 읽고 대화가 조금 편안해졌다고 생각하는 독자가 있다면 돌덩이처럼 뭉친 어깨도 금방 풀어지리라 생각한다.

2019년 9월

저자 대표 구현정

7

Contents

밑거름은 작물이 잘 자라도록 하기 위해서 씨를 뿌리거나 모종하기 전에 주는 거름이다. 밑거름의 효과는 생명이 시작될 때부터 오랜 생육기간 동안 지속되기 때문에, 어떤 일을 이루는데 기초가 되는 요인을 비유하여 밑거름이라는 말로 표현한다. 대화로 문제를 해결하기 위해서는 대화를 하는 동안 지속적으로 효력을 발휘할 수 있는 저력이 되는 밑거름이 필요하다. 이 장에서는 우리가 대화를 할 때 말보다 먼저 나를 드러내 주는 무의식적인 몸짓이나 태도, 눈빛, 목소리 등과 같은 비언어적인 요소들과 말에 사용된 어법이나 어휘를 넘어 말하는 사람이 어떤 생각으로 말했는지를 찾아가는 의도 찾기, 그리고 지능지수가 아니라 감성지수가 높아서 관계지능이 높은 사람이 사용하는 말인 감사, 칭찬, 존중의 말에 대해 생각해 본다.

I. 대화의 밑거름

1

몸으로 대화 나눠

사람들은 말을 통해 다른 사람에게 자기의 감정을 전하고, 생각과 경험을 나누며, 토론하고, 때로는 언쟁을 하고, 또 사랑을 나누기도 한다. 힘들거나 무의식중에 혼잣말을 하는 것은 물론이고 심지어 잠자는 동안에도 꿈속에서 말을 한다. 사람이 동물과 구별되는 특성을 호모 로퀜스homo-loquens(언어적 인간)라고 하는 것도 이런 이유 때문이다. 그런데, 우리가 사용하는 의사소통의 수단에는 말뿐만 아니라 말과 함께 사용되는 특성들, 다시 말해 비언어적인 몸짓이 있다. 소통한다는 것은 기본적으로 말을 통해 서로의 생각이나 감정을 전달하는 것인데, 우리가 말을 하고 있을 때 상대방은 내 말뿐 아니라 내 몸짓을 보면서 내 말의 의도를 파악하고 있다. 구술문화와 문자문화를 저술한 옹Ong, 1982은 말은 기본적으로 목소리를 통해 전달되지만 생존 상황의 전반적인 모습이기 때문에 언제나 소리를 내기 위해서는 몸도 함께 사용하게 되고, 말에 따르는 동작은 우발적이거나 억지로 사용되는 것이 아니기 때문에 자연스럽고 피하기 어려운 것이라고 하였다. 우리가 서 있는 자세, 걸음걸이, 웃음, 얼굴 표정, 몸짓, 어루만짐, 눈빛, 시선, 목소리뿐 아니라 안면 근육의 미세한 움직임까지가 모두 우리의 심리 상태나 의사를 표현하고 있다. 말에 덧붙는 이런 몸짓들이 상대방에 대한 친밀감과 거리감, 좋음과 싫음, 정중함과 무례함, 긍정적 태도, 부정적 태도 등을 드러내게 된다.

몸짓 속에 숨은 정보

인간의 몸짓 언어에 대해 연구하는 '동작학kinesics'이라는 새로운 학문 분야를 창시한 버드휘스텔Birdwhistell, 1952의 연구에서는 의사소통할 때 65~70%는 비언어인 몸짓언어가 정보를 전달하며, 음성언어인 말이 전달하는 정보는 불과 30~35%에 지나지 않는다고 하였다. 더 나아가 비언어적 의사소통을 연구한 머레이비언Mehrabian, 1971에서는 말의 내용은 7%만 전달하고, 목소리 톤이나 억양과 같은 청각적 요소가 38%, 그 밖의 비언어적 몸동작과 같은 시각적 요소가 55%를 전달한다고 하였다. 말의 내용이 중요하다고 생각해 왔기 때문에 이런 결과가 과장되었다고 생각할 수 있지만, 실제로 사람들은 언어적 메시지와 비언어적 메시지가 서로 다르면 비언어적 메시지를 더 신뢰하는 경향이 있다.

> 지민 : 왜 그렇게 화를 내?
> 예준 : 나 화 안 났어.
> 지민 : 그런데 왜 표정이 그래?
> 예준 : 글쎄, 나 정말 화 안 났다니까.

이 대화에서 말로는 아무리 화가 안 났다고 하여도, 실제로는 화가 난 상태인 것이 분명하다. 이것을 전달하는 것이 비언어적인 몸짓언어이다. 신체의 각 부위를 사용하는 몸짓은 대부분 인간의 보편적이고 자연스러운 반응이다. 아이들은 자연스럽게 몸짓언어를 익혀서 사용하며, 말보다 먼저 학습되기 때문에 설령 입술로는 거짓을 말하더라도 온몸으로 거짓을 말하기는 어렵다.

네 모든 몸짓이 큰 의미인 걸

전달하고자 하는 말의 내용에 따라서 몸짓은 달라진다. 상대방을 비난하는 말을 할 때는 목의 근육이 긴장되고 숨이 거칠어지며, 한쪽 팔을 펴서 상대방을 향하는 몸짓을 사용하게 되는데, 이러한 몸짓은 여러 사회집단에서 공통적으로 발견된다. 그러나 아주 이성적인 대화를 하는 경우에는 거의 몸짓을 사용하지 않고, 몸은 굳어져 있으며, 입도 거의 움직이지 않는다. 흥분하거나 강조할 때는 주먹을 불끈 쥐거나 팔을 뻗고, 자신이 없거나 감정이 가라앉을 때는 고개를 떨어뜨리거나 물건을 만지작거린다.

지위나 관계에 따라서도 몸짓은 다르게 나타난다. 상대적으로 지위가 높은 사람들은 덜 긴장하기 때문에 상의를 풀어놓고, 서 있을 때 주머니에 손을 집어넣거나, 비스듬히 앉아서 다리를 책상 위에 올려놓기도 한다. 그러나 상대적으로 지위가 낮은 사람들은 몸이 되도록 작아 보이도록 하는 몸짓을 사용해서 옷의 단추도 꼭 잠그고, 앉거나 설 때 몸이 긴장되어 위축되기도 한다. 의자나 책상에 걸터앉는 동작은 경쟁 관계에 있거나, 의견이 일치되지 않을 때 나타난다. 팔짱을 끼고, 단추를 잠그고 있는 것은 방어적인 몸짓으로 마음을 개방하거나 심정의 변화를 원하지 않는다는 것을 나타낸다. 발을 포개놓는 폐쇄적인 몸짓은 경쟁 상태를 나타내지만, 한 쪽 발목을 다른 쪽 무릎에 얹었다가 다리를 내려놓는 것은 합의점에 도달했음을 나타낸다.

소개팅을 주선하고 옆자리에서 두 사람을 관찰해 보자. 얼굴을 들어서 눈을 맞추고, 손등으로 턱을 괴거나 뺨에 손을 대고, 종종 손을 비빈다면 상대방에게 관심이 있다는 것이다. 그러나 앉아서 검지로 턱을 받치거나 주머니에 손을 집어넣고, 말을 들으면서 손이 귀로 가는 것은 관심이 없다는 것이다. 또 옷의 보풀을 떼는 척하거나 출발할 것 같은 자세를 취하며, 발끝이 문 쪽으로 향한 다면 상대와 더 말하고 싶지 않다는 것이다. 거짓말을 할 때는 코나 입을 만지거나 손바닥을 숨기고, 옷의 목둘레를 잡아당기거나 발을 많이 움직인다. 같이 있는 것이 불편한 상대와 차를 마실 때는 잔을 양손으로 들고, 불편한 상대와 서있을 때는 다리를 엇갈린 채 서거나, 팔짱을 낀다.

이런 몸짓들은 대체로 보편성이 있는 것들이지만, 개별적 특성이 드러나는 몸짓들도 있다. 그러나 모든 몸짓이 말하는 사람의 기분이나 감정을 나타내는 것은 사실이며, 바람직한 대화를 위해서는 몸짓을 통해 자신의 생각이나 느낌을 더 효율적으로 나타낼 뿐 아니라, 상대방의 몸짓 속에 담겨 있는 생각과 느낌을 파악하는 것도 중요하다.

그런 표정 짓지 말아줘

모든 영장류는 얼굴 표정facial expressions이라는 기호 체계를 사용해서 상대방에게 마음을 전달할 수 있다. 사람들은 예외적인 경우가 아니라면 상대방의 얼굴을 보면서 대화를 나눈다. 대화의 창구가 열리면서 가장 먼저 파악하는 정보도 표정을 통해서 들어오고, 상대방의 표정을 살피는 것은 대화가 시작될 때부터 끝날 때까지 계속된다. 이런 의미에서 본다면 말로 대화를 나눈다고 해도 이미 의사소통의 통로는 청각만이 아닌 청각과 시각, 이렇게 둘인 셈이다.

대화란 결국 두 사람이 일정한 정보를 주고받는 일이기 때문에 상대방이 누구인가를 확인하는 일이 가장 먼저 이루어질 수밖에 없다. 우리는 상대방의 얼굴을 통해 그 사람의 인종, 성, 나이, 건강, 직업, 성격 등에 관한 정보를 거의 다 얻을 수 있다. 또한 음성언어에는 반영되지 않는 감정적인 요소나 의지적인 요소들도 모두 얼굴 표정 속에 드러난다. 평소 안경을 쓰던 사람이 안경을 벗은 채로 대화를 하다 보면, 안경을 썼을 때보다 잘 이해가 되지 않는 것을 경험하게 된다. 이것은 상대방의 얼굴 표정을 보지 못하는 것이 청취와 해석에 장애가 되기 때문이다.

또 한 가지 중요한 것은 듣는 사람은 말하는 사람에게 표정으로 반응을 보이고 있다는 것이다. 가령, 고의적으로 하품을 하면 나의 이야기가 무료하거나 관심이 없다는 뜻이지만, 입술을 오므리면 관심의 표현이다. 놀이를 하는 아이들도 자신이 이겼다고 느낄 때는 이마를 올리고, 눈을 크게 뜨고, 목을 내밀고, 턱을 올리지만, 졌다고 생각하면 이맛살을 찌푸리고, 눈에 힘이 빠지고, 목을 움츠리고, 턱을 내린다.

여진 : 분위기 깨지 말고 날 봐서라도 제발 얼굴 좀 펴요.
남준 : 이렇게 웃으라고?

여진: 정말 표정 관리 못하네.

그게 어디 웃는 거야? 인상 쓰는 거지.

미소를 띠고 이야기하고, 미소를 띠고 이야기를 듣는 것이 가장 호의적인 대화가 된다. 재미있는 점은 원숭이들의 사회에서 낮은 계층의 원숭이들이 높은 계층의 원숭이들의 비위를 맞추기 위해서 미소를 짓는다는 것이다. 그래서 기원적으로 볼 때 공포가 변형된 것이 웃음이고, 종속적인 지위와 관련되어 약자임을 표현하는 행위라는 견해도 있다. 그렇지만, 공격성이 아닌 우호성을 추구하는 인간관계에서는 '웃는 얼굴에 침 못 뱉는다'는 말이 대변하듯 설사 공격적인 마음이 생기는 상황에서도 미소를 띤 상대를 보면 분위기가 부드럽게 바뀐다. 이처럼 부드러운 표정은 대화를 부드럽게 바꾸는 효과를 갖는다.

눈으로 말해요

눈맞춤eye contact도 몸짓언어에서 중요한 요소이다. 우리말의 '눈이 맞다'라는 표현이 잘 말해주는 것처럼 눈이 마주치는 것은 신비롭고 매력적인 특질들을 가지고 있다. 눈맞춤은 친밀하게 지내자는 요청이거나 친밀하다는 표시이다.

눈빛을 보면 알 수 있어
그대가 내 것임을
눈빛만 봐도 알 수 있어
그대가 원하는 걸

〈눈빛 -이윤오〉

상대방과 어떤 형태의 눈맞춤을 하느냐에 따라 상대를 편안하게 해 줄 수도 있지만, 불편하게 할 수도 있고, 신뢰와 믿음의 형태도 다르게 나타난다. 어려서 부모에게 학대를 당했거나, 지나치게 엄격한 부모 밑에서 자라서 따뜻한 눈길을 경험해 보지 못한 사람들은 다른 사람과 대화를 할 때 눈빛 교환에 어려움을 느낀다. 눈맞춤을 피하는 성향을 가진 상대라면 무언가를 숨기거나 피하려 한다고 느껴지기 쉽고, 아래로 내리뜬 눈은 부끄러움이나 정숙함을 나타내고, 힘을 주어 똑바로 보는 눈은 적대감을 나타내며, 눈살을 찌푸리는 것은 불만족을 나타낸다. 그러나 사람들이 가장 불편하게 느끼는 것은 말은 하지 않고 계속적으로 응시할 때이다.

서양에서는 대화를 할 때 상대방의 신분과 관계없이 눈을 마주보고 하는 것이 예의이지만, 동양에서는 웃어른과 대화하면서 눈을 마주보는 것은 예의에 어긋나는 것으로 여겨 왔다. 신분이 낮거나 같은 경우는 서로 바라보며 이야기하지만, 웃어른과 이야기할 때는 웃어른의 가슴 정도로 시선을 낮추는 것이 바른 태도라고 교육해 왔다.

> **현우** : 형, 그 여자 눈빛 봤어?
>
> **건우** : 응. 눈도 크고, 눈빛도 맑고, 초롱초롱하고…
>
> **현우** : 그러니까 형이 맨날 당하지.
>
> **건우** : 무슨 소리야?
>
> **현우** : 볼 걸 봐야지. 형 똑바로 보면서 말하는데, 무지 당돌해
> 보여.

말을 하면서 상대방이 나에게 오랫동안 눈길을 주는 것은 긍정적인 상황과 부정적인 상황이 있다. 긍정적인 상황은 상대방이 나를 아주 흥미롭고 매력적이라고 생각하거나 나에게 호감을 가지고 있는 경우이고, 부정적인 상황은 상대방이 나에게 적대감을 가지고 있어서 날카롭게 부릅뜬 눈을 통해 도전을 표현하고 있는 경우이다.

그럼 이러한 차이를 어떻게 구별할 수 있을까? 말을 하는 장면이 극단적으로 대립되기 때문에 상대방은 공격적으로 눈길을 보내는 것을 관심이나 호감으로 해석하는 것과 같은 혼동을 일으킬 상황은 없겠지만, 호감을 표현하는 눈길을 보낼 때는 동공이 크게 열리지만, 도전적인 눈길을 보낼 때는 동공이 아주 작게 수축이 된다. 친밀한 관계의 사람들이 나누는 대화라면 말하는 시간의 약 60~70% 동안 상대방과 눈길을 마주하고 부드러운 눈빛으

로 말을 하면 서로 호감이 더 증진될 것이다. 그러나 상대방이 친숙하지 않은 이성일 경우 지속적으로 눈길을 주면서 부드러운 눈빛으로 바라보는 것은 상대방을 당황스럽게 만들거나 불쾌하게 할 수 있다. 누구나 상대방과의 관계 정도에 따라 균형 잡힌 접촉을 하고자 하기 때문에 눈길을 주고받는 정도도 서로 균형을 맞추어서 상대방을 불편하지 않게 배려하는 것이 필요하다.

눈은 감정이나 느낌의 변화를 가장 잘 드러내 준다. 대화를 하면서 수시로 감정이나 느낌이 변화할 수 있는데 이것을 가장 빠르고 정확하게 반영하는 곳이 바로 눈이다. 따라서 상대방의 눈을 보면서 이야기하는 것은 적극적이고 능동적인 대화에서 꼭 필요한 요소가 된다. "당신의 눈빛과 당신의 말 한마디가 이 세상의 모든 지식보다도 나를 즐겁게 합니다."라는 파우스트의 대목처럼 우리는 눈빛으로 충분히 의미 있는 소통을 할 수 있다. 우리가 세상에 처음 왔을 때도 눈으로 말했고, 세상을 떠날 때도 눈으로 말할 것이다. 그러기에 살아있는 오늘 나와 마주하는 사람들에게 따스하고 부드러운 눈빛을 나누며 이야기하는 것은 더욱 의미 있는 일일 것이다.

내 몸에 손대지 마!

신체 접촉skinship은 가장 알기 쉬운 형태의 몸짓언어이다. 아기는 태어나기 전 태아 단계부터 몸짓을 통해 어머니와 의사소통을 한다. 어머니는 태아의 태동으로 건강 상태를 파악하고 심리적으로 안정을 취하게 된다. 그러므로 모든 몸짓 가운데 가장 먼저 습득되고 사용되는 것이 신체 접촉이다. 악수, 가볍게 두드리기, 팔짱끼기, 손잡기, 쓰다듬기 등 다른 사람과의 신체 접촉은 친근감을 바탕으로 대화 분위기를 좋게 만드는 역할을 한다. 일반적으로 신뢰, 분노, 자비, 연민, 온정, 흥미, 관심 등을 신체 접촉을 통해 표현하는데, 접촉은 개인적이고 친밀한 관계에서 이뤄지지만 친밀감을 느끼는 정도가 다 다르기 때문에 오해가 생길 수도 있다.

서현 : 그 선배 정말 이상해. 왜 남의 머리를 쓰다듬어?
준수 : 그냥 후배니까 귀엽다는 표시겠지, 까칠하기는…
윤서 : 무슨 말? 남자 선배가 그럴 땐 하지 말라고 분명히 말했어야지.

신체 접촉을 하는 행동이 친밀감을 표현하는 것이라 할지라도 신체 접촉이 어려운 두 가지 이유가 있다. 하나는 신체 접촉이 힘의 관계와도 밀접하게 연결되어 있다는 점이다. 선배와 후배, 선생과 학생, 의사와 환자, 사장과 직원과 같은 사이에서 누가 어깨에 손을 올리고, 등을 두드리고, 머리를 쓰다듬을 수 있을까? 고프만Goffman, 1967의 접촉의 체계touch system에 의하면 대개 높은 지위에 있는 사람이 낮은 지위에 있는 사람에게 먼저 신체 접촉을 한다. 지위가 낮은 사람이 높은 사람을 만지는 것은 종종 모욕이나 반항으로 생각되어 왔다. 실제로 접촉의 빈도를 조사하면 자기보다 지위가 낮은 사람에게 가장 많고, 그 다음이 동료이며, 지위가 높은 사람에게 접촉하는 경우는 가장 낮게 나타난다. 또한 정보를 제공하거나, 충고나 명령을 하는 지위에 있는 사람, 상호관계에서 우위에 있는 사람이 더 신체 접촉을 원해서, 신체 접촉이 아랫사람들을 설득하기 위한 조건으로 제시되기도 한다. 따라서 신체 접촉은 우월함을 드러내려는 것으로 해석될 수 있다는 점이다.

또 다른 이유는 신체 접촉이 성적 접촉과 혼동되기 때문이다. 어린아이가 성장하는 과정에 신체 접촉은 매우 중요하고, 이 영향은 어른이 되어서도 지속된다. 그렇지만 성인이 되면 되도록이면 모르는 사람과의 신체 접촉을 하지 않으려고 한다. 동물학자인 모리스Morris, 1974는 그 이유를 붐비는 생활환경 속에서 신체 접촉이 성적 접촉과 혼동되기 때문에, 성적 접촉이 아니라 하더라도 신체 접촉을 피하게 되는 것이라고 하였다. 따라서 지하철에 여성 전용칸을 만들거나, 승강기 같이 좁은 공간에서는 서로 닿지 않기 위해 불편한 자세를 취하고, 어쩔 수 없이 신체 접촉을 하게 되면 사과를 한다. 이와 같이 신체 접촉은 우월감의 표현이나 성적 접촉으로도 해석될 수 있고, 실제로 그런 일들이 '미 투Me Too'로 표출되기도 한다. 부적절한 신체 접촉은 사회 문제를 야기하기 때문에 신체 접촉은 더 엄격하게 사회 문화적 해석의 맥락으로 들어가게 되었다.

　언어학자 사피어Sapir, 1927는 "우리는 지나칠 정도로 민감하게 몸짓에 반응한다. 그리고 어디에도 기록되어 있지 않고 누구에게도 알려지지 않았으면서도 모두가 이해하는 정교하고도 신비로운 관례에 따라 몸짓을 사용하고 이해한다."고 하였다. 사람들은 내 말의 내용이 아니라 몸짓을 해석하는 신비로운 관례에 따라 내 말의 의도를 파악하고 나와 의사소통을 한다. 심지어 내가 자신을 어느 정도 좋아하고, 얼마나 가깝게 느끼며, 얼마나 존중하는지도 다 알아낸다. 이렇게 신비로운 관례를 질적으로는 정확하게, 양적으로는 풍부하게 이해하기 위한 노력만큼 우리의 의사소통도 정확하고 풍부해질 것이다.

② 너의 목소리가 들려

처음 보는 물건이 있을 때 사람들은 그 물건이 무엇인지 알기 위해 자세히 살펴보고 곧 두드려본다. 그 물건에서 나는 소리를 통해 그 물건의 내부 구조를 감지할 수 있기 때문이다. 이것은 사람을 처음 만났을 때도 적용된다. 그 사람의 인상을 결정짓는 요소로 시각으로 감지하는 외모만큼 중요한 것은 청각으로 감지하는 목소리이다. 앞서 살핀 멜라비언의 연구에서는 우리가 상대방을 판단할 때 말투, 억양, 목소리, 속도, 발음과 같은 청각적인 요소voice가 38%를 차지한다고 하였다. 이에 따르면 의사소통의 3분의 1이 목소리에 의해 결정된다는 말이다.

중국인이 사용하는 웨이신Wechat, 微信에는 음성 메시지 전송

기능이 있다. 텍스트 메시지를 짧은 오디오 클립으로 보내는 이 기능이 중국 사람들의 의사소통 방식을 바꿔 놓았는데, 알파벳으로 병음pinyin을 입력해서 한자로 변환해야 하는 번거로움 대신 휴대폰을 입 근처에 대고 마치 무전기를 사용하는 것처럼 길을 걸으며, 또는 지하철 안 등 어디에서나 대화내용을 목소리 파일로 전송하는 것을 볼 수 있다. 매번 한자 변환을 해야 하는 복잡한 문자체계의 한계도 있지만, 성조언어의 특성을 갖는 중국어는 목소리를 통해 소통하는 것이 더 효율적이기 때문일 것이다. 그렇지만 성조언어가 아니라 해도 문자로 받는 메시지와 녹음된 소리를 듣는 메시지는 전달하는 정보량에 큰 차이가 있다.

이게 내 목소리라고?

말을 하면 전달 내용은 소리라는 옷을 입게 되기 때문에, 듣는 사람들은 내용보다 먼저 그 소리가 좋은 소리인지 거슬리는 소리인지를 판단하게 된다. 사람의 목소리도 소리의 한 종류이기 때문에 진동과 공명으로 이루어져 있다. 이것이 사람마다 달라서 "여보세요." 하는 소리만 듣고도 상대방이 누구인지 알 수 있는 것이다. 그리고 그 소리를 들으면 자기가 좋아하는 소리인지 싫어하는 소리인지를 감각적으로 느끼게 되는데, 이런 판단은 거의 본능적으로 이루어진다.

목소리는 폐에서 나온 공기가 성대를 진동시키면서 만들어진다. 사람은 후두에서 높이와 크기를 대부분 조작하는데, 사람에 따른 목소리의 특징은 기본 주파수를 중심으로 해서 다양한 주파수가 섞이는 정도(하모닉스)와 울림(공명)에 의해 결정된다. 목의 길이, 코의 길이 등 얼굴 생김새가 같은 사람이 없듯이 목소리도 얼굴에서 공명되어 나는 것이기 때문에 사람마다 다른 목소리를 가진다. 자신의 목소리를 녹음이나 동영상 촬영 등으로 듣게 되면 평소 자신이 알고 있던 목소리와 다르기 때문에 어색함을 느끼곤 한다. 이것은 자신이 듣는 목소리가 몸속에서 뼈를 타고 올라오는 소리와 입 밖으로 나와 귀로 들리는 소리가 혼합된 것인 반면, 녹음된 목소리는 입 밖으로 나오는 소리만 녹음된 것이기 때문이다. 다른 사람이 듣는 내 목소리는 내가 알고 있는 나의 목소리가 아니라 결국 녹음된 그 어색한 소리인 셈이다.

소리는 물리적 특성을 갖고 있어서 높낮이를 나타내는 높이 pitch, 크기loudness, 지속 시간duration 등의 특성들을 조절해 가면서 상황이나 감정에 따라 달라지는 내면적 의식을 드러낸다. 그렇기 때문에 목소리가 말하는 사람에 대한 이미지 형성이나 상호관계에 많은 영향을 준다.

남편 : 여보! 오늘 어머니 오실 거예요.

아내 : 알았어요.

남편 : 목소리가 왜 그 모양이야?

말로 표현된 아내의 전달 내용만으로는 부정적인 요소가 발견되지 않는다. 그러나 아내가 어떤 목소리로 말하느냐에 따라 좋은 관계가 유지될 수도 있고, 악화될 수도 있다.

왜 갑자기 소리가 바뀔까?

소리의 높낮이는 성대 길이에 따라 달라진다. 남녀의 성대는 태어날 때 1cm로 똑같지만 성인이 되면 남성은 2~2.5cm, 여성은 1.5~1.8cm로 차이가 생긴다. 성인 남자 목소리의 기본 주파수는 약 100~150Hz, 여성의 경우 200~250Hz 정도이다(100Hz는 1초에 성대가 100번 진동한다는 뜻으로, 소리가 높아질수록 주파수도 높아진다.). 피아노 음계로 나타내면 남성은 가운데 '도'음 정도, 여성은 한 옥타브 위인 높은 '도' 음 정도여서 혼성 합창을 할 때 여성은 높은음자리표를 사용하고, 남성은 낮은음자리표를 사용한다. 소리의 높이는 감정의 상태를 잘 드러내서 기쁨과 두려움, 분노, 긴장 등을 느낄 때는 소리가 높아지지만, 우울하거나 피곤, 침착할 때는 소리가 낮아진다.

지호 : 누구 전환데 갑자기 목소리를 근엄하게 깔고 그러니?
우진 : 어제 소개팅서 만난 여자 전화거든.

마음에 드는 이성을 만나면 남성의 소리는 평소보다 더 낮고 깊어지고, 여성의 경우 평소보다 더 높은 목소리로 말하는 경향을 보인다. 서로에게 남성성과 여성성을 돋보이게 하고 싶은 마음 때문이다. 남성의 낮은 중저음 목소리는 안정감과 지적인 느낌을 준다. 뉴스 프로그램을 진행하는 여성들이 차분하고 낮게 목소리를 내는 것은 사람들이 높은 소리보다 낮은 소리를 더 신뢰할 만하다고 생각하기 때문이다. 소비자들이 항의 전화를 했을 때 차분하고 낮은 목소리로 응대를 하면 노여움이 빨리 수그러든다. 그래서 공적인 상황에서는 조금 더 깊고 차분한 소리가 좋은 소리로 인식되는 경향이 있다. 자녀들이 흥분해서 마구 이야기 할 때도 같이 흥분하기보다는 깊고 차분한 목소리로 이야기해 주면 더 효과적이다. 그러나 라디오 교통 정보와 같은 짧은 시간에 많은 정보를 전달할 때는 높은 소리로 빨리 말하고, 114 안내와 같이 전화로 정보를 줄 때도 높은 소리를 사용해서 상쾌한 느낌을 줄 수 있다.

　　일반적으로 높은 음높이와 활발한 조바꿈은 젊음과 즐거움을 나타내고, 낮은 음높이와 더딘 조바꿈은 안정감, 자신감, 확신을 주는 반면 무기력, 권태감과 같은 부정적인 감정이 전달되기도 한다. 성대도 신체의 일부로 노화가 진행되는데, 중년 이후 호르몬의 영향으로 여성의 음도는 낮아지고, 남성의 음도가 높아진다. 단조로운 음도로 대화를 하면 상대방은 최면술에 걸린 것처럼 따분해하고 멍해지므로 내용에 따른 음높이 조절이 필요하다. 최적의 높이는 평균보다 조금 낮은 수준의 음정을 유지하면서 즐거운 기분으로 부드럽게 말하는 것이다.

목소리 큰 사람이 이긴다?!

목소리의 크기는 소리를 낼 때 발산하는 힘에 따라 달라진다. 성량이 풍부한 큰 소리는 확고함과 자기 확신, 열정과 힘을 느끼게 하지만, 성량이 빈약하고 가늘고 작은 목소리는 불안함과 나약함, 우유부단함, 무기력함을 느끼게 한다. 목소리하면 제일 먼저 떠오르는 것은 '목소리 큰 사람이 이긴다.'는 말이다. 목소리가 커지는 것은 자기를 방어하려는 본능적 행동이다. 큰소리는 경고, 협박, 으름장 등과 같은 공격성을 포함하고 있어서 듣는 사람은 위협을 받는다고 느끼게 되며, 결과적으로 호감을 갖기보다는 기피하게 만드는 요인이 된다.

여진 : 조용히 말해도 될 걸, 왜 이렇게 소리를 질러?
남준 : 누가 소리를 질렀다고 그래?
정말 소리 한번 질러 볼까?

목소리는 크기가 중요하다. 어떤 때는 너무 커서 문제가 되고, 어떤 때는 너무 작아서 문제가 된다. 공적으로 크게 말해야 할 내용을 작은 소리로 말해도 전달의 문제가 생기고, 개인적으로 작게 말해야 할 내용을 큰 소리로 말해도 관계의 문제가 생긴다. 그런데 우리나라 사람들의 목소리는 상대적으로 상당히 큰 편이다. 더구나 오랜 시간 이어폰을 끼고 생활하는 청소년일수록 목소리가 더 큰 경향이 있다. 문화적 수준이 높을수록 큰 소리를 사용하는 것을 좋지 않게 생각하고, 특히 식당이나 지하철 같이 여러 사람이 함께 사용하는 공간에서 큰 소리로 이야기하는 것은 거의 폭력에 가깝게 받아들이기도 한다. 그런가 하면 공적인 자리에서 자신의 생각을 전달해야 할 경우에 작은 목소리로 말하는 것은 좋은 의견이라 할지라도 무시하도록 만드는 불리한 요소가 된다.

목소리의 크기는 상대방과 나 사이의 거리감을 결정짓는 중요한 요소다. 친밀한 관계일수록 두 사람 사이의 간격이 좁고, 작은 소리로 이야기하지만, 공적인 관계일수록 간격이 넓어지고 그만큼 목소리도 커진다. 테이블을 두고 앞에 앉아있는 사람에게 크게 이야기할 필요는 없지만, 지나치게 작은 목소리로 말하면 상대방이 말을 듣기 위해 가까이 접근해야 하고 의도치 않게 좁혀진 간격 때문에 서로 불편할 수도 있어서 적절한 목소리 크기로 배려하는 감각을 익힐 필요가 있다. 미국 최고의 토크쇼를 진행하는 오프라 윈프리는 목소리의 크기를 자유자재로 조절하는 것으로 유명하다. 때로는 작게 귓속말 하듯 이야기해서 상대방이 바싹 다가앉게 만들고, 시청자들에게 가까운 관계에서 긴밀한 비밀 이야기를 나누고 있다는 느낌을 주다가, 갑자기 큰 소리로 이야기를 해서 지루함은 없애고 재미를 배로 늘리는 기교가 뛰어나다.

조용한 환경에서 자란 사람은 큰 소리로 말하는 사람과 가까워지기 어렵다. 큰 소리 자체가 화가 난 것으로 받아들여져서 쉽게 놀라기 때문이다. 반대로 큰 소리로 말하는 것이 습관인 사람도 작은 목소리로 말하는 사람과 가까워지기 어렵다. 말을 입안에 넣고 얼버무리는 것이 무언가 숨기려는 것으로 생각되기 때문이다. 그래서 본질적인 내용에 들어가기 전에 목소리에 걸려 넘어져서 대화 자체가 이루어지지 않게 마련이다. 일반적인 대화에서 목소리의 크기는 대략 1m 거리에서 편하게 들리는 55dB 정도가 적당한 것으로 알려져 있다. 그러나 크기를 측정하면서 말할 수는 없고, 상대방을 배려하는 마음만 있다면 상대방의 목소리가 어느 정도인지를 판단하고, 그와 비슷한 정도로 말하면 적당할 것이다.

나는 적극관여형일까?

말의 속도 또한 목소리 구성의 중요한 요소인데, 속도는 소리가 지속되는 정도와 말을 쉬는 휴지pause로 결정한다. 얼마만큼 쉬면서 말을 하느냐에 따라 긍정적으로도 부정적으로도 보일 수 있는데, 한 단어는 붙어서 말하는 것이 정상이지만, 보통 단어와 단어, 구와 구, 절과 절, 문장과 문장 사이에는 일정 시간 쉬었다가 말한다. 예를 들어 '속보입니다'를 '속#보입니다'로 말하느냐, '속보#입니다'로 말하느냐에 따라 말뜻이 달라진다. 또한, "화났어요?"하고 묻는 사람에게 "괜찮아요. (잠시 침묵) 그런데,,,"라고 휴지를 두고 한참 뒤에 입을 떼면, 그 말 자체가 그다지 괜찮지 않다는 메시지를 전달한다. 이 경우에는 휴지 자체가 메시지가 된다. 말을 할 때는 대략 1분에 300개의 음절을 말하는 것이 적당하다. 단어로 보면 1분당 125단어에서 190단어 사이에 해당되는데, 분당 200단어 정도가 되면 이해가 잘 안되기 시작해서 분당 250단어가 넘어가면 이해도는 급격히 줄어든다.

말의 속도는 말하는 사람의 감정이나 태도와 함께 전달하는 내용의 긴급성이나 중요성 등을 나타낸다. 불이 났다는 것과 같이 긴급하게 전달해야 할 정보는 빠른 속도로 이야기한다. 그러나 일상적인 대화에서 말의 속도가 빠르고 침묵시간이 거의 없으면 성격이 활동적이고 외향적인 경향을 갖는다.

대화학자인 태넌Tannen, 1984은 속도에 따른 대화 유형을 적극관여형high-involvement style과 심사숙고형high-considerateness style으로 나누었다. 적극관여형은 말을 하면서 거의 쉬지 않고 빠른 속도로 말하면서 열성적으로 대화에 참여하지만, 심사숙고형은 말의 속도도 느리고, 말 중간에 쉬는 시간도 길다.

현준 : 사람 답답하게 왜 그렇게 뜸만 들이고 말을 안 해?

예준 : 내가 말하려고 하면 네가 먼저 말을 시작하니까 내가 말을 못 하는 거야.

적극관여형인 현준과 심사숙고형인 예준의 대화는 말의 빠르기에 걸려서 정말 하고 싶은 이야기에는 접근하기 어려워지고 만다. 예준이는 최소한 5초 정도의 여유가 있어야 말을 시작하는데, 현준이는 3초 동안 말이 나오지 않으면 할 말이 없는 것으로 생각하고 또 자기가 말을 시작하기 때문이다. 현준이는 혼자서 대화를 이끌어 가야 한다고 불만을 가질 수 있지만, 예준이는 자기가 말을 하지 못 하도록 현준이가 늘 말을 가로챈다고 불만을 가질 수 있다. 상대가 적극관여형인지, 심사숙고형인지를 고려하여 상대의 말 속도에 보조를 맞추어서 상대와 말하는 속도를 비슷하게 유지해 주는 것이 상대를 배려하는 방법이 된다.

일반적으로 속도가 빠른 사람이 느린 사람보다 설득력이 있고, 생기 있게 느껴지며 업무의 능력과 인간관계에서도 유능한 인상을 줄 수 있는 반면, 성격이 급하거나 흥분해서 과장된 표현을 한다는 인상을 주어 진실성과 신뢰성을 주지 못한다는 한계도 있다. 반대로 말의 속도가 느리면 신중하고, 무게 있으며, 신뢰할 수 있다는 인상을 줄 수 있는 반면, 머리의 회전이 빠르지 않고, 게으른 인상을 줄 수 있으며, 대화할 때 상대방이 답답함을 느끼고 대화 내용과 무관한 딴 생각에 빠질 수 있다는 한계가 있다.

딱 1도만 높여도…

사람들은 대부분 목소리를 통해 감정을 전달받기 때문에 목소리는 대화를 지속시키는 중요한 요소가 된다. 따라서 바람직한 대화를 위해서는 목소리의 훈련이 필요한데, 이 훈련은 아름다운 목소리를 갖기 위한 것이 아니라 자연스러운 말소리를 위한 것이다. 자연스러운 말소리란 적당한 세기와 높이, 알맞은 빠르기, 명료하고 고른 음정을 가지고 있어서 듣기에 단조롭거나 거북하지 않은 말소리를 의미한다. 목소리의 중요성이 강조되면서 호감을 주는 목소리를 만들기 위해서 스피치 학원에서 음성적. 언어적 측면에서 목소리의 상태를 개선시켜주는 발성을 배우기도 하고, 목소리를 성형하려고 병원을 찾는 사람들까지 생겼다. 성대는 손톱 크기 정도로 작아 사실상 정교한 수술이 불가능했지만, 최근 발성기관에 시술하는 보톡스, 레이저 등 다양한 치료법이 개발되어 '목소리 성형'도 가능하게 되었다.

시술이 필요할 정도로 불쾌한 소리가 아니라면 발성 습관을 바꾸는 훈련을 통해서도 목소리를 바꿀 수 있다. 다양한 감정을 표현할 수 있는 음색을 발성법을 통해서 훈련하는 것인데, 안정감 있고 편안한 목소리를 만들기 위해서는 깊은 목소리를 내는 것이 필요하다. 말하는 입을 중심으로 해서 코에서 소리를 내면 들뜬 목소리가 나온다. 조금 더 낮추어서 목에서 소리를 내면 코에서 낼 때보다는 좀 더 깊어진다. 그렇지만 목에서만 소리를 내면

갈라지거나 쥐어짜는 소리가 나오기 때문에 듣는 사람이 쉽게 피곤하다고 느끼게 된다. 조금 더 낮추어서 가슴에서 소리를 내면 울림이 조금 더 풍성해지고, 더 낮추어서 아랫배에서 소리를 내면 아주 침착한 소리가 나게 된다. 몸을 악기로 쓰는 성악가들은 소리를 내기 시작하는 곳이 넓적다리부터라고 말한다. 그러니까 입을 기준으로 해서 더 낮은 곳에서 소리를 만들수록 소리가 더 깊고 차분해진다는 것이다.

사람의 목소리는 가변적이어서 상황에 따라 목소리를 바꾸는 것이 가능하다. 목소리를 바꾸는 요소인 소리의 높이, 크기, 억양 등을 마음대로 조절할 수 있고, 말의 속도도 조절할 수가 있다. 또한 똑같은 사람이라도 누구와 이야기하느냐에 따라 목소리가 달라진다. 집에서 가족들과 이야기할 때의 목소리와 이성 친구를 만났을 때, 회사에서 발표를 할 때 내는 목소리는 확실히 다르다. 이처럼 선천적으로 타고난 목소리라도 여러 개의 변이형을 가지고 있으며, 가다듬어진 목소리로 이야기할 수 있다는 것을 알 수 있다. 그렇기 때문에 자신의 목소리를 녹음을 해서 들어보면서 마음에 드는 목소리를 찾아내서 모창을 하듯 계속 따라하는 것도 좋은 훈련이 된다.

목소리 훈련에서 중요한 것은 목소리가 좋냐 나쁘냐보다 목소리가 따뜻하냐, 차가우냐 하는 목소리의 온도이다. 차가운 목소리는 냉담함과 무관심을 나타내고, 따스한 목소리는 관심과 애정을 나타내기 때문이다. 따라서 대화할 때 들리는 상대의 목소리는 나에 대해 어떤 감정을 가지고 있는지를 드러내는 척도가 된다. 똑같은 말이라도 대상이 누구냐에 따라, 그리고 그 대상을 지금 어떻게 생각하느냐에 따라 목소리 온도는 섬세하게 달라진다. 상대방에 대한 배려는 관심과 애정으로 나타나고, 이것은 목소리의 온도를 높여 주는 요인이 된다. 가족, 직장 동료, 친구들에게 평소보다 목소리의 온도를 1도 정도만 높여서 이야기 해보면 기적처럼 훈훈해지는 관계를 경험할 수 있을 것이다.

3

숨은 뜻 찾기

대부분의 사람들은 '무엇을' 말할까에 대해서 고민을 하지만, '어떻게' 말할까에 대해서는 소홀히 하는 경우가 많다. 메시지를 전달하고자 머릿속에 하고자 하는 말을 수없이 넣었다 뺐다, 순서를 바꿔보고 화법을 교정하지만, 어떤 목소리를 내고, 얼굴 표정이나 몸짓은 어떻게 할 것이며, 상대방과 얼마만큼 거리를 두고 나의 생각과 느낌을 전할지는 그 다음 문제라고 생각한다. 아마도 말하는 현장에서 즉각적이고 본능적으로 몸이 반응해서 적절하게 표현할 수 있을 거라는 과거의 경험치를 믿기 때문일 것이다.

연서 : 같이 차 한 잔 해요.

시우 : 난 그럴 생각 없는데?

　메시지의 내용만으로는 같이 차를 마시자고 한 연서가 불쾌했으리라 추정하게 된다. 그러나 시우의 대사 앞에 '(장난기 어린 표정으로)'라는 지문을 넣었다면 상황은 달라질 것이다. 어떤 방식으로 말하느냐에 따라 같은 말이라도 다르게 해석되기 때문에, 다른 사람을 통해 전해 듣게 되면 마음이 상할 수도 있고, 반대로 기대에 부풀 수도 있다. 서로 마주한 대화에서는 말하는 방식이나 태도를 보며 말뜻을 헤아릴 수 있지만, 전해들을 때는 메시지 외적인 것들이 배제된 채 내용만 전해지기 때문에 '어떻게' 말했느냐 하는 부분이 모호해지기 때문이다. 게다가 전하는 사람의 의도까지 더해져서 내용이 왜곡되거나 변질되기 쉽고, 듣는 사람 또한 미루어 짐작해야 하는 부분이 많아지기 때문에 자주 오해가 생긴다.

메타-메시지란?

　의사소통에서 말로 전달하는 내용인 메시지를 제외한 외적인 모든 요소들을 메타 메시지meta-message라고 한다. 이것을 문자 그대로 풀면 어떤 것을 뛰어넘는, 초월적인 등의 뜻을 가진 접두어 메타(meta-)와 메시지가 합쳐진 말이며, 메시지 자체가 아니라 메시지를 넘어서 메시지에 덧붙여진 모든 것을 말한다. 앞서 살펴본 몸짓언어, 목소리 등은 모두 메타 메시지를 구성하는 요소이다. 메시지가 대화에 사용된 언어의 문법적인 뜻을 전달한다면 메타 메시지는 속뜻을 전달하는 고차원적인 상위개념의 언어라고 생각하면 쉽다. 메시지에 대한 초월적인 메시지는 실제 대화 내용과 더불어 대화 시기와 장소, 분위기, 대화 상대방에 대한 태도 등 환경 요소까지를 포괄하여 전달하려는 정보를 더 풍부하고 깊게 설명하고 해석하기 위한 보조적 장치이다.

다른 사람과 대화할 때에도 상대방의 입에서 나오는 말과 내가 입으로 내뱉은 말이 단순한 메시지라면, 손으로 입을 가린다거나 눈을 자주 깜박이는 것과 같은 상대방의 몸짓과 표정, 목소리, 거리두기 등을 통해 파악하는 숨은 뜻은 모두 메타 메시지를 구성하는 요소이다. 언어적 메시지가 '무엇을'에 해당하는 의사소통의 내용적 측면이라면 메타 메시지란 '어떻게'에 해당하는 의사소통의 방법적 측면이라 할 수 있다.

더 힘센 메타 메시지

메타 메시지는 일반적으로 메시지를 지원하는 기능을 한다. 대화가 시작되는 장면을 생각해 보면 보통 상대방과 눈을 맞추고, 미소를 지으며 언어적인 메시지로 "안녕?"이라고 말하면 고개를 끄덕이고 상대방에게 가까이 다가가면서 "응, 잘 지냈어?"라는 대답을 하며 서로의 관계를 확인하고 이야기를 나누게 된다. 이와 같이 보통의 경우 언어적 메시지에 동반되는 동작이나 목소리는 메시지의 내용과 일치되며, 메시지를 지원하는 요소로 사용된다. 일반적으로 의사소통 과정에 언어적 메시지와 메타 메시지는 함께 전달되며, 동전의 양면 같아서 따로 분리해서 이해하기는 어렵다. 그런데 실제 의사소통 상황에서는 간혹 메시지와 메타 메시지가 일치하지 않는 경우도 있다.

> *아내 : 지금이 몇 시인데 이제 들어와요?*
> *남편 : 아이구, 미안해서 어쩌나…*
> *아내 : 그게 지금 미안한 사람 태도예요?*
> *남편 : 아, 미안하다고 그러잖아.*

말로 표현한 언어적 의미 이상을 표현하는 메타 메시지는 말투, 표정, 몸짓뿐 아니라 당사자들의 과거 경험, 관계 등을 근거로 추정할 수 있다. 아내는 남편이 미안하다고 느낄 때 어떤 태도를 보이는지 알고 있다. 따라서 지금 말로는 미안하다고 하지만, 이 말에 담긴 메타 메시지는 듣기 싫은 아내의 잔소리에서 빨리 벗어나야겠다는 의미라는 것을 알고 있다. 이 맥락에서 아내는 메시지가 아닌 메타 메시지에 따라 의도를 해독하는 것이다.

진정성 있는 대화를 나누기 위해서는 메시지와 메타 메시지를 일치시키는 것이 자연스러운 일이다. 그러나 간혹 메시지와 상반되는 메타 메시지를 사용하는 이중구속double bind 상황이 벌어지기도 한다. 예를 들자면 집에 손님이 왔을 때, 말로는 "내 집처럼 편하게 지내세요."라고 하면서 지나치게 깍듯이 예의를 지켜 오히려 더 불편하게 한다거나, 수업시간에 교수가 언제든 자유롭게 질문하라고 하고서 정작 질문을 하면 수업을 방해했다는 듯한 표정을 짓는 경우가 그렇다. 메시지로는 분명히 전달했지만, 동반되는 메타 메시지는 그것과 다를 경우, 당하는 입장에서는 이러지도 못하고 저러지도 못하는 상황이 되고 만다. 이럴 때 우리가 더 신뢰할 수 있는 것은 거짓으로 꾸미기 어려울 뿐 아니라 미처 정확하게 인식하지 못하는 무의식의 세계까지 투영시켜주는 메타 메시지이다.

그 말 했어? 안 했어?

그런데, 서로의 감정이 편안치 않고, 언쟁을 하는 상황에서는 일반적으로 메타 메시지를 무시하고 메시지를 기준으로 해서 우기려는 경향이 있다. 상대방의 의도를 헤아리지 않고 문장의 의미만을 따지면서 언쟁을 하는 것이다.

하나 : 너 정신 나갔니? 새 책을 여기다 두면 어떡해?

두리 : 뭐? 정신 나갔냐고?

하나 : 아, 말을 잘못했어. 새로 산 책을 막 두기에…

두리 : 잘못 하긴… 마음에도 없는 사과하지 마. 말 그대로 내가 정신병자지.

하나 : 누가 정신병자라고 했어?

두리 : 나더러 정신 나갔다고 그랬어? 안 그랬어?

하나 : 정신이 나갔냐는 말이 정신병자라는 건 아니잖아?

두리 : 정신 나간 게 정신병자지, 뭐가 달라?

무언가 감정의 흐름이 좋지 않던 두 사람은 이른바 '말꼬투리 잡기'를 하고 있다. 두리는 이 상황에서 문제가 된 것은 새 책을 아무 곳에나 두는 일이고, 하나가 자신을 정신병자라고 생각하지 않는다는 사실을 알고 있다. 그렇지만, 하나가 사용한 메시지를 근거로 계속해서 자신의 감정대로 이야기를 끌고 나가려 한다. 그 상황에서 자신이 공격을 당했다고 생각하고, 객관적인 공격의 기반을 통해 이기겠다는 마음이 있기 때문이다. 이처럼 어떤 상황에서 자신이 이기려는 마음이 있을 때 우리는 메시지 자체에 집착해서 '그 말을 했느냐, 안 했느냐?', '두 귀로 똑똑히 들었다', '왜 말을 바꾸느냐?' 등과 같은 말을 하면서 그 상황에서 문제가 되는 행동이나 사건, 의도를 파악하기보다는 메시지에 사용된 단어나 문장 속에서 오해를 정당화하기 위한 논리적 근거를 확보하려고 한다. 대화는 싸워서 이기기 위한 것이 아니라 서로의 생각과 감정을 소통하려는 것, 나아가 함께 문제를 해결하려는 것임을 생각한다면 이렇게 메타 메시지를 고의적으로 무시하고 메시지에 집착해서 이기려고 하는 것은 참 안타까운 일이다.

다 사랑해서 하는 말인데…

그런데 더 아쉬운 일은 가깝다고 생각되는 사람들일수록, 서로 말하지 않고, 표현하지 않아도 이해하고 사랑하는 관계라고 생각할수록, 전달하려는 의도와 메시지, 메타 메시지가 일치되지 않는다는 것이다. 보통 사랑하는 사람과는 더 가깝게 다가가서 부드러운 목소리와 따스한 눈빛으로 서로 눈을 맞추고 대화를 나눈다. 그런데 가족에게는 이런 방식이 적용되지 않는다. 가족을 사랑하는 것은 확실하지만, 가족에게는 가깝다는 이유로, 멋쩍다는 이유로, 솔직하다는 이유로, 이러한 비언어적인 요소들이 종종 생략되거나 반대로 나타난다.

> **엄마** : 야, 이 뚱보야. 지금이 몇 시인데 또 빵을 먹어?
>
> **딸**　　: 엄마는? 빵 하나 먹는 게 그렇게 아까워?
>
> **엄마** : 살찐다고 고민하고 다이어트 한다고 약 사달라 그럴 때는 언제고…
>
> **딸**　　: 엄마가 자꾸 이러니까 스트레스 받아서 더 먹지.

엄마 : 넌 엄마 마음을 그렇게 몰라?

딸   : 어떻게 엄마가 딸한테 이럴 수가 있어?

엄마 : 네가 내 딸이 아니면 빵을 먹는 치킨을 먹든 내가 왜 걱
정하겠니? 다 널 사랑하니까 하는 말이지.

엄마는 딸이 살이 찌는 것 때문에 고민하는 것을 알고 있기에, 늦은 시간에 딸이 빵을 먹는 것을 절제시키기 위한 의도로 대화를 하고 있다. 그러니까 관심과 사랑의 말을 하는 것이다. 그러나 전달되는 메타 메시지인 목소리나 태도는 모두 조롱과 비난의 행위와 일치하고 있을 뿐이다. 게다가 심지어 전달하는 메시지 자체도 의도와는 달라서 딸에게 전달되는 것은 엄마가 자신을 뚱보라고 조롱하고(이 뚱보야), 빵을 먹는 행동을 비난하고 있다는 것(지금이 몇 시인데 또 빵을 먹어?)뿐이다. 따라서 딸이 엄마에게 돌려주는 피드백은 빵을 먹는 것을 아까워하는 나쁜 엄마(빵 하나 먹는 게 그렇게 아까워?), 그리고 딸에게 스트레스를 주는 엄마(엄마가 자꾸 이러니까 스트레스를 받아서 더 먹지.)이고, 엄마의 행동을 이해할 수 없다는 반응(어떻게 엄마가 딸한테 이럴 수가 있어?)뿐이다.

왜 엄마의 의도와는 전혀 다르게 모녀 사이에 언쟁이 벌어졌을까? 이것이 바로 친근한 관계의 모순이다. 나와 가깝기 때문에 말하지 않아도 "다 사랑해서 하는 말인데…"라는 것을 알아줄 것으로 생각한다. 메시지의 초점은 언어이지만, 메타 메시지의 초점은 관계에 맞추어지며, 부모가 하는 말은 모두 관심과 사랑의 말

이라고 생각하고 들어주기를 바라는 의도가 숨겨져 있다. 가장 가까운 가족은 서로 느끼는 모든 것을 솔직하게 전달해서 가족 구성원이 더 잘 살 수 있도록 지원해 주어야 한다는 생각 때문에 직접적이고 분명하게 이야기한다. 그런데 이것이 표현되는 방식은 매사를 비판적인 시각으로 보며, 반복적인 비판(잔소리)을 하고, 충고를 해주려는 것이다. 태넌Tannen, 2001의 용어로는 '친밀한 비평intimate critique'을 하면서 '내 남편(아내/자녀/친구…)이니까 하는 말'이라고 항변한다. 그러나 대부분의 충고는 비난의 내용을 담고 있다. '가족을 위해서'라는 틀 안에서 말을 꺼내지만, 반복적으로 듣는 입장에서 전달받는 것은 '비난과 질타'라는 틀에 박힌 소리일 뿐이다.

어떤 틀로 볼까?

따라서 메타 메시지를 잘 파악하기 위해서는 틀frame에 대한 이해도 필요하다. 사회언어학자인 고프만Goffman, 1974은 '틀'이란 개념을 사용해서 메타 메시지를 설명했는데, 틀이란 대화가 어떻게 진행될 것이라고 대화의 구조를 미리 예상하게 하는 것으로, 우리가 듣는 말을 어떻게 해석해야 하는지 알려주는 설명서와 같은 것이다. 예를 들어 옆 자리에서 갑자기 큰소리가 오고 가면 '싸움이 시작되었구나'라는 논쟁의 틀로 받아들이지만, 곧이어 웃음소리가 들려오면 '싸움이 아니고 장난이었구나.'라는 '친교'의 틀로 수정해서 받아들이게 된다. 부모님은 관심과 사랑의 틀에서 대화를 하지만, 자녀는 잔소리와 비난의 틀로 그 말을 해석하는 것이다.

서로 해석하는 틀이 다르면 소통이 되기 어렵다. 우리는 무의식적으로 사랑하는 사람을 자신과 동일시해서 '말하지 않아도 내 마음을 알겠지' 라는 기대치를 가지고 대화를 하면서 상대가 알아주지 못했을 때는 실망하고, 서운한 마음을 가지고 원망한다. 그래서 부모님들은 "내가 저를 어떻게 키웠는데……", "내가 어떻게 공부 시켰는데……" 하는 말을 하지만, 자녀들은 "무슨 부모가 자식이 이런 상황인 걸 알면서도 이해 못해줘요?" "엄마, 아빠라면 그 정도는 해줘야지."라고 하면서 서로 자기 입장에서 생각하는 것을 당연히 여겨서 실망과 배신감을 느끼게 되곤 한다.

자녀의 입장에서는 부모가 말하는 틀을 파악하고 이해하려는 마음이 필요하지만, 부모의 입장에서는 자녀가 속뜻을 모른 채 하고, 말꼬투리만 잡으려 한다고 생각해서도 안된다. 고프만의 말처럼 사람의 행동은 다른 사람이 어떻게 받아들였느냐에 따라 판단되는 것이기 때문이다. 내 마음 아주 깊은 곳에 사랑과 관심을 두고, 겉으로 표현하는 것은 비난하는 말과 무시하는 태도라면 자녀는 어떻게 해석을 하게 될까? 무례한 비난이나 조롱, 충고의 메시지와 메타 메시지를 통해 관심과 사랑의 틀을 전달하려는 것은 의사소통의 원리를 벗어나는 것이다. 따라서 가깝고 친하기 때문에 무례해도 된다는 생각을 벗어나서 가족도 별개의 인격체로 보고, 서로에 대한 예의를 갖추어 대화하는 것이 필요하다. 가까운 관계에서 예절을 지키면 그 관계가 오래 지속되지만, 가깝기 때문에 예절에서 벗어나버리면 그 관계 자체에 문제를 일으킬 수도 있다.

상황에 숨은 뜻을 잘 파악할 줄 아는 것은 대화할 때 큰 도움이 된다. 저녁식사에 초대되어 즐겁게 담소를 나누고 있는 손님에게 안주인이 "어머, 이야기 하느라 시간 가는 줄 몰랐네요."라고 말하는 것은 이제 집으로 돌아갈 시간임을 알려주려고 에둘러 표현한 안주인의 메타 메시지다. 그런데, "벌써 10시가 넘었네요."라고 시간만 확인하고 이야기를 계속 한다면, 이 사람은 메타 메시지 읽는 것에 실패한 것이다. 회의나 협상에서 단순하게 상대방이 내뱉는 말에만 의존하는 것이 아니라, 눈을 깜빡이거나, 턱을 고이거나, 한숨을 쉬거나, 펜을 손가락으로 돌리는 행동들을 관찰하면 숨겨진 의도를 파악하기 쉽다.

만약 동료와 대화를 나누다가 어느 순간부터 오고가는 말이 껄끄러워져 대화가 자주 끊긴다면, 메시지 속에 숨겨진 또 다른 의미를 눈치 채지 못해서 기대에 못 미치는 반응을 했거나, 메타 메시지보다 메시지에 집착해서 상대방의 의도를 오해했거나, 상대방이 생각하는 틀과 다른 틀로 대화를 해석하고 있기 때문일 수 있다. 소통을 한다고 하면서 메타 메시지를 제대로 읽어내지 못하고 오해의 소지를 만들면 불통이 되기도 한다. 말과 말 사이의 숨은 뜻인 메타 메시지를 잘 파악하기 위해서는 대화 장면에 좀 더 집중하고 민감해져야 한다. 눈 여겨 보고, 귀 기울여 듣는 것이 대화 능력을 높이는 좋은 방법이 된다.

4

관계 지능 지수

학창시절에는 친한 친구와 우정이 변치 않고 영원하기를 바라고, 장년이 되어서는 사랑하는 사람과 영원토록 함께 하자고 맹세하는데, 과연 이러한 관계를 오래 지속시키기 위해서 어떤 능력이 필요한 것일까? 우리는 관계를 맺는 그 순간부터 상대방에게 나의 영향력을 늘리기를 원하고, 그 사람에게 호감을 얻음으로 나의 곁에 있게 하도록 노력하는데, 이러한 인간관계를 지속시키는 능력을 관계지능relational intelligence이라고 한다. 이것은 다른 사람을 이해하는 능력이고, 다른 사람을 자기편으로 끌어들일 수 있는 능력이고, 자신이 인정받을 수 있는 능력이며, 바람직한 인간관계를 형성하여 삶의 질을 높이는 능력이다. 상대방의 감정을 정확하게 식별하고, 내포하고 있는 속뜻을 이해하고 조정하는 감성지능도 관계지능과 관계가 깊다. 원하는 관계에 머물게 하는 능력이 관계지능이라녇 그러기 위해서 대화는 필수조건이 되고, 대화에서 서로 공감할 수 있는 능력인 감성지능 지수가 대화의 성패를 좌우하기 때문이다.

인간관계에도 지능이 필요해

관계지능은 사회적 지능social intelligence, 대인관계 지능interpersonal intelligence 등과 같은 용어와 서로 통한다. 사회적 지능은 인간관계를 현명하게 하기 위해 사람을 이해하고 다루는 능력이라고 정의한다. 골먼Goleman, 2006은 뇌생리학적인 측면에서 사회적 지능이 상황 파악을 통해 다른 사람에게 좋은 인상을 주고, 다른 사람의 감정과 의도를 감지하는 능력에서 더 나아가 자신과 상대방의 머릿속 신경회로를 눈에 보이지 않게 연결시키는 능력도 포함하고 있다고 하였다. 사회적 지능 지수가 높은 사람은 상대의 생각과 기분을 정확하게 파악할 수 있어서, 다른 사람과도 친밀한 관계를 만들어 내는 사교능력이 월등하기 때문에 관계지능이 높은 것은 당연한 결과이다. 인간관계에 무슨 지능이 필요할까? 하는 의문이 들기도 하지만, 사회적 지능 가설에 의하면 사람의 두뇌 크기가 지금처럼 커진 것은 정치, 연애, 가족 관계, 싸움,

집단 등이 복잡하게 사회화되었기 때문이라는 것이다. 사람의 뇌가 점점 커지게 된 것은 복잡한 사회 환경, 복잡한 관계 속에서 함께 어울려 살아야 하기 때문이었고, 이와 같은 사회적 관계에 적절히 대응하기 위해 필요한 것이 지능이다. 따라서 사회적 지능 가설에서는 사람의 역량을 드러내는 것은 개인적인 문제해결 역량인 지능지수에 의해서가 아니라, 공동의 문제해결 역량인 사회적 지능 지수에 의해서라고 주장한다.

사회적 지능, 관계지능이 높아지면 인간관계에서 오는 갈등을 잘 조절해서 건강하고 삶의 질이 높아짐과 동시에 정서적인 충족감도 느낄 수 있다. 관계지능은 개인적인 대화뿐만 아니라 공적인 장면의 상호작용에서도 이해와 공감, 설득이나 협상, 갈등 해결, 리더십 등 개인의 사회적 역할을 발전적으로 수행하도록 하는 요인이기 때문에 성공을 위해 반드시 갖추어야할 소양으로 주목받는다. 미국 경제잡지 '포춘Fortune'에서 500대 기업의 최고경영자를 대상으로 훌륭한 CEO가 되기 위한 자질을 조사한 결과 1위가 '총체적인 인간됨'이었고 2위가 '의사소통 능력'이었다. 이전 세대들이 지능이나 전문성을 최우선으로 생각했던 깃과 달리 21세기형 리더는 다른 사람들과 연결되고, 관계를 맺고, 함께 소통하며 문제를 해결해 나아가게 해주는 감성지능, 관계지능, 사회적 지능이 반드시 갖춰야 하는 덕목이 되었다.

인간관계지능Beziehungs intelligenz을 저술한 그로스Gross, 2000는 디지털 세상에서도 인간관계는 아날로그어서 비즈니스는 곧 인간관계를 의미하며, 그러기에 성공전략의 핵심, 성공의 만능열쇠는 인간관계지능이라고 이야기한다. 인간관계지능이란 '사람들을 다루는 재능과 솜씨'를 밀하는데, 관계지능이 낮은 행태는 경솔함과 무례함, 자기과시욕, 비난과 같은 요소들이다. 한편, 관계지능이 높은 사람은 자신의 스타일과 격으로 상대방에게 깊은 인상을 주어야 하는데, 상대방을 특별한 존재로 대우하고, 상대방에게 힘과 동기를 주며, 상대방에게 긍정적인 시각을 갖도록 해주는 능력이 필요하다. 다른 사람과의 관계는 만남을 통해 이루어지며, 만남에서는 대화를 통해 자신의 관계지능을 사용하게 되기 때문에 그 사람이 다른 사람과 대화하는 것을 통해 그 사람의 관계지능을 측정할 수 있다. 인간관계지능이 높은 사람은 상대방을 특별한 존재로 대우하고, 다른 사람에게 힘과 동기를 주며, 상대방에게 긍정적인 시각을 갖도록 대화하지만, 반대로 인간관계지능이 낮은 사람은 다른 사람을 무시하고, 다른 사람의 의욕을 빼앗고 무력감을 주며, 상대방이 부정적인 시각을 갖도록 대화할 것이다.

상대방을 특별한 존재로 대우하려면?

관계지능을 높이기 위해 가장 높이 평가받는 가치는 존중이다. 존중은 개인적인 연대감을 불러 일으켜서 특별한 관계의 생명을 지속시켜 주는 대단한 효과를 가지고 있고, 상대를 존중하지 않으면 아무 것도 얻을 수 없기 때문에 그로스는 존중이 인간관계 지능의 기본이라고 말한다.

상대방을 존중한다는 것을 말로 표현하는 방법을 언어학자들은 정중어법 또는 공손법Politeness Principle이라고 하였다. 정중어법이란 한마디로 상대방에게 정중하지 않은 표현은 최소화하고, 정중한 표현은 최대화하라는 것이다Leech 1983. 정중어법이란 한 마디로 자기중심적인 생각을 상대방 중심적으로 옮겨서 표현하는 것이고, 자기의 관점에서가 아니라 상대방의 관점에서 표현하는 것이며, 다음과 같은 원리들을 말한다.

요령의 원리tact maxim는 상대방에게 부담이 되는 표현을 최소화하고, 혜택을 베푸는 표현을 최대화하는 것이다.

가. 무거워 보이는데, 가방 이리 주세요.
나. 무거워 보이는데, 제가 가방 좀 들어드릴까요?

둘 다 상대방에게 혜택을 주려는 말이지만, 가.는 상대방의 사정을 고려하지 않고 일방적으로 판단해서 명령하는 것이어서,

상대방은 부담스럽게 받아들일 것이다. 그러나 나.와 같이 상대방의 뜻을 물어보는 말로 거절의 여지를 주어 부담을 낮춰주고, '좀'과 같이 부담의 양을 줄이는 표현을 사용하였으며, '들어드리다'와 같이 정중한 표현을 사용하여서 상대방의 부담을 최소화하는 것이다.

관용의 원리generosity maxim는 요령의 원리를 말하는 사람의 관점에서 표현하는 것으로, 자기한테 혜택을 주는 표현은 최소화하고, 부담을 주는 표현을 최대화해서 다른 사람이 지게 될 짐을 자신이 지겠다고 표현하는 것이다.

가. 글씨 좀 크게 쓰세요.
나. 제가 잘 안 보여서 그러는데, 좀 크게 써주시면 고맙겠습니다.

같은 상황에서 가.는 글씨를 알아보기 힘든 것의 원인은 상대방이 작게 썼기 때문이라고 상대방에게 책임을 돌려서 상대방에게 짐을 지우는 것이다. 그러나 나.는 글씨를 알아보기 힘든 것의 원인이 자신에게 있다고 표현하고, 상대방의 행동에 대해 자신이 고마움을 느낀다는 표현을 사용하여서 자신이 짐을 지는 것이다.

찬동의 원리approbation maxim는 상대방을 비난하거나 트집을 잡는 표현을 최소화하고, 상대방을 칭찬하고 맞장구치는 표현을 최대화 하는 것이다.

가. 이게 도대체 뭡니까?

　어떻게 알아볼 수도 없이 만들었어요?

나. 이게 뭘까요?

　아주 창의적이고 개성 있게 표현하셨네요.

같은 결과를 보면서 가.는 상대방이 알아볼 수 없이 만들었다고 비난하거나 트집을 잡는 표현을 하고 있지만, 나.는 관점을 바꾸어 창의적이고 개성이 있다고 찬동하는 표현을 사용하여 찬동의 원리를 따르고 있다.

겸양의 원리modesty maxim는 찬동의 원리를 말하는 사람의 관점에서 본 것으로 자신을 높이는 말을 최소화하고, 낮추는 말을 최대화하는 것이다.

가. 전 경험이 많으니까 저를 잘 따라주시면 팀 운영은 잘 될거라 생각합니다.

나. 저도 부족한 점이 많지만, 경험을 잘 살려서 효율적인 팀 운영을 하도록 노력하겠습니다.

동일한 상황에서 가.는 자신을 높이는 말을 통해 겸양의 원리를 위배하고 있지만, 나.는 자신을 낮추는 표현을 사용하여 겸양의 원리를 따르고 있다.

동의의 원리agreement maxim는 다른 사람과의 의견 차이를 최소화하고 일치점을 최대화하는 것이다.

> *이 과장* : 김 과장님, 이 책장 좀 저쪽으로 옮기면 좋겠어요.
> *김 과장* : 쓸데없이 기운 쓰지 말고 그냥 그대로 두어요.
> *이 과장* : 낮에 해가 들어서 일을 할 수가 없다고요.
> *김 과장* : 사무실 어두워지는 건 생각 안 해요?

위의 예처럼 서로 의견이 다른 부분에 초점을 두고 대화를 하면, 서로 상대방에게 무시당한 것 같다는 생각에 기분이 상해 언쟁을 하게 된다. 그러나 일단 상대방과 일치하는 점을 먼저 표현하고, 그 다음에 자신의 견해를 밝히면 차원이 다른 대화를 나눌 수 있게 된다.

> *이 과장* : 김 과장님, 이 책장 좀 저쪽으로 옮기면 좋겠어요.
> *김 과장* : 그것도 좋겠지만, 그대로 두면 많이 불편한가요?
> *이 과장* : 아, 네. 낮에 해가 너무 직접적으로 들어서요.
> *김 과장* : 그렇군요. 그 생각은 미처 못 했어요.
> 　　　　그런데 책장을 옮기면 사무실이 너무 어둡지 않을까
> 　　　　요?

공감의 원리sympathy maxim는 상대방에 대한 반감은 최소화하고, 상대방과의 공감은 최대화하라는 것이다.

김 대리 : 이틀 연속 야근하려니 너무 힘들어요.

이 대리 : 이틀이나 연속해서 야근하려면 정말 힘들겠네요.

　

공감의 표현은 특별한 것이 아니다. 서로 축하하고, 위로하고, 격려하는 모든 대화행위가 공감의 표현이다. 이 대리는 김 대리의 말을 받아서 되풀이하고 있을 뿐이고, 굳이 적절한 조언이나 해결 방법까지 제시하지 않았지만, 김 대리는 자신을 이해해 준다고 받아들이게 된다. 게다가 반드시 동의해야 할 필요도 없다. 공감하는 것과 동의하는 것은 다르기 때문에 상대방의 의견에 동의하지 않더라도 이해하려는 마음으로 듣고 상대방에게 부담을 주지 않고 공감하려는 목적을 가지면 진심은 충분히 전달될 수 있다.

이와 같은 정중어법은 상대방을 특별한 존재로 인정해 주는 것으로 상대방에 대한 신뢰를 바탕으로 원만한 인간관계를 만드는데 중요한 역할을 한다. 인간관계에서 가장 높이 평가받는 가치는 존중이다. 누구나 예의를 갖춘 말, 나를 인정해 주는 말을 듣고 싶어 한다. 존중의 반대되는 개념은 무시인데, 부부나 자녀, 친구, 직장 동료와의 사이에서 생기는 갈등의 대부분은 자신이 인격적으로 존중받지 못하고 무시당했다는 느낌을 갖기 때문이다. 상대가 누구이든 적절한 거리를 유지하면서, 상대방의 특성을 인정하고, 예의를 갖추어 정중하게 말하면 관계지능 지수가 높아지게 된다.

상대방에게 힘과 의욕을 주려면?

내가 좋아하는 사람은 나를 비난하는 사람이 아니고, 나를 칭찬하는 사람이다. 이 원칙은 누구에게나 적용된다. 그러니까 다른 사람들이 좋아하는 사람이 되려면 다른 사람을 칭찬하라는 말이다. 왜 칭찬을 좋아할까? 칭찬은 단지 호감을 주고받는 것을 넘어서서 힘과 의욕을 주고받게 되기 때문이다. 칭찬을 받는 사람에게 칭찬은 좌절감을 극복하게 해주고, 확신을 주며, 동기를 부여해 주고, 심리적 보호막이 되어서 긍정적인 사고를 할 수 있는 근원이 된다. 칭찬하는 사람은 칭찬하겠다는 마음을 먹고 상대방을 보면서 새로운 관점으로 상대를 이해하게 되고, 사람을 보는 관점이 달라진다. 그래서 칭찬하는 것이 습관이 된 사람은 누구나 만나고 싶어하는 관계의 달인이 되는 것이다.

> 서준 : 난 되는 게 없구나, 내가 무슨 창업을 하겠다고 나섰는
> 지…
> 도현 : 야, 빌 게이츠도 스티브 잡스도 다 너같이 시작했어.
> 서준 : 내가 어떻게 그런 사람들과 비교가 되니?
> 도현 : 무슨 소리야? 네가 그 사람들보다 못한 게 뭐야?
> 넌 한다면 하잖아. 생각도 깊고…

작은 벤처기업을 창업하고서 초조해 하는 친구에게 세기의

사업가 빌게이츠와 스티브 잡스처럼 성공한 사람과 동일시 해주는 칭찬, 의지력과 능력을 구체적으로 칭찬해 주는 말은 서준이가 좌절감을 극복하고, 다시 일을 할 수 있는 동기와 힘을 주는 말이다. 칭찬을 하기 위해 도현이는 서준이의 장점을 생각했을 것이고, 이러한 생각이 서준이에게 힘을 주는 것뿐 아니라 도현이가 친구를 이해하는 계기가 될 수 있다. 서준이가 자신의 좋은 점을 이해해 주고, 힘을 주는 친구인 도현이를 자주 만나고 싶어하고, 좋아하게 되는 것은 당연하다.

그럼에도 불구하고 우리는 칭찬에 인색하다. 그 이유는 내면적으로 우리가 가지고 있는 비교의식과 잠재적 열등감이 상대를 비판하고 비난하는 것을 통해 드러나기 때문이다. 상대를 칭찬하면 자신이 상대보다 열등한 입장이 되거나 격이 떨어지게 될까봐 꺼리는 마음이 있을 뿐 아니라, 칭찬이 부적절하게 받아들여져서 아부로 보일까봐 염려하는 마음도 있다. 칭찬과 아부는 다른 사람이 판단할 수 있는 일이 아니고 말하는 사람 자신만이 알 수 있다.

20세기 초반 미국에서는 선생님께 감사의 뜻을 전할 때 사과를 드리는 관습이 있었다. 그런데 사과를 반짝반짝 닦아서polish 드리면, 아부하는 것으로 생각해서 아첨꾼apple polisher이라 했다. 존경과 감사의 마음으로 반짝거리게 광을 낸 사과와 좋은 성적을 얻기 위해 광을 낸 사과는 겉으로 보기에는 모두 같은 사과이지만, 그 속에 담긴 생각은 다르다. 누구에게 하는 말이라도 진심으로 하는 말은 칭찬이고, 좋은 평판을 얻거나 잘 보이기 위해서 목적의식을 갖고 하는 마음에 없는 말은 아부이다. 따라서 자신의 진심을 표현하는 반짝이는 사과라면 선생님과 같이 자신보다 높은 사람들에게 하는 칭찬이라도 주저할 필요가 없다.

무엇을 칭찬해야 할지 막연하다는 생각이 들 수 있다. 그러나 이름이나 외모, 옷차림, 목소리처럼 일상적으로 드러나는 것부터 상대방의 장점, 미덕, 가치 등 내면적인 것들을 칭찬할 수 있다. 이런 칭찬을 들으면 좀 쑥스러워서 "뭘요, 아니에요." 등과 같이 부정하는 반응을 보이지만, 내면에서 칭찬의 효과는 나타나고 있어서 염려할 필요가 없다. 가장 훌륭한 칭찬은 상대방이 거둔 성과에 대해 칭찬하는 것이다. 객관적으로 드러나는 결과를 가지고 칭찬하기 때문에 말하는 사람이나 듣는 사람이 모두 쉽게 칭찬의 효과를 누릴 수 있다.

상대방에게 긍정적인 시각을 갖도록 하려면?

이 세상에서의 마지막 말로 가장 좋은 말은 무엇일까? 호스피스로 25년간 활동한 의사인 바이옥Byock, 2004이 쓴 책에서는 임종을 앞두고 가족들의 삶을 놀랍게 변화시키는 말 한 마디는 바로 '감사합니다'였다고 밝히고 있다. 고맙다, 감사하다는 말이 너무 단순하고 당연해서 말하는 것이 어색하지만 이 말을 주저하지 않고 분명하게 말할 때 그동안 삶에서 꼬였던 인간관계를 긍정적인 관계로 풀어준다. 추상적이고 거창한 표현 같지만, 아이가 말을 듣지 않아서 마음이 부글부글 끓으면서 혼란스럽다가도 천진한 얼굴로 다가와서 "엄마, 고마워요." 하고 한 마디만 해주면 흔적도 없이 다 풀리는 것을 생각하면 지극히 현실적인 말이다.

인지과학자들은 우리의 마음과 몸이 연결된 하나여서, 우리의 감정이 정신뿐 아니라 몸과도 연결된다고 말한다. 부정적인 말을 할 때는 심장 박동이 불규칙해지고 뇌의 혈류량이 감소하지만, 감사의 말과 같이 긍정적인 말을 할 때는 심장 박동도 규칙적이고, 뇌의 혈류량도 증가한다는 것이다. 감사의 말은 긍적적이어서 말하는 사람 자신의 심리적 육체적 안정을 가져오는 것은 물론이고, 다른 사람으로부터 감사의 말을 들을 때 긍정적인 자기 이미지가 강화되어서 자존감을 높일 수가 있기 때문에 그것을 표현해준 상대방에 대해서 호감을 가지게 된다. 칭찬과 마찬가지로 감사를 통해 말하는 이와 듣는 이 서로가 긍정적인 인간관계를 구축할 수 있고, 긍정적으로 변화시킬 수 있는 동력을 가지게 된다.

그런데 우리는 왜 감사하는 말을 잘 하지 않을까? 여러 가지 이유가 있겠지만, 그 가운데 하나는 감사를 표현하면 좀 자신이 약하고 낮아지는 것 같다고 느끼기 때문일 것이다. 일단 내가 감사를 한다는 것은 상대방으로부터 혜택을 받았다고 인정하는 것인데, 우리의 자존심은 사실 그런 사실을 인정하는 것에 대해서 힘들어 한다. 그래서 자의식이 강한 사람일수록 감사를 표현하기 힘들어 하는 경향이 있다. 또한 무엇을 어떻게 감사해야 할지를 잘 분별하지 못하는 것도 원인이 되는데, 감사하는 것이 생활화되는 것은 가정의 문화에 따라 달라지기도 한다.

그런데, 자녀들에게 칭찬을 할 수는 있지만, 감사를 표현하는 것은 좀 어색하다는 생각이 든다. 칭찬은 주로 윗사람이 아랫사람에게 하는 것이어서 상대방에 대한 존중은 포함되지 않을 수 있지만, 감사는 상대방에 대한 존중의 마음이 포함되어 있어서 그렇게 느껴질 수 있다. 그렇기 때문에 오히려 칭찬보다 감사가 더 효과적일 수 있다. 예를 들어 수업 시간에 장난치는 아이에게 "똑바로 앉아서 공부하면 좋겠구나."하고 말하고, 그 아이가 똑바로 앉으면 "선생님 말대로 해주어서 정말 고맙다."라고 감사를 표현하는 것이 교육적 효과도 더 크다. "엄마 말을 들어 주어서 고맙다." "아빠 심부름을 해주어서 고맙다." "방을 잘 정리해 주어서 고맙다." 이런 말들을 자주 하면서 부모와 소통이 되는 것을 확인시켜 줄 수 있다.

감사를 표현하는 일반적인 요령은 어떤 것이 있을까?

첫째는 다른 사람은 일상적인 일이라고 보아 넘기는 일에도 감사하는 것이다. 감사는 연습이 필요하다. 아침에 일찍 식사를 준비해 주신 어머니, 아파트의 경비원, 택배 기사님, 차량 운전이나 안내하시는 분들께 남들은 그냥 지나치더라도 한번 감사를 표현할 때마다 인간관계 지능은 조금씩 더 올라가고 있다. 둘째는 되도록 구체적으로 감사의 뜻을 전달하는 것이다. 처음에는 무조건 "고맙습니다, 감사해요." 라고 말하는 것으로 출발하자. 이것만으로도 관계가 좋아지고 대화가 풍부해지기 시작한다. 그러나 좀 익숙해지고 나면 무엇에 대해 어떻게 감사하는지를 구체적으로 전달하는 것이 감사를 받는 사람의 마음에 훨씬 더 강하게 전달될 수 있다는 것을 생각하며 구체적으로 감사를 표현하는 연습이 필요하다.

셋째, 감사의 표현은 적절해야 한다. 감사를 표현하는데 있어서 무조건 많이 감사한다고 좋은 것이 아니고 너무 지나치면 오히려 장난처럼 받아들여질 수 있다. 지나치지 않은 합리적인 경계를 정하는 것이 좋은데, 이때 경계는 모자라는 것보다는 넘치는 것이 더 좋다.

넷째, 감사의 표현은 빨리 할수록 더 좋다. 조금 시간이 지나고 나면 이미 지난 일을 굳이 다시 꺼내서 이야기한다는 것이 쑥스럽다는 생각이 들어서 새삼 용기를 내야지만 감사를 표현할 수 있게 된다. 따라서 그 상황에서 바로 감사를 할 수 있으면 가장 좋다. 그렇지만 지난 다음이라도 표현을 하지 않는 것보다는 표현을 하는 것이 더 좋다.

다섯째, 감사는 순수하게 상대를 소중히 여기고, 고맙게 생각하는 마음에서 끝내야 한다. 어떤 목적의식이 담겨 있으면 감사는 아부로 전락하고 만다.

감사는 나와 다른 사람의 삶을 변화시키는 강력한 에너지이다. 오늘 우리가 하는 한 마디의 감사가 세상을 변화시키는 따뜻한 에너지로 남게 되고, 그 말을 할 때마다 우리의 인간관계지능이 조금씩 높아진다.

　소통을 위한 대화력은 단순히 '화술'의 문제가 아니다. 다른 사람을 이해하고, 다른 사람을 자기편으로 끌어들일 수 있고, 자신이 인정받을 수 있으며, 바람직한 인간관계를 형성하여 삶의 질을 높이기 위해 필요한 것이 관계지능이고, 이 관계지능을 높이는 것이 소통을 위한 대화력이다. 공감을 통해 상대의 마음을 열고, 서로 신뢰를 쌓으며 소통하는 대화, 상대방을 특별한 존재로 대우하는 존중의 말하기, 상대방에게 힘과 동기를 부여해 주는 칭찬, 상대방에게 긍정적 시각을 갖도록 하는 감사의 말을 통해 우리의 관계지능 지수가 높아지고, 그로 인해 내 주변은 물론이고, 이 세상도 좀 더 긍정적 에너지를 갖게 될 것이다.

지피지기는 손자(孫子) 모공편(謀攻篇)에 나오는 전술로, 상대와 나의 실정을 잘 비교 검토한 후 승산이 있을 때 싸운다면 백 번을 싸워도 결코 위태(危殆)롭지 아니하다(知彼知己 百戰不殆)라는 말이다. 상대방을 모른 채 나의 전력만 알고 싸운다면 승패의 확률은 반반이다(不知彼而知己 一勝一負). 상대방은 물론 나조차 모르고 싸운다면 싸울 때마다 반드시 패한다(不知彼不知己 每戰必敗).

대화를 시작하는 첫걸음도 지피지기, 즉 상대와 나를 아는 것이다. 상대를 아는 것은 상대와 내가 다르다는 것을 이해할 뿐 아니라 인정하고, 상대방이 편안하다고 느낄 수 있는 거리를 배려해 주는 것이다. 이와 함께 나의 자아의식과 자존감을 헤아려 보고, 상대방에게 얼마나 나를 드러낼 것인지를 판단하는 것이 대화의 첫걸음이다.

II. 대화의 첫걸음 –
지피지기(知彼知己)

5

다른 것과 틀린 것

우리가 주고받는 말은 단순히 물리적인 소리나 추상적인 관념이 아니고 실제로 인간관계에 영향을 주는 행동의 한 유형이다. 내가 하는 행동이 나에게만 영향을 준다면 그나마 다행이지만, 내 말은 상대방에게도 영향을 주는 행동이 된다. 그 행동은 상대방에게 치명타를 날리는 공격적인 행동이 될 수도 있고, 상대방을 쓰다듬는 우호적인 행동일 수도 있다. 따라서 어떤 방식으로 의사소통을 하느냐가 사람들 사이의 관계에 큰 영향을 준다. 그런데 이렇게 중요한 의사소통의 요소를 따져 보면, 말하는 사람과 듣는 사람, 그리고 전달하는 내용인 메시지로 단순화할 수 있다. 대화는 혼자서 할 수 없다. 대화를 하려면 기본적으로 말하는 사람과 듣는 사람이 있어야 한다. 그런데 그 역할은 고정된 것이 아니어서 내가 말을 할 때는 상대방이 듣는 사람이지만, 상대방이 말을 할 때는 내가 듣는 사람이다. 따라서 대화에서는 반드시 상대방이 있게 마련이다. 혼자서 하는 말은 독백이지, 대화가 아니다. 우리는 의사소통을 하면서 무슨 내용을 전달할까 하는 메시지가 중요하다고 생각하고 말의 내용에 초점을 두지만, 사실 더 중요한 것은 말하는 사람과 듣는 사람의 역할이다.

말할 때 다르고
들을 때 다른 심리

　말하는 사람과 듣는 사람의 역할은 고정되어 있는 것이 아니고 상황에 따라 바뀐다. 그런데 똑같은 사람이지만, 말하는 사람일 때와 듣는 사람일 때 말에 대해 생각하는 것이 달라진다. 말을 할 때 보면, 말하는 사람은 힘과 시간을 덜 들이는 경제성의 원리를 추구해서 될 수 있는 대로 쉽고, 간단하고, 편하게 말하고 싶어 한다. 그래서 보통 말하는 사람은 자기가 말하고 싶은 것만 자기 방식대로 말할 뿐이고, 상대방이 충분히 이해할 수 있도록 배려해서 말하지 않는다. 그런가 하면 듣는 사람은 상대방이 정확하고, 분명하고, 이해하기 쉽게 격식을 갖추어서 말해 주기를 바란다. 그래서 상대방이 그 기대를 충족시키지 않으면 "아니, 무슨 말을 하는지 알아들을 수가 없네. 말을 저렇게 밖에 못 해?"하고 언짢은 생각을 한다. 또한 말하는 사람은 자기가 말하고 싶어 하는 것만 말하려고 하고, 듣는 사람은 자기가 듣고 싶은 것을 들으려 한다. 심지어는 들려지는 소리를 듣는 것이 아니라 듣고 싶은 부분만을 가려들으며, 대부분 상대방의 말에 어떻게 반응할까 하는 생각을 하면서 들을 뿐이다.

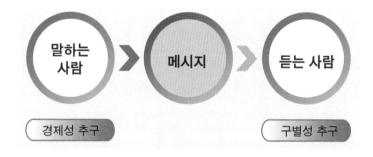

사람은 기본적으로 누구나 다 자기중심적이다. 심리학자들은 몇 가지 재미있는 예로 자기중심성을 설명한다. 그 하나는 단체사진을 찍고 사진이 나왔을 때, 누구를 제일 먼저 찾느냐 하는 것이다. 아무리 존경하는 사람이 있고, 사랑하는 사람이 있다 하더라도 우리의 눈은 제일 먼저 내가 어디에 있는지를 찾게 마련이다. 사진에서 나를 찾아 본 뒤에야 가까운 순서대로 주변인들을 하나둘 찾는다. 또 다른 예는 잠긴 문 열기이다. 사무실에 들어가려는데 열쇠가 없다. 이럴 경우, 각자 가지고 있는 열쇠 꾸러미를 꺼내서 열어보려 하지만 맞을 리가 없다. 그럴 때, "나와 봐, 내가 한번 해볼게."하고 나서게 되는 것, 그 바탕에는 내가 하면 될 것 같다

는 생각이 있기 때문이다. 이렇게 자기중심적인 본성이 자기가 말하는 사람일 때와 듣는 사람일 때에 원하는 것이 달라지도록 작동하는 것이다. 그래서 사기가 발하는 사람일 때는 자기 편한 대로 말하고, 듣는 사람일 때는 대충 듣다가 조금 거슬리는 부분이 나오면 날카로운 반응을 보이게 된다.

이와 같은 말하는 사람과 듣는 사람 사이의 대립이 의사소통의 기본적인 배경이 된다. 따라서 소통을 위해서는 자기중심적이 되려고 하는 마음을 조절해서 상대방이 바라는 것을 채워줄 수 있는 방향으로 바꿀 수 있어야 한다. 가장 말을 잘하는 사람은 듣는 사람의 입장을 가장 잘 생각해주는 사람이고, 가장 말을 잘 듣는 사람은 말하는 사람의 입장을 가장 잘 생각해 주는 사람이다. 다른 사람에게 듣고 싶었던 말을 내가 먼저 해 주고, 다른 사람이 나에게 말했을 때 기분 나빴던 말은 하지 않는 것이다. 아무리 어떤 말을 하고 싶어도 듣는 사람들이 원하지 않는다면 절제해야 하고, 아무리 지루하고 듣기 싫어도 상대방의 입장을 생각해서 잘 들어주는 것이 대화의 기본이 된다. 그래서 소통을 위해서는 반드시 상대방에 대한 이해와 배려가 필요하다.

'다르다'와 '틀리다'

상대방을 배려하기 위해 필요한 것은 무엇일까? 세계 77억의 사람 가운데 똑같은 사람은 없다. 인종, 성별, 국가, 종교, 문화, 나이, 취미, 교육 정도, 생활수준…… 같은 시간에 같은 부모에게서 태어난 쌍생아도 같지 않다. 그래서 나와 대화를 하는 상대방은 나하고 생각이 다르고, 느낌이 다르고, 판단이 다를 수 있는데, 이 경우 사람들은 보통 다른 것을 틀렸다고 말하고 싶어 한다. 그런 생각이 얼마나 보편적인지 많은 사람들이 "이것과 그것은 다르다."라는 말과 "'이것과 그것은 틀리다."라는 말이 같은 뜻인 것처럼 혼동하고 있다. "빨간색과 파란색은 색깔이 틀리다."고 하거나, "집집마다 김치 맛이 틀리다."고 하고, 두 그림을 비교해서 다른 점을 찾는 게임의 이름을 '틀린 그림 찾기'라고 해도 아무도 문제삼지 않는다. 그렇지만 '다르다'는 것과 '틀리다'는 것은 정말 다르다. 영어로 옮기면, 다른 것은 같지 않은 거니까 'different'이고 틀린 것은 잘못된 것이니까 'wrong'인데 습관적으로 구별 없이 그냥 써온 것이다. 그만큼 우리의 생각 속에서 다른 것을 틀린 것과 같은 범주에 묶어서 처리하는 것이다.

말하는 사람과 듣는 사람이 서로를 이해하고 배려하기 위해서는 다른 것과 틀린 것을 구별해야 할 필요가 있다. 대화를 하면서 나와 조금 다른 사람을 보면 '내가 이해해야지.'라고 생각하다가도, 나와 완전히 다른 사람을 보면 '(나와) 다르니까 (상대방이) 틀렸다'라고 받아들인다. 나와 다른 것을 틀렸다고 할 때는 전형적으로 "아냐, 그게 아니라니까~" "그 사람 틀려먹었어." 하는 식의 말을 하는데, 자세히 들여다보면 그렇게 말함으로써 자신은 옳고, 다른 사람은 틀렸다는 주장을 하고 있는 셈이다. 여기서 멈추는 것이 아니라 '틀린 것'이니까 '나쁜 것'으로 생각이 확산되어서 나와 같지 않으면 틀려먹은 사람이고, 그렇기 때문에 나쁜 사람이라는 생각을 하는 것이다. 그래서 나와 다른 생각을 하는 사람은 나쁜 사람이 되고, 나쁜 사람에게 이야기하기 때문에 상대방에게 호통을 치거나, 가르치려 들고, 강요를 하거나, 무안을 주는 말을 하면서도 잘못되었다는 생각이 잘 들지 않는다. 이것이 소통을 가장 어렵게 만드는 요인 중 하나이다. 서로 다른 특성을 틀렸다고 생각하는 한, 더 이상의 말은 헛수고일 뿐이고, 말을 한다고 해서 소통을 하는 것은 아니다.

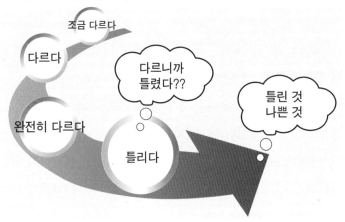

어떻게 소통할까?

서로 다른 사람들이 함께 대화를 할 때 가장 중요한 것은 상대방을 배려하는 것이다. 대화를 종종 공놀이에 비유하곤 한다. 공을 던지고 받는 것처럼 말을 주거니 받거니 하기 위해서 두 사람 이상의 인원이 필요하고, 거기에는 암묵적인 순서가 있기 때문이다. 혼자서 하는 것은 독백일 뿐 대화가 아니다. 투수가 공을 던질 때, 강속구로 던지면 포수는 살짝 뒤로 빼서 받아내기 쉽게 하고, 공을 좀 짧게 던지면 앞으로 몸을 내밀며 받는다. 공을 잘 받아내기 위해 사인을 잘 해독해야 하는 것처럼, 소통을 위해서 우리는 서로가 보내는 사인을 잘 해독해야 한다.

서로 소통하기 위해서는 첫째, 서로의 방식을 이해해야 한다. 어떤 사람은 직설적으로 표현하는 것이 정보를 확실히 전달한다고 생각하지만, 어떤 사람은 에둘러 말하는 것이 더 상대방을 배려하는 것이라고 생각한다. 어떤 사람은 대화를 통해 문제를 해결해야 한다고 생각하지만, 어떤 사람은 그냥 공감해 주기를 바라고 말을 할 수도 있다.

> *아내 : 정말 회사 다니기 너무 힘들어.*
> *남편 : 그럼, 회사 그만 둬.*
> *아내 : 내가 왜 회사를 그만 둬?*
> *남편 : 힘들다며?*
> *아내 : 내가 힘들다는 게 회사 그만 두겠다는 말이야?*
> *남편 : 그럼 왜 그런 말을 해?*
> *아내 : 힘들 때 힘들다고도 못 해?*

아내는 집에 돌아오는 길에 지하철에 사람이 너무 많아서 고생을 했고, 먼저 집에 돌아와 있는 남편에게 자기가 힘들었다는 것을 하소연하기 위해 이야기를 시작했다. 그러나 아내가 직장 생활을 하는 것이 늘 염려스러웠던 남편은 회사 다니기 힘들다는 말을 듣자, 이 문제를 해결하기 위해서 아내가 회사를 그만 두어야 한다는 방안을 제안한 것이다. 공감을 바라는 아내와 문제를 해결하려는 남편의 대화는 서로의 대화 목적이 다르다는 것을 이해하기 전까지는 서로 서운한 마음만 더해가는 언쟁이 계속될 뿐이다. 따라서 소통을 위해서는 말을 전달하는 방식이나 말을 하는 내용, 목적 등이 서로 다 같지 않을 수 있다는 것을 이해해야 한다.

둘째, 서로 다르다는 것을 이해할 뿐 아니라 차이를 인정해야 한다. 투수는 투수대로 좋아하는 방식이 있고, 포수는 포수대로 좋아하는 방식이 있다. 훌륭한 선수는 자신이 좋아하는 방식대로 하라고 요구하는 것이 아니라 상대방에게 자신을 맞추어 반응할 줄 아는 선수이다. 차이를 인정한다는 것은 자기 방식대로 하라고 강요하지 않는다는 말이다. 서로의 차이를 이해한다고 하더라도 내 방식과 다른 것을 인정하는 것은 쉽지 않다. 우리는 어려서부터 나와 누군가를 비교해서 '형은 안 그런데 너는 왜…'라든지 '엄마 친구 아들은 ……'과 같이 차이를 말할 때 늘 내가 불리했고, 곤혹스러웠던 경험이 있다. 또한 동생이니까 언니가 입던 옷을 입어야 하고, 어리니까 어른들이 말할 때 끼어들면 안 되는 것처럼 자신도 모르는 사이에 차이가 차별과 연결되는 경험들이 쌓이다 보니, 다른 것에 대해 인정하기보다는 거부하려는 심리가 잠재해 있을 뿐 아니라, 수용보다는 거부가 먼저 작동한다. 그래서 차이를 인정하는 것은 쉽지 않다.

> **엄마** : 학교 가는 아이가 옷이 그게 뭐야?
> **딸** : 옷이 뭐 어때요?
> **엄마** : 그게 속옷이니? 겉옷이니?
> **딸** : 다른 아이들도 다 이렇게 입고 와요.
> **엄마** : 다른 애들이 그래도 넌 안 돼.
> **딸** : 엄마는 왜 다 큰 딸이 옷 입는 것까지 간섭을 해요?
> **엄마** : 다 널 사랑하니까 그러지.
>   남의 집 딸이야 뭘 입든 말든 내가 왜 신경을 쓰겠니?

가족 사이에서 다른 방식을 인정하기 어려운 이유는 사랑하기 때문이다. 남이고 모르는 사람이면 서로 다른 방식을 인정할 수도 있고, 인정하기도 쉽지만, 내가 사랑하는 사람이 나와 다르다는 것은 받아들이기 어렵고, 그래서 내 방식대로 해주기를 바라는 것이다. 서로 사귀기 시작한 사람들은 서로를 길들이기 위해 자신의 방식을 강요하기 시작한다. 내가 좋아하는 머리 모양, 옷, 신발, 음악…… 그 모든 것을 공유해서 같아지고 싶다는 생각을 하고, 사랑하기 때문에 그런 요구는 당연하다고 생각한다.

"누가 파마 하라 그랬어? 난 생머리가 더 좋단 말이야."

"난 남자들이 분홍색 옷 입으면 이상해 보여. 그런 옷 입지
마."

그러나 대부분의 관계는 그런 사소한 요구들을 조율하는 과
정에서 깨어지게 된다. 사랑은 내 방식을 강요하는 것이 아니고,
상대방을 있는 그대로 인정하고 존중하는 것이다. 대화에서도 상
대방의 방식을 인정하는 것과 인정하지 않는 것에는 큰 차이가 있
다.

박 대리 : 들어오면서 문도 안 닫아요?
김 대리 : 아니, 뭐 꼭 닫아야 되는 거예요?
박 대리 : 그럼, 문이 닫으라고 있는 거지, 뭐 장식인 줄 아세
          요?
김 대리 : 아니, 그럼 박 대리 책상엔 왜 그렇게 안 닫은 것들
          이 많아요? 책상 서랍도 열려 있고, 수성펜 뚜껑도 열
          려 있고…… 닫을 건 안 닫고, 별 걸 갖고 다 잔소리
          를 하니, 참!

서로의 방식이 다른 것을 인정하지 않는 대화는 언쟁이 되고
만다. 이 상황에서 다르다는 것을 인정하면 대화는 어떻게 달라질
까?
박 대리 : 들어오면서 문을 안 닫으셨네요.

김 대리 : 아, 문이 열려 있으면 집중력이 떨어진다고 했는데, 내가 또 열어 놓고 들어 왔네요.

박 대리 : 별 것도 아닌 걸 자꾸 신경 쓰이게 하지요?

김 대리 : 아니에요. 같이 일하는 공간인데 서로 조심해야지요.

내 방식이 더 옳다고 생각되고, 사랑하는 사람을 위해서도 내 방식대로 하는 것이 더 좋다고 생각되더라도, 다르다는 사실을 인정하는 것은 내 방식을 강요하지 않는 것임을 다시 생각할 필요가 있다. 이전 세대보다 다중처리 능력이 월등한 자녀들에게 휴대전화를 앞에 두고 공부를 한다고 주의를 주고, 이미지나 영상을 통해 정보를 받아들이는 세대들에게 책을 읽지 않는다고 꾸지람하기보다는 세대가 바뀌면서 정보를 습득하고 처리하는 방식도 달라졌다는 것을 인정하고 수용하는 것이 자녀와 소통의 폭을 넓히는 방법이 된다.

셋째, 틀을 바꾸어 보아야 한다. 틀을 바꾸어 보는 것은 지금까지 쓰고 있던 안경을 서로 바꾸어 쓰는 작업이다. 내 안경으로는 파랗게 보이던 세상이 상대방의 안경으로는 빨갛게 보일 수 있다는 것을 받아들여야 비로소 서로 소통이 된다.

〈그림1〉　　　　〈그림2〉

　〈그림1〉에 무엇이 보일까? 이것을 오리라고 보고 있는 사람에게 아무리 토끼의 귀가 뒤로 누웠다고 이야기해도 들릴 리가 없고, 〈그림2〉에서 깃털 달린 모자를 쓴 숙녀를 보고 있는 사람에게 아무리 할머니의 주걱턱 이야기를 해도 들릴 리가 없다. 보고 있는 틀이 다르기 때문이다. 나와 다른 말을 하는 상대방에 대해 다른 것을 넘어 틀렸다고 판단하기 전에 틀을 바꾸어서 상대방은 무엇을 보고 있으며, 상대방의 관점에서는 어떻게 보이는지를 살피는 것이 필요하다.

　소통을 하기 위해서는 상대방을 배려해야 하고, 배려하기 위해서는 상대방의 의견과 신념이 다를 수 있음을 이해하고, 인정하고, 내 방식을 고수하는 것이 아니라 다름을 존중하며 대하는 관용의 마음이 필요하다. 관용의 마음은 상대방을 배려하는 것일 뿐 아니라 나 스스로의 안목과 세계를 넓히고 발전할 수 있는 기회를 갖는 것이다. 차이를 인정하는 것을 통해서 나의 의견과 생각만이 아니라 다양한 시각으로 생각을 넓혀갈 수 있지만, 차이를 인정하지 않으면 자신이 생각할 수 있는 한계의 벽에 부딪혀 편견과 고집에서 벗어나지 못하고 소통에 어려움을 겪게 된다.

6

적절한 거리 찾기

인간관계가 원만하려면 적당한 거리가 필요하다. 바람직한 소통을 위해서 상대방에 대한 배려가 필요하다는 것은 거리 찾기에도 적용이 된다. 내가 생각하기에 적절한 거리가 아니라 상대방이 편안하다고 느낄 수 있을 만큼 적당한 거리를 유지하는 것이 바람직한 인간관계를 만드는 기본이 되기 때문이다.

한국인의 정서적 밑바탕에는 유교적인 '예의'가 자리 잡고 있다. 혈연관계를 기본으로 친족 관계에 의한 높낮이가 결정되고, 이것이 사회적 질서로 확대되면서 상하와 주종을 구분하였다. 그리고 그 틀 안에서 나와 상대방의 관계를 파악하는 것이 대화의 시작점이고 보니, 일단 위아래를 구분하는 나이에 대해 매우 민감하다. 외국인들은 몇 번 만난 적도 없는 한국인이 대뜸 "How old are you?" 하며 나이를 묻는 것에 대해 불편하게 생각한다. 서양인들의 기준으로 나이는 아주 개인적인 정보이기 때문에 거의 직업이나 연봉을 묻는 것과 마찬가지로 아주 가까운 거리가 아니면 물어보기 어려운 정보라고 생각한다. 그러나 한국 사람들은 나이에 따라 말을 쓰는 방식이 달라지기 때문에 대화를 하려면 일단 나이를 알아야 한다. 학교에서는 저 사람은 몇 학번일까? 군대에서 저 사람은 나보다 높은 계급일까? 회사에서는 저 사람은 몇 살일까? 등등 처음 보는 사람에게조차 위인지 아래인지의 상하관계를 가늠해보고자 한다.

갈팡질팡 존댓말? 반말?

말을 할 때 상대방과의 거리에 따라서 표현이 많이 달라진다. 한국말은 문법적으로 높임을 나타내는 방법이 있는 유일한 언어이면서 높이는 어휘도 따로 만들어져 있어서, 세계 언어 가운데 높임법이 가장 발달한 언어이다. 상대방을 높일 때는 기본적으로 나이를 기준으로 상대방이 나보다 나이가 많으면 존댓말을 하고, 그렇지 않으면 반말을 한다. 나이와 직급이 둘 다 높은 사람에게 높임말을 쓰는 것은 편안하지만, 둘이 일치되지 않을 때는 난감하다. 삼수를 해서 대학에 입학한 신입생이 동기들, 심지어는 한 학년 위인 후배들에게 느끼는 불편함, 승진이 늦어진 것도 힘든데 나이도 어린 상사가 나의 잘못을 지적할 때 느끼는 자괴감… 관계에 따라 언어 선택이 달라지는 한국어에서, 위아래를 결정하는 변수가 여러 가지라는 것은 적절한 거리 찾기를 더 어렵게 만든다.

가. 나이 드신 분들한테는 높임말 쓰고

〈드라마, 내 여자친구는 구미호〉

나. 너 계속 부모님한테 존대말 할 거지?

〈드라마, 노란손수건〉

다. 우리 회사는 동료 간에 존대말 사용이 회사 방침입니다.

〈드라마, 찬란한 유산〉

라. 아무리 동기라도, 사무실 내에선 존대말 좀 쓰죠?

〈드라마, 우리집여자들〉

마. 애들한테 존대말 쓰는 거 잊지 마시구요. 〈드라마, 학교〉

드라마 대본을 통해서 보면 나이 드신 분, 부모님과 같은 연장자뿐 아니라 직장 동료, 동기, 더 나아가서 선생님이 가르치는 학생들까지 높임 표현을 한다.

가. 반말을 해야할지 존대를 해야할지 생각하며 고개 끄덕인다

〈드라마, 노란손수건〉

나. 동갑이라니까 서로 존대하고 사이좋게 지내도록 해.

〈드라마, 민들레가족〉

다. 나이도 같은데 나만 높임말 쓸 것도 없지!

〈드라마, 웃어라 동해야〉

라. 존대하시니까 저희가 너무 어려워요.

〈드라마, 가문의 영광〉

마. 할머니 저 존대말 하면 닭살 안 돋으시겠어요?

〈드라마, 보고 또 보고 〉

　　그렇지만, 반말을 해야 할지 존대를 해야 할지를 고민해야 하고, 나이가 같을 때 존대를 할 수도 있지만, 그러지 않을 수도 있고, 할머니와 같은 연장자라 하더라도 존대를 하면 어렵거나 불편을 느낄 수도 있다. 높임법을 쓰는 것은 거리도 나타내는 것인데, 여기에는 나이와 같이 객관적인 거리도 있지만, 관계에 따른 심리적 거리도 반영되어 있기 때문이다. 일반적으로 나보다 나이가 많은 어른한테 반말을 하면 무례하고 건방진 사람이 되지만, 친한 어른에게는 존댓말을 쓰면 오히려 어색해 할 수 있다. 반대로 가까운 친구한테 극존칭을 쓰는 것도 거리감이 느껴져 오히려 친구를 서운하게 하는 것이고, 어르신이 아랫사람을 존중하면서 존댓말을 쓰시면 더 위엄있게 느껴진다. 그리고 늘 반말하다가 갑자기 존댓말로 이야기하면 화가 난 것 같이 느껴지기도 한다.

나란히 앉을까? 마주보고 앉을까?

거리에는 물리적인 거리와 심리적인 거리가 있다. 우리는 친한 사람이라는 말을 가까운 사람이라고 말하는데, 친한 것이 심리적 거리라면 가까운 것은 물리적 거리이다. 이 두 가지가 서로 연결되어 있어서 사이가 좋을 때는 붙어 다니다가, 사이가 나빠지면 잘 마주치지도 않고, 멀리 떨어져서 다니는 게 보통이다. 또한 사랑을 받고 싶거나 무엇을 부탁하는 입장에서는 친밀한 느낌이 들게 해야 들어줄 가능성이 높아진다고 생각하기에 가까운 거리를 유지하려고 다가서고, 반대로 화가 나 있거나 불쾌하고 싫은 경우에는 그러한 감정을 표현하려고 일부러 거리를 멀리 한다. 이러한 점에서 심리적 거리와 물리적 거리는 비례한다.

카페에 들어가서 앉아 있는 모습을 보면 대충 두 사람이 어떤 관계인지 짐작할 수 있다. 가까운 친구는 옆자리에 앉거나 가깝게 붙어 앉지만, 처음 만나는 사람은 보통 맞은편 자리에 앉게 된다. 두 사람 사이의 거리가 짧을수록 서로의 관계가 더 친밀하고 대등한 것으로 해석된다. 또한 두 사람의 거리는 대화의 내용과도 관계가 있어서 개인적이고 비밀스러운 이야기는 되도록 가까운 거리에서 말하려 하고, 공적이고 일상적인 이야기는 적당히 떨어진 거리에서 말하려고 한다. 재미있는 것은 지역적인 차이도 있다는 점이다. 보통 대도시의 사람들은 거리를 더 유지하려고 하고, 소도시 사람들은 거리가 더 가까워진다. 성격의 차이도 있지만, 보통 소도시 사람들은 사람을 만나는 것을 반갑게 생각하고 친근하게 느껴서 이런저런 이야기를 하고 싶어 한다. 그러나 늘 사람들과 부대끼면서 살아가는 대도시 사람들은 낯선 사람이 가깝게 다가와서 이야기를 걸면 무척 불편해하고 회피하려 한다.

고슴도치의 겨울 이야기

철학자 쇼펜하우어는 고슴도치가 어떻게 겨울 추위를 이겨내는가 하는 예를 통해서 인간관계를 설명한 일이 있다. 고슴도치는 추위를 피하기 위하여 서로 가까이 접근하다가 뾰족한 바늘이 서로의 몸을 찌르면 뒤로 물러난다. 그러다가 추워지면 다시 접근하고 찔리면 다시 후퇴하면서 추위도 막고 찔리지도 않을 만큼의 적당한 거리를 찾는다는 것이다. 우리도 마찬가지이다. 혼자 있으면 외롭고, 그래서 다가가면 인간관계가 불편해지기도 한다. 고립감과 외로움을 피해 가까이 다가가다가도, 자기만의 독립된 자리를 필요로 하는 양면성을 가지고 있다. 이러한 양면성은 대화에서도 중요한 역할을 한다.

상대방의 관점을 고려한다는 것은 상대방과 심리적으로 적절한 거리를 유지하는 것에서부터 출발한다. 독립을 유지하고 싶어 하는 사람에게 여러 차례 친절한 말을 하면서 다가가는 것은 오히려 상대방을 더욱 움츠러들게 하는 결과를 가져올 것이다. 상대방이 자기의 독립적 영역을 침범하고 있다고 받아들이기 때문이다.

자녀가 사춘기에 접어들면 대화를 하기는 더 어렵다. 사춘기는 정서적인 이유기, 다시 말해 정신적으로 부모와 연결되어 있던 젖을 떼는 시기이다. 그러기 때문에 다른 어느 때보다 심리적으로 자기만의 독립된 공간과 또래 집단과의 어울림을 중요하게 생각하는 때여서 일정 거리를 유지하며 마음을 잘 열지 않으려 하는 성향이 있다. 그러므로 집에 와서도 말도 잘 안하고 문 닫고 자기 방에서 나오지 않고, 또래 아이들과 또래 문화에 대한 소통에 집착하려 한다. 사춘기 자녀에게 대화를 시도하다가 오히려 문제가되는 것도 바로 이런 이유에서이다.

엄마 : 오늘 학교에서 무슨 일이 있었니? 왜 그래?

딸 : 별일 아니에요. 엄만 몰라도 돼요.

엄마 : 어떻게 네 일을 엄마가 몰라도 되니?

무슨 일인데 그래?

딸 : 제발 그러지 좀 마세요.

자꾸 그럼 집에 들어오고 싶지 않을 거예요.

심리적인 독립을 원하는 자녀에게 '사랑하기 때문'이라는 이유로 잔소리를 하거나 간섭을 하면서 다가가려고 하면, 사춘기의 자녀들은 자신의 독립을 엄마가 침해한다고 느끼기 때문에 오히려 더 멀리 가려고 하고, 반항을 하게 된다. 이럴 때 엄마들은 종종 "내가 널 어떻게 키웠는데." "다 널 위해서 하는 말이야."하는 일방적인 애정표현으로 섭섭함을 표현한다. 그러나 이런 마음으로 아이가 거리 두는 걸 서운해 하기보다 자녀가 정신적으로 독립을 해야 하는 과정에 있다는 것을 이해하고, 아이의 인격을 존중하고 받아들이는 것이 필요하다. 자녀 스스로 도움이 필요해서 다가오는 경우가 아니라면, "네가 하고 싶은 대로 해봐." "네 결정에 맡길게."라고 조금 의연하게 거리를 유지하고, 판단의 주도권을 자녀에게 주는 대화를 시도하거나, 부담을 덜어주기 위해서 의도적으로 관심을 표현하지 않고 무심하게 지내는 것이 오히려 더 좋은 관계를 유지할 수 있게 해준다.

내가 설 자리는 어디?

이러한 거리는 심리적인 거리뿐만 아니라 물리적인 거리에도 적용된다. 상대방에게 거부감을 주지 않기 위해서는 상대방의 공간을 침범하지 않으면서도 대화를 나눌 수 있을 만큼 가깝게 있을 수 있는 최적의 거리를 유지하려고 노력해야 한다. 사람은 누구나 자신만의 영역을 필요로 하고, 그 영역 안에 원하지 않는 존재가 침입하면 공격으로 받아들여서 방어적 자세를 취하게 되는 자신의 영역을 갖고 있다. 접근학을 연구한 홀Edward Hall, 1966에 의하면 물리적 거리는 심리적 거리에 비례해서 가까울수록 물리적 거리는 짧아진다. 보통의 경우, 아주 가까운 가족이나 연인은 언제라도 안아줄 수 있는 15-46cm 정도에서 대화를 나누는데, 이것을 '친밀한 거리intimate distance'라고 한다. 어른들이 '품안의 자식'이라는 표현을 쓰시는데, 그야말로 품 안에 들어오는 거리니까 친밀한 거리이다. 그리고 친구나 직장 동료는 팔을 쭉 뻗어서 악수를 하거나 등을 두드릴 수 있는 거리인 46cm-1.2m 정도의 거리에서 대화를 나누는데, 이것을 '개인적 거리personal distance'라고 한다. 낯선 사람이나 배달원, 가게 주인과 같이 잘 모르는 사람들과는 1.2m-3.6m 정도의 거리를 유지하는 것이 서로를 방어할 수 있다는 점에서 편안하게 느끼는데, 이것을 '사회적 거리social distance'라고 한다. 그렇지만 3.6m이상 떨어져서는 개인적이고 친근한 대화는 이루어지지 않지만, 많은 사람들 앞에서 연설을 할 때 적절한 거리라는 점에서 '공공적 거리public distance'라고 한다.

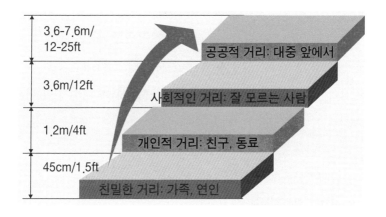

서로가 적당한 거리로 편안함을 느끼지 못하면 대화가 잘 진

행되기는 어렵다. 처음 방문한 사람이 갑자기 가까이 다가오면 우리 몸은 공격을 받은 것으로 받아들여서 심장박동이 빨라지고, 아드레날린이 분비된다. 남녀가 교제하면서 신체적 접촉 문제로 갈등이 생기는 것도 같은 이유이다. 아직 심리적으로 받아들일 준비가 되지 않은 상태에서 물리적 거리를 좁히고자 일방적으로 가까이 다가오면, 대부분의 사람은 상당히 당황스럽고, 부담스러워서 오히려 방어적 태도가 표출되기도 한다. 물리적 거리와 심리적 거리의 균형감을 잃는 것은 오히려 관계가 단절되는 단초가 될 수도 있다.

이렇게 너무 가깝게 접근해서 생기는 문제들도 있지만, 보통 집안에서 이루어지는 대화는 이와는 반대로 너무 거리가 멀어서 문제가 생기는 경우이다. 세상에서 가족만큼 가까운 사이는 없다. 가족들은 언제라도 품에 안을 수 있는 거리, 즉 친밀한 거리에서 이야기를 해야 되는 관계이다. 그러니까 반팔 정도의 거리 안에서 이야기를 나누는 것이 적절하다. 그런데 남편은 방에서 출근을 하려고 가지고 나갈 서류 봉투를 찾고 있고, 아내는 부엌에서 아침식사 준비를 하고 있다. 이런 상황에서 대화가 어떻게 진행될까?

남편 : *당신, 여기 있던 서류 치웠어요?*

아내 : **뭐라고요?**

남편 : *(큰소리로) 아니, 벌써 귀가 잘 안 들려요? 말도 못 알아듣*

게.

아내 : 아니, 왜 소리를 질러요?

남편 : 못 알아들으니까 소리를 지르지, 그렇게 안 들리면 보
청기를 껴요.

아내 : 언제 보청기 하라고 돈이나 준 적 있어요?

대화로 시작한 것이 언쟁이 되고 말았다. 왜 이런 문제가 생겼을까? 이것은 가족끼리 이야기하기에 적절한 거리인 친밀한 거리를 유지하지 않고, 너무 먼 거리에서 말을 하였기 때문에 생긴 문제이다. 딸은 방에 있는데, 엄마는 거실에서 이야기를 하고, 아들은 마루에서 텔레비전을 보는데, 엄마는 마당에서 이야기를 한다. 이런 상황에서는 원하는 대화를 나눌 수가 없게 된다. 안 들린다거나, 소리를 질렀다거나, 텔레비전 소리를 낮추라거나 하는 다른 이야기들을 하면서 기분이 상하게 되어서 정말 이야기하려던 것들은 이미 기분 상한 내용으로 바뀌어서 전달되게 되기 때문이다. 따라서 가족들끼리 대화할 때는 하던 일을 잠시 접어두고, 대화하려고 하는 가족이 있는 곳에 다가가서 이야기를 시작하면 가족 사이에 필요한 예절을 지키는 방법이 된다. 이 경우에도 상대방이 와서 이야기해 주기를 바라면 해결이 되지 않는다. 상대방 배려하기의 원리는 항상 내가 먼저 적용해야 한다.

소통은 상대방에게 내 이야기를 해서 나를 이해시키는 과정이 아니다. 서로 전제하는 배경과 징보기 다르면 불통이 되고, 내

관점만 고수하면 먹통이 된다. 서로 다르다는 것을 이해하고 인정하면서 상대방의 속에 들어 있는 생각과 관점을 끌어내고, 내 생각과 감정을 풀이내어 함께 흐르게 하는 것이 진정한 소통이다.

7

못생긴 자아의식

대화는 나로부터 시작된다. 대화를 할 때 우리는 대화 상대에 대해 민감하게 생각하지만, 사실상 대화를 하면서 가장 중요한 것은 바로 나 자신이다.

"친구들에게는 '예쁘다', '잘 어울린다.', '잘 할 수 있다.', '걱정하지 마라.' 등등 격려와 위로의 말도 곧잘 하면서 정작 나 자신에게는 왜 그렇게 빡빡한 독설가처럼 구는지. 내가 가진 좋은 점보다 가지지 못한 부족함과 못난 점을 골라 아프게 콕콕 쑤셔 댄다.

내가 나를 이렇게 대하는데 내가 어떻게 행복해질 수가 있을까?

그랬다. 이것이 내가 문득 문득 우울해지는 이유였다.

지금 나는 나를 사랑하지 않고 있다.

매순간 나와 함께 붙어 있으며, 나를 가장 잘 이해하면서 사랑해 주고, 누구보다 내 편이 되어 주어야 할 바로 그 존재를."

-황지현(2017), 지우개 같은 사람들이 나를 지우려 할 때 중에서-

작가의 말처럼 세상은 총천연색이고, 나를 둘러싼 사람들 또한 일곱 빛깔 무지개보다 다양하고 시끌시끌하다. 그 속에서 나와 소통하지 않고 남들과 함께 섞여 그들의 무수한 색과 언어에 따라 흔들리다 보면, 나는 지우개 같은 사람들에게 긁히고, 삭히고, 문히고, 지워져서 숨은 그림이 될 수도 있다. 그렇기 때문에 자신과의 소통Intrapersonal Communication, 즉 내적 대화는 다른 사람과의 소통을 위해서 기본이 되고 바탕이 되는 것이다. 실제로 '나는 누구인가' '나는 나를 어떻게 알고 있는가' 하는 자아의식과 '나는 얼마나 가치 있는 사람인가'와 관련해서 갖게 되는 자존감이 우리가 다른 사람과 나누는 대화와 깊이 연결되어 있다.

자아의식은 자신에 대해서 정확히 알고, 자신이 독특하고 고유한 존재라는 것을 인식하는 것인데, 자신을 객관화하여 온전하게 바라보고 이해할 수 있을 때, 자아의식이 성립이 되고 나와 다른 사람을 구분하게 된다. 긍정적인 자아의식이 자존감인데, 자존감이 높은 사람도 있지만, 낮은 사람도 있다. 사람들은 다른 사람과의 대화를 통해서 자아의식과 자존감을 갖게 되지만, 자신이 가지고 있는 자아의식과 자존감에 따라 다른 사람과의 대화가 달라지기 때문에 대화와 자아의식, 자존감은 아주 밀접하게 연결되어 있는 것이다. 내가 바꾸고 싶은 '이상적인 나'의 모습으로 가는 길은 내 속에 있는 나와 대화하면서 나를 인정하는 것이다. 심리학자들은 우리 모두가 실제로 내적 대화를 한다고 말한다. 자신의 이름을 부르고, 자신에게 말을 거는 사람들이 더 안정적이며 성공적이며, 행복한 삶을 산다는 것이다. 내가 나와의 대화를 통해 나를 받아들이고 인정해 주면 다른 사람과의 관계도 달라진다. 반대로 나 스스로의 마음을 돌보지 않으면 다른 사람을 이해할 여유나 포용력이 생기기 어렵다. 내가 나를 편안하게 받아들일 때 비로소 다른 사람도 배려할 수 있는 마음이 준비되기 때문이다.

자아의식의 순환 고리

'나는 내 자신이 좋아.' 라거나 '나는 나 자신이 정말 싫어.' 하는 말들이 자아의식과 연결된 말인데, 이것은 자신이 가진 장점과 단점에 대한 느낌과 생각, 그리고 자신의 능력과 한계 등에 의해 결정된다. 우리의 자아의식은 어떻게 만들어질까?

첫째, 나를 대하는 다른 사람들의 행동, 나를 대하는 방식이나 나에게 반응하는 방식을 살피는 것이다. 내 주변의 사람들이 나의 행동을 어떻게 평가하느냐에 따라 나 스스로를 평가하는 것이 달라진다. 주변 사람들이 자신을 높게 평가하면, 그들의 행동에서 반영된 긍정적 이미지를 갖게 되고, 자신을 낮게 평가한다면 자신에 대해 더 부정적 이미지를 갖게 된다.

둘째, 다른 사람하고 나를 비교해 보는 것이다. 내가 우수상을 받아서 기뻐하다가 옆 사람의 최우수상을 받은 것을 아는 순간 그 기쁨은 반감한다. 그러면서도 우리는 끊임없이 다른 사람하고 비교를 하고, 다른 사람보다 더 나으면 우월감을 느끼고, 더 못하면 열등감을 느끼게 된다. 그렇기 때문에 남들 앞에서 잘난 척하는 사람일수록 다른 곳에서는 열등감에 빠지기 쉽기 때문에, 교만은 열등감의 변형된 모습이라고도 한다. 비교의식을 통해서 자아개념을 발달시킬 수는 있지만, 지나치게 비교의식에 빠져 있으면 긍정적 자아개념을 가질 수 없다.

셋째는 내가 한 일에 대해서 스스로 해석을 하거나 평가를 내리는 것이다. 만약 다른 사람에게 거짓말을 해서 들키지 않았을 경우, 처음에는 다행이라고 생각하다가도 곧 자기 스스로 옳지 않은 행동을 한 것에 대해서 부정적인 생각이 들고, 죄책감을 느끼게 된다. 반대로 남모르게 선행을 베풀었을 때, 자신에게 뿌듯함을 느끼고 긍정적인 자아의식을 갖게 된다.

이와 같이 자아개념의 형성에는 주변 사람들의 평가, 다른 사람과의 비교, 그리고 자기 스스로 내리는 평가가 더해서 만들어지는데, 자아개념에 따라 의사소통의 방식이 다르게 나타난다. 가령, 상대방이 나를 높이 평가하면 더 긍정적인 자아의식을 갖게 되고, 그 결과 의사소통에서 자신을 적극적으로 드러내고 다른 사람의 방식을 능동적으로 수용하게 된다. 이것은 또 다시 순환되어 다른 사람과 우호적이고 원만한 관계를 만들 수 있는 연결고리를 만들어 간다. 그러나 반대로 상대방이 나를 낮게 평가하면, 부정적인 자아가 형성되고, 그 결과 의사소통에서 나를 드러내는 것을 꺼리게 되고, 다른 사람의 평가에 대해 수용하기보다는 방어적인 태도를 보이게 한다. 이것은 또 다시 상대가 나를 낮게 평가하는 원인이 되어 원만한 관계를 만들기 어렵게 하는 악순환이 지속된다.

마음의 창, 얼마나 열렸을까?

나의 자아의식은 어떤 모습일까? 조셉Joseph Luft와 해리Harry Ingham이라는 두 심리학자는 눈에 보이지 않는 마음을 창으로 비유해서 이른바 '조해리Joe+Harry=Johari의 창'이라는 것으로 우리의 자아의식을 시각화하였다.

피드백을 얻는 정도

내가 아는 것 　　　　　　내가 모르는 것

	1	2	3	4	5	6	7	8	9

열린 영역
open self

가려진 영역
blind self

숨겨진 영역
hidden self

알 수 없는 영역
unknown self

자기공개의 정도

남이 아는 것　　　남이 모르는 것

조해리의 창

　　조해리의 창은 자기공개와 피드백이라는 두 요소로 결정된
다. 그래서 조해리의 창을 통해 나 자신을 평가하기 위해서는 첫
째, 자기공개의 정도를 알기 위해 "나는 다른 사람한테 속마음을
잘 드러내고, 나에 관한 이야기를 잘 하는가?" 하는 질문을 해야
하고, 둘째, 피드백의 정도를 알기 위해 "나는 다른 사람이 나에
대해 어떻게 생각하고 평가하는지 알려고 노력하는가?" 하는 질
문을 해야 한다. 이 질문에 대한 자신의 상태를 아래의 기준에 따
라 1부터 9 사이에서 적절한 숫자를 선택하는데, 자기공개의 정도
는 가로선으로 표시하고, 피드백의 정도는 세로선으로 줄을 그어

보면 된다.

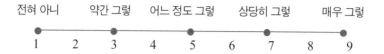

전혀 아니　　약간 그럴　　어느 정도 그럴　　상당히 그럴　　매우 그럴
　1　　2　　3　　4　　5　　6　　7　　8　　9

자기공개는 자신에 대한 표출을 통해 남이 아는 영역과 남이 모르는 영역으로 나누어지고, 피드백을 통해 내가 아는 영역과 내가 모르는 영역으로 나누어진다. 자신에 대한 표출 정도를 가로선으로 하고 피드백 정도를 세로선으로 하면 앞의 그림과 같은 네 영역이 만들어진다.

첫째, 열린open 영역은 나도 알고 있고 다른 사람에게도 알려져 있는 나에 관한 정보를 의미한다. 나의 행동, 태도, 감정, 희망, 욕구와 같은 정보나 이름, 피부색, 성별, 나이, 종교, 직업과 같은 정보가 포함된다. 그래서 열린 영역의 크기는 나와 맺고 있는 사람들의 관계에 따라 달라진다.

열린 영역의 크기는 의사소통에도 영향을 준다. 열린 영역이 작으면 작을수록 의사소통을 잘 못하는 경향이 있다. 의사소통은 내가 다른 사람이나 스스로에게 얼마나 자신을 여느냐 하는 정도와 관련되어 있다. 내가 다른 사람들을 알고 다른 사람들이 나를 알 때 의미 있는 의사소통을 할 수 있다.

마음의 창에서 열린 영역이 가장 넓은 사람은 개방형으로 대체로 인간관계가 원만한 사람들이다. 이들은 적절하게 자기표현을 잘 할 뿐만 아니라, 다른 사람의 말도 잘 경청할 줄 아는 사람들로서, 다른 사람에게 호감과 친밀감을 주게 되어 인기가 있다. 그러나 지나치게 열린 영역이 넓은 사람은 말이 많고 경박한 사람으로 비처질 수도 있다. 따라서 경박한 선까지는 가지 않도록 조심하면서, 될 수 있으면 많이 말하고 잘 듣는 것이 원만한 인간관계와 의사소통의 비결이 된다.

둘째, 가려진blind 영역은 나는 모르지만 다른 사람은 알고 있는 나의 정보를 뜻한다. 사람은 이상한 행동습관, 특이한 말버릇, 독특한 성격과 같이 '남들은 알고 있지만 자신은 모르는 자신의 모습'이 있는데, 이것이 가려진 영역이라고 할 수 있다. 가려진 영역이 있으면 의사소통에 장애가 올 수 있다. 그러나 가려진 영역은 줄이려고 아무리 노력해도 완전히 없앨 수는 없다.

마음의 창에서 가려진 영역이 가장 넓은 사람은 자기주장형이다. 자기노출은 많이 하지만 피드백은 하지 않는 자기주장형은 자신의 기분이나 의견을 잘 표현하며 나름대로 자신감도 가지고 있는 솔직하고 시원시원한 사람일 수 있다. 그러나 다른 사람의 반응에 무관심하거나 둔감해서, 때로는 독단적이며 독선적인 모습으로 비처질 수 있다. 자기주장형은 다른 사람의 말에 조금 더 진지하게 귀를 기울이는 노력이 필요하다.

셋째, 숨겨진hidden 영역은 나는 알고 있지만 다른 사람에게는 알려지지 않은 정보를 의미한다. 달리 말하면, 나의 약점이나 비밀처럼 다른 사람에게 숨기는 나의 부분을 뜻한다. 이 영역은 자기 스스로에 대한 비밀을 유지하는 것에 해당하는 것으로, 우리는 자신만의 감정이나 동기, 공상, 비밀, 부끄러운 점 등은 다른 사람에게 쉽게 드러내지 않는다.

마음의 창에서 숨겨진 영역이 가장 넓은 사람은 과묵형이다. 과묵형은 다른 사람에 대해서 수용적이며 속이 깊고 신중해서 다른 사람의 이야기는 잘 경청하지만 자신의 이야기는 잘 하지 않는 사람들이다. 그러다 보니 속마음을 잘 드러내지 않고 계산적이고 실리적인 경향이 있어서, 상황에 대해 적응은 잘 하지만 도대체 무슨 생각을 하고 있는지 모르겠다, 음흉하다는 비판을 받기도 하는데, 실제로 내면적으로는 고독감을 느끼는 많은 현대인들이 이 유형에 속한다. 함께 생활하기에 불편하지는 않지만, 문제가 있을 때 쉽게 다가가서 내 이야기를 나누기에는 부담스러운 유형이기 때문에, 일단 자기에 관한 말을 하는 것이 익숙하지 않고 좀 손해 보는 것 같이 느껴지더라도 어느 정도까지는 자기개방을 통해서 다른 사람과 좀 더 넓고 깊은 교류를 하는 것이 필요하다.

알 수 없는unknown 영역은 나도 모르고 다른 사람도 알지 못하는 나의 부분을 의미한다. 심층적이고 무의식적인 욕망이나 두려움처럼 우리 자신에게 알려져 있지 않은 부분이 알 수 없는 영역에 해당한다. 그러나 자신의 행동과 정신세계에 대한 지속적인 관심과 관찰을 통해서 이러한 부분은 조금씩 자신에게 의식될 수 있다.

마음의 창에서 알 수 없는 영역이 가장 넓은 사람은 고립형이다. 이런 사람들은 인간관계에 있어서 소극적이고 혼자 있는 것을 좋아한다. 다른 사람하고 접촉하는 것을 불편해 하거나 무관심해서 고립된 생활을 하는 경우가 많다. 이런 유형 중에는 고집이 세고 주관이 지나치게 상한 사람도 있지만, 대체로 심리적인 고민이 많거나, 일상생활에 잘 적응하지 못하는 경우가 많아서 우리의 관심을 필요로 하는 유형이다. 고립형은 인간관계에 좀 더 적극적이고 긍정적인 태도를 가질 필요가 있다.

만족스런 자아의식을 위하여

그렇다면, 어떻게 하면 못생긴 자아의식을 나도 좋아하고, 남도 좋아하는 모습으로 만족스럽게 바꿀 수 있을까?

첫째, 다른 사람들이 나에게 보내는 피드백을 잘 듣는다. 대부분의 상호작용에서 사람들은 내가 한 일, 한 말, 내가 현상을 바라보는 방법에 대해 어떤 방식으로든지 논평을 하기 때문에 그 반응을 잘 파악해야 한다.

서 팀장 : 자네 왜 그렇게 짜증난 사람 같아?
　　　　　웃을 땐 인상이 좋은데, 왜 그렇게 시큰둥해서 매사에 짜증난 표정인지 모르겠네.
김 대리: 아, 제 표정이 짜증난 것 같은가 보죠?
　　　　　전 잘 모르고 있었는데…

아마 그래서 저하고 밥 먹자는 사람이 없었나 봐요.

김 대리는 사람들이 자신과 거리를 두는 것 같고, 심지어 함께 점심을 먹자는 동료도 없어서 팀원들이 자신을 따돌리고 있다고 생각하고 있었다. 서 팀장의 말을 통해 김 대리가 자신의 가려진 영역에 대해 발견했다면, 그것을 인정하고 의도적으로 개선하는 노력을 통해 관계를 개선할 수 있다.

둘째, 가려진 영역을 감소시킨다. 나는 모르지만 다른 사람은 알고 있는 나의 습관, 특이한 말버릇, 독특한 성격 등을 알기 위해서는 다른 사람의 의견을 물어보는 것이 좋은 방법이다.

> **아내** : 내가 지금 아이한테 너무 감정적으로 말했나요?
> **남편** : 누구나 기분이 상하면 그럴 수 있지만, 변명할 틈도 주지 않고 다그쳐서 민수 마음이 좀 상했을 것 같아요.
> **아내** : 내가 정말 민수를 다그쳤어요?
> **남편** : 내가 보기에는 당신이 좀 이성을 잃은 것 같았어요.

아이를 꾸지람하고 나서 아이가 방에서 나오지 않아서 걱정을 하고 있던 아내는 남편에게 질문을 통해 자신의 가려진 영역을 알아내려고 하였다. 남편의 말을 통해 자신의 행동에 문제가 있었음을 깨달았다면, 자녀에게 다가가 다시 관계를 개선할 수 있다.

셋째, 다른 사람들을 관찰한다. 주변 사람들에게 나 자신이 어떻게 보이는지를 관찰해 본다. 버스에서 옆 자리에 앉은 사람에게, 또는 이웃사람에게, 또는 직장 상사에게 어떻게 보이는지를 관찰해 본다. 나 자신은 이 사람들이 나를 보는 관점 모두를 바탕으로 하기 때문에 많은 사람의 눈으로 나를 보는 것이 중요하다. 그래서 궁극적으로 열린 자아를 넓혀가야 한다.

> **할아버지** : 어른이 수저도 안 들었는데, 먼저 먹으면 남들이
> 예의 없다고 그래요.
> **진수** : 엄마가 밥 먹을 때는 눈치 보지 말고 먹고 싶은 거 다
> 먹으라 그랬어요.
> **할아버지** : 눈치를 보라는 게 아니고, 예의를 지키라고.
> **진수** : 그게 눈치 보면서 먹으라는 말이잖아요?

요즘 자녀들의 기를 살린다, 남의 눈치 보지 않는 아이로 키운다 하는 말들을 하는 어른들이 많아지면서 남에 대한 생각 없이 행동하는 젊은이들이 점점 더 많아지고 있다. 그렇지만 남이 나에 대해 어떻게 생각할까 하는 것을 피드백하는 것은 자아의식 형성에 중요한 요소이기 때문에 이런 부분이 없이 기만 살려놓는다고 그 아이의 자존감이 높아지는 것은 아니다. 오히려 가족의 울타리 안에서 자연스럽게 통용되던 그런 자존감이 집 밖에서는 사회 구성원들에게 받아들여지지 않는다는 것을 알게 되면 더 큰 좌절과 절망을 하게 될 수도 있다. 테드의 명강의로 유명한 영국의 저술

가 시넥Sinek은 '너는 특별해.', '네가 원하는 건 뭐든지 할 수 있어.' 와 같은 실패한 육아정책, 잘못된 가정교육이 밀레니얼 세대가 외부 환경에 적응하기 어렵게 만드는 요인 가운데 하나라고 지적하였다. 우리가 직면하는 낯선 환경 속에서 이런 말들은 더 이상 효용이 없기 때문이다. 그런 점에서 다른 사람이 나에 대해 어떻게 생각할까 하는 것을 고려하는 것이 의사소통이나 인간관계에서 매우 중요하다는 것은 더 강조되어야 한다.

넷째, 열린 영역을 넓혀 간다. 자아의식은 일반적으로 열린 자아를 증진시킬 때 향상된다. 나 자신을 다른 사람에게 드러낼 때, 다른 사람이 나를 알게 하는 동시에 내가 나 스스로에 대해 알게 된다. 나 자신과 이야기를 하다 보면, 지나간 나의 실수에 대해 깨닫게 되기도 한다. 친구에게 자신의 고민을 털어놓으면 둘만 아는 비밀이 생기게 되는데, 이로 인해서 친밀감은 깊어진다.

> **나래** : 너 지금까지 연애 몇 번 했어?
> **다은** : 글쎄, 몇 번이나 될까?
> **나래** : 내 연애 이야기는 다 들어놓고, 치사하게 네 이야기는
>   안 할 거야?
> **다은** : 내가 아직 누군가에게 말할 마음의 준비가 안 됐거든.
>   근데 치사하다는 말은 좀 지나치지 않니?

공개적 자아의 영역이 넓을수록 서로 대화가 잘 통하기 때문

에 깊은 관계를 유지하기 위해서는 상대방에 대해 속속들이 다 알고 있어야 한다고 생각하기 쉽다. 그래서 무리해서 서로의 정보를 공유하려다가 관계를 그르치는 경우가 종종 있다. 자신의 공개적 영역을 넓히는 것은 소통을 위해 바람직하지만, 상대방에게 그것을 강요해서는 안 된다. 상대방이 자신을 알리기를 주저할 경우에는 열린 영역이 좁기 때문에 의사소통이 원활하게 이루어지기 어려운 것은 사실이다. 그럴 경우에는 서로 공개하려는 마음의 준비가 될 때까지 기다려주는 마음도 필요하다.

나를 둘러싼 세상, 사람들은 복잡하고 다양하다. 그 속에서 나를 찾고, 나 자신으로 세상과 소통하기 위해서는 나에 대한 객관적 인식이 필요하다. 다른 사람들의 눈에 나는 어떤 모습으로 보일까 하는 것을 의식의 한 부분에 두면서 다른 사람들이 나에게 보이는 반응들을 관찰하고, 그것들을 통해 내가 모르던 나를 알아가고, 되도록 개방적인 태도로 나에 대해 드러내는 것, 나를 통해 남을 알고, 남을 통해 나를 알아가게 되면서 열린 자아의 영역은 넓어진다. 더 긍정적이고, 더 건강한 자아의식을 통해 세상 속 다양한 사람들 속에서 나를 찾고 지키는 것은 다른 이들과 소통하는 기쁨을 누리기 위한 전제가 된다.

8

혹시 나는 혼란형?

자아존중감self-esteem, 즉 자존감은 자기 자신의 가치에 대해 스스로 느끼는 판단이다. '나는 나 스스로를 얼마나 좋아하는가?' '다른 사람들이 나를 얼마나 가치 있는 존재로 여긴다고 생각하는가?' '나는 어느 정도 유능하다고 생각하는가?' 이런 질문에 대해서 내가 하는 대답들이 내가 가지고 있는 자존감을 반영하는 것이다. 자존감은 '높다/낮다'로 평가할 수 있는데, '자존감이 높다 = 내가 참 마음에 든다.' 라는 등식이 성립된다.

내 자존감 도둑은?

내가 가진 자존감의 수준은 실수나 실패에 대해 자연스럽게 따르는 반응을 살펴보면 알기 쉽다. 문제 상황이 벌어진 다음에 인정하고 받아들이는 자세에서 큰 차이를 보이기 때문이다. 운전을 하다가 가벼운 접촉사고를 냈다고 가정해 보자. 자존감이 높은 사람은 바로 차 밖으로 나가서 사과하고, 사고에 대한 보상방법을 의논하고, 앞으로 같은 실수를 하지 말아야겠다는 다짐을 한다. 그렇게 교훈을 얻고 사고를 일단락 지을 것이다. 하지만 자존감이 낮은 사람은 '난 왜 이렇게 주의가 산만할까' '내 운전 실력은 이거밖에 안 될까?' '왜 하필 다른 길 두고 그길로 가서… 나만 이토록 재수가 없는 걸까?'라고 자책하고 밤새도록 괴로워할 것이다. 자존감이 높은 사람은 지금 일어난 그 문제에 대해서만 집중할 뿐 그 문제의 맥락까지 확대 해석해서 자신을 공격하지 않는다. 그러나 자존감이 낮은 사람은 문제 상황에서 그 일의 본질을 벗어난 사소한 맥락까지 의미를 부여하고, 그 일 때문에 나와 주변의 기대에 미치지 못한 것 같아 '자존감 바닥'의 상태가 되며, 다른 일에도 자신이 없어지고, 우울한 심리 상태가 된다. 따라서 자존감의 수준이 낮은 사람은 높은 사람에 비해 불안의 정도가 심하고, 대인관계도 원만하지 않다.

정체성의 문제와 정체성 혼란의 시기를 겪는 것은 청소년기이지만, 배우자를 선택하고, 직업을 선택하여 정력적으로 일해야 하는 20대부터 40대까지가 사회적 친밀감과 고립감의 위기를 겪는 시기이다. 따라서 자존감 문제로 정신과 상담을 하거나, 자존감 관련 콘텐츠를 가장 많이 소비하는 것도 이 시기이다. 20대의 자존감을 조사한 알바천국(2017)에 의하면 자신의 자존감이 낮다고 응답한 비율이 40.6%로 가장 높았으며, 자존감이 낮아지는 원인은 친구와의 비교 의식(27.6%)과 함께 취업이 안 될 때(22.7%)로 나타났다. 취업 준비생의 88.4%가 취업 과정에서 "자존감에 상처를 받은 적이 있다"고 답했고, '자존감 도둑'으로는 '내 자신'(59.3%), 면접관(42.1%), 동기·친구(33.9%)의 순으로 응답하였다.

20대의 자존감

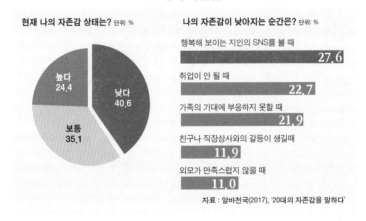

현재 나의 자존감 상태는? 단위: %

높다 24.4
낮다 40.6
보통 35.1

나의 자존감이 낮아지는 순간은? 단위: %

행복해 보이는 지인의 SNS를 볼 때 **27.6**
취업이 안 될 때 **22.7**
가족의 기대에 부응하지 못할 때 **21.9**
친구나 직장상사와의 갈등이 생길때 **11.9**
외모가 만족스럽지 않을 때 **11.0**

자료 : 알바천국(2017), '20대의 자존감을 말하다'

자존감에 따른 대화 방식

　자존감은 대화하는 방식을 결정한다. 자존감이 높은 사람은 자신의 생각을 솔직하고 진솔하게 상대방에게 드러낸다. 그러나 자존감이 낮은 사람들은 대체로 부정적인 자아관을 가지고 있어서 자신의 모습을 있는 그대로 드러내는 것에 대해 두려움을 느낀다. 자존감이 낮은 사람들은 특히 대화를 통해서 스트레스를 많이 받게 되는데, 스스로의 가치에 확고한 생각이나 신념이 없기 때문에 말 한마디로도 큰 상처를 받게 되는 것이다. 내가 하는 말 때문에 상대방의 감정이 상하게 되지는 않을지, 혹시라도 이 말 때문에 나한테 보복을 하지는 않을지, 그 사람하고 관계가 멀어지지는 않을지, 이런 말이 부담이 되지는 않을지 등등 이러한 두려움과 염려가 본질적인 인간관계나 상호작용 자체보다 더 중요하다고 생각되어 자신을 드러내지 않고 회피하거나 기만하게 된다.

　대화를 하다가 자존심의 문제에 걸려들게 되면 심리적으로뿐 아니라 신체적으로도 변화를 보이게 된다. 경험적 가족치료 전문가인 사티어Satir는 「사람만들기peoplemaking」라는 책에서 이 문제를 다루고 있다. 대화를 하다가 자존감의 문제에 걸려들게 되면 근육은 긴장하고, 호흡은 불규칙해지고, 어지러움을 느끼게 된다. 이런 상태에서 하는 대화는 실제 음성으로는 무어라 말을 하고 있지만, 그것이 자신의 신체적인 상태나 심리적인 상태하고는 일치되지 않는다. 이렇게 음성으로 말하는 내용하고 심리나 동작이 일치되지 않는 대화를 '복선적인 대화'라고 하고, 이와 대조적으로 자존감이 높은 사람의 대화, 즉 하고 있는 말의 내용과 심리 상태나 동작이 일치하는 대화를 '단선적인 대화'라고 구분하였다.

복선적인 대화를 하는 사람들은 일단 대화를 통해서 스트레스를 받고 싶지 않고, 자신의 내면적 두려움을 회피하고 싶은 사람들이다. 그렇기 때문에 진실하고 전인격적인 대화를 피하고 무조건 상대방을 회유하는 회유형, 상대방에게 큰소리를 치고 비난하는 비난형, 냉철하게 상황을 따지는 계산형, 주위를 혼란시켜서 문제로부터 도피하려는 혼란형으로 나누어 생각할 수 있다.

(1) 회유형(Placater)

회유형은 자신의 생각과는 관계없이 상대방이 말하면 속으로는 그 사람을 좋아하지 않아도 좋아하는 것처럼 보이도록 무조건 동조하고, 상대방의 기분이나 비위를 잘 맞추어 주는 사람이다. 이러한 회유형의 내면에는 스스로의 가치를 인정하지 않고, 자신은 쓸모없는 사람이라는 생각이 가득 차 있다. 자기 스스로는 아무 일도 할 수 없다고 생각하고, 자기 스스로에게 인정받지 못하기 때문에, 언제나 자신을 인정하고 지지해 줄 누군가를 필요로 한다.

회유형이 경험하는 몸의 느낌은 어떻게 표현할 수 있을까? 자기 스스로는 가진 것이 없어서 남으로부터 지지나 인정을 얻으려고 하는 사람이니까 구걸하는 사람과 비슷할 것이다. 무릎을 꿇고 엎드려 있거나, 한쪽 무릎을 꿇고 앉아서 한 손은 내밀고 고개를 치켜 올리고 상내방을 올려다보는 동작이 숨겨져 있으니까, 음성언어로는 "그래. 네 말이 맞아" 라고 할지라도 그 사람의 심리와 내면은 이렇게 구걸하는 사람과 같다. 이런 동작으로 이야기를 하다보면 호흡도 불안정해지고, 상대방하고 눈도 맞추지 못하고, 목소리조차 제대로 나오지 않게 된다.

> **아내** : 그래요. 당신 말이 다 맞아요.
> **남편** : 당연하지, 언제 내가 틀린 말 하는 거 봤어?
> **아내** : 왜 틀리겠어요? 당신 말이 다 맞지. 당신이 우리 집 법인데…
>
> 〈드라마, 애정의 조건 중〉

집에서 큰소리를 치는 남편 때문에 큰소리가 나는 것이 싫어서 이런 식으로 회유하는 아내들이 있다. 특히 일본의 여성들은 자신을 내세우지 않고 참고 살다가 남편이 퇴직을 하거나 자녀를 출가시키고 나면 황혼이혼을 하는 경우들이 많이 있다고 하는데, 주로 마음이 약한 여성들이 주위 사람들, 특히 가족의 감정을 상하게 하는 것을 건디지 못해서 겉으로는 맞춰주며 마음으로 속앓이 하는 회유형이 되는 경우가 많다. 그러나 아내이건 엄마이건 자신을 무가치하게 생각하고 무조건 다른 사람의 비위를 맞추려고 영혼 없는 대답을 하는 것은 미봉책은 될 수 있어도 근본적인 문제해결이 될 수 없다. 게다가 서로의 관계에 내재되어 있는 문제를 참을 수 없는 순간에 예상치 못한 극단적인 방법으로 터뜨리게 되니까 주위의 사람들도 감당할 수 없는 경우가 생기게 되기도 한다.

(2) 비난형(blamer)

비난형은 회유형과는 정반대이다. 비난형은 다른 사람의 결점만 찾아내고, 모든 일을 혼자 결정하려고 하며, 남들이 인정하지 않더라도 스스로 아주 높은 사람인 것처럼 행동하면서 "너만 아니었으면 모든 일이 잘 되었을 텐데"라고 말하는 것처럼 보인다. 그러나 겉으로는 강하게 표현을 하지만, 내면에는 자신은 실패자이고 외롭다는 생각으로 가득 차 있어서, 누구든 자신한테 복종할 사람만 찾게 되면 자신이 대단한 강자가 된 것처럼 말을 하는 것이다.

비난형의 사람이 경험하는 몸의 느낌을 어떻게 표현할 수 있을까? 비난을 하려면 일단 화가 난 모습이니까 똑바로 서서 한 쪽 발을 앞으로 내밀고, 한 손은 허리에 얹고 다른 한 팔을 앞으로 쭉 뻗어서 손가락으로 상대방을 가리키고 있을 것이다. 목의 근육은 딱딱하게 긴장되어 있고, 숨소리가 겉으로 들릴 만큼 씩씩대면서, 흥분하니까 얼굴도 벌겋게 달아올라 있을 것이다.

아들 : 아버지 이제는 저도 나가야 될 것 같습니다.

아버지 : 뭐 야? 얼빠진 놈. 진짜 나가겠다는 거야?

아들 : 네. 이젠 제 입장도 좀 생각을 해 주세요.

아버지 : 아버지 앞에서 무슨 네 입장 타령이야?

　　　　 아버지 말이 말 같지 않아?

　드라마를 통해 보면 주로 가부장적인 아버지들이 이런 식으로 대화를 한다. 모든 여건이 더 잘 되었으면 자상하게 따뜻하게 표현할 수도 있었을 텐데, 오히려 마음만큼 더 잘 못 해주는 것에 대해 스스로에게 화가 나서 그렇게 큰소리치시는 것은 아닐까? 큰소리를 내는 아버지 때문에 가족들이 힘들어 하는 경우들이 많은데, 그런 아버지의 내면에 자신이 실패자이고 외롭다는 생각으로 차있다는 것을 생각할 수 있는 여유가 필요하다. 비난형의 대화를 하는 사람들을 개선하는 방법은 그 내면을 이해하고, 그것을 바탕으로 높은 자존감을 갖도록 지지와 응원을 보내는 일이다.

(3) 계산형(computer)

　자존감이 낮은 대화인 복선적 대화의 세 번째 유형은 계산형이다. 계산형의 사람들은 자신의 감정을 밖으로 드러내지 않고 아주 정확하고 이성적이고 냉정하고 차분하다. 비록 뜻이 분명하게 드러나지 않아도 제일 길고 어려운 말로 장황하게 표현한다.

계산형의 사람이 경험하는 몸의 느낌을 어떻게 표현할 수 있을까? 계산을 해야 하니까 의자에 깊숙이 앉아서 목에 힘을 주고 있을 것이다. 척추부터 목까지 길고 무거운 쇠막대기로 만든 것처럼 꼿꼿하게 하고, 마치 목둘레에다가 단단한 쇠로 만든 깃을 두른 것처럼 어깨와 목에 힘을 주고, 입은 꼭 다물고 가능한 한 몸을 움직이지 않고 온 몸이 긴장하고 있을 것이다.

> **나미** : 아니, 뭐라고 변명이라도 좀 해봐요.
>
> **도윤** : 지금 같이 상대가 흥분한 상황에서 변명은 무의미하다고 생각되네요.
>
> 게다가 아무리 진솔한 이야기를 해도 다 변명이라고 생각할 테니까요.
>
> **나미** : 그럼, 이대로 그냥 덮어두자는 말인가요?
>
> **도윤** : 내가 덮어두자는 요구를 한 적은 없습니다.
>
> 침묵은 금이라는 말도 있듯이 이렇게 비지성적인 상황에서 어떤 언어적 표현도 현재의 상황을 더 악화시키기 때문에 침묵하고 있을 뿐이지요.

많은 사람들은 계산적 유형을 이상적인 것으로 생각하고 있지만, 실제로는 아무에게도 상처받고 싶지 않다는 자기방어의 극단적인 표현일 뿐이다. 세상을 대면하고, 사람들과의 관계를 열어 가려는 마음보다는 나를 지키겠다는 생각이 강해서 다른 사람과 소통을 하려는 기본적인 준비가 되어 있지 않는 유형이다.

(4) 혼란형(distracter)

네 번째 유형은 혼란형이다. 이 유형의 사람들이 하는 말과 행동은 다른 사람의 말이나 행동하고 무관하다. 상황에 적절하게 반응하지 못하고, 목소리는 말의 내용과 관계없이 단조로우며, 상대방과 눈도 마주치지 않고, 대화 장면과 전혀 관련이 없는 사람처럼 행동한다.

혼란형의 사람이 경험하는 몸의 느낌을 어떻게 표현할 수 있을까? 자기 몸이 의지와 관계없이 갑자기 다른 방향으로 나가는 것 같을 것이어서 팔과 다리가 따로 제멋대로 움직이는, 마치 요즘 비보이들이 춤추는 것과 유사할 것이다. 이런 동작은 잠시는 기분전환처럼 느껴질 수 있지만, 몇 분만 지나도 균형 잡기가 힘들고 내면적으로는 무의미함과 고독감을 느끼게 된다.

> **나미** : 큰일 났어. 가비가 또 회사를 그만 두었대.
> **서윤** : 아, 가비가 회사 다니고 있었구나.
> **나미** : 다니는 게 아니라 짤렸다고…
> **서윤** : 짜르는 사람 있으면 짤리는 사람도 있어야지.
>   나도 미장원 가면 머리 다 짤리고 나와.

상황과 관계없는 말을 하면 처음에는 유머처럼 받아들이지만, 늘 그런 식의 말을 하는 사람하고 깊이 있는 관계를 맺기는 어렵고, 그런 만큼 인간관계에서 소외될 수밖에 없다. 그런 점에서 회유형, 비난형, 계산형, 혼란형은 모두 대화에 스트레스를 받는 복선적인 대화, 다시 말해서 말하고자 하는 내용과 실제로 하고 있는 대화가 일치되지 않는 대화이고, 자존감이 낮은 사람들에게서 나타나는 대화 유형이다.

(5) 단선적 대화형(leveler)

자존감이 높은 대화는 음성으로 소리내는 말과 동작, 그리고 내부적인 심리 상태가 일치되어 단선적인 유형으로 나타난다. 목소리는 얼굴 표정과 몸의 자세, 내용과 조화를 이루고, 상대방과의 관계는 편안하고 자유롭고 정직하며, 자존감이 높기 때문에 대화에 자존심을 걸지 않는다.

단선적인 대화를 하면서 때에 따라 회유도 하고, 비난도 하고, 계산도 하고, 혼란시키기도 한다. 그렇지만 자기가 그렇게 하고 있다는 사실을 알고 있고, 또 그 결과에 대해서도 받아들일 준비가 되어 있다는 점에서 전형적인 유형과는 차이가 있다. 단선적인 대화를 하면서 뜻하지 않은 실수를 저질렀을 때는 사과를 한다. 이때 사과하는 것은 자신의 존재에 대한 사과가 아니고, 그 행동에 대해서 사과를 하는 것이다. 그리고 비평도 하는데, 다른 사람을 비난하는 것이 아니라 그 행동을 평가하는 것이고, 잘못을 지적하는 것과 동시에 더 좋은 대안을 제시할 수 있다는 점에서 비난형과는 차이가 있다.

기술이 아닌 인격으로

복선적인 대화와 단선적인 대화의 차이는 자신의 내면과 자신의 대화 내용이 일치되는가, 그리고 상대방에 대한 자신의 생각과 대화 내용이 일치하는가에 의해 구별되는데, 이런 것들은 다 진실함을 바탕으로 하는 것이다. 자존감이 높은 사람은 상대방에게 자신을 진실하게 드러낼 수 있어서 동작이나 감각, 생각, 감정이 모두 하나의 통일성 있는 전체를 만들 수 있다. 단선적인 대화를 하는 사람은 다른 사람들의 신뢰를 얻을 수 있을 뿐 아니라 자신에 대해서도 편안하게 받아들이기 때문에 대화를 하면서 자존심을 걸 이유가 없고, 진실과 신뢰를 기본으로 하는 인간관계는 더욱 돈독해질 수밖에 없다. 따라서 단선적인 대화를 하기 위해서는 자신에 대한 신념과 용기, 자신을 가치 있게 여기는 긍정적인 자아관이 필요하다. 정직함을 바탕으로 자신의 말과 생각과 느낌을 하나로 일치시킬 수 있고, 이런 대화를 통해서 신뢰가 생기고 진정한 인간관계가 맺어질 수 있는 것이다.

자신의 누리소통망(SNS)에 올린 사진과 글을 보고 "뚱땡이

자기 과시 그만 하시지."라는 댓글이 올라왔다면 각각의 유형은
어떻게 반응할까?

> **회유형** : 어머, 그런 건 아니었는데… 불편하게 해서 정말 죄송해
> 요. 에구구, 내가 너무 뚱뚱하지요? 이제 다이어트 해야
> 겠어요.
>
> **비난형** : 교양은 다 어디 버렸냐? 또 올리면 가만 두지 않을 테
> 니 각오해.
>
> **계산형** : 당신의 댓글이 얼마나 큰 상처가 되는지 아시나요?
> 이 내용을 올린 사람은 사이버 수사대에 신고해서 끝
> 까지 추적하고, 상응하는 벌을 받도록 하겠습니다.
>
> **혼란형** : 악플? 그까짓 거 뭐. 술 한 잔이면 잊는 거야. 넌 살
> 안 쪄봤냐? 내가 살찌는 거 다 너 때문이야. 난 상관
> 없다고…

일반적으로 회유형이 50% 정도, 비난형이 30% 정도, 계산형
이 15% 정도이고, 혼란형은 0.5% 정도, 그리고 나머지 4.5% 정도
만이 속마음과 대답이 일치하는 단선적 대화를 하고 있다고 한다.
단선적 대화로는 다양한 대응이 가능할 것이다. 중요한 것은 자신
이 진실하게 느끼는 것을 그대로 표현하면 된다는 것이다. 이것이
바로 대화에서 자존감이 중요한 이유이다. 단선적 대화를 위해서
는 어느 정도의 신념과 용기, 자신에 대한 믿음을 줄 수 있는 긍정

적 자아관이 뒷받침되어야 한다. 단선적 대화를 통해서만 각자가 자기 자신을 값있게 여기고, 전체적으로 느끼며, 창의성 있고, 정직하게 살 수 있고, 이런 대화를 통해서만 진정한 인간관계가 형성되고, 왜곡된 관계들을 바로잡을 수 있다.

말 잘하는 것이 기술인 것처럼 말하는 사람들도 있지만, 진정한 대화, 진정한 인간관계는 자존감이라는 보다 근원적인 문제, 다시 말해 그 사람의 인격 전체의 문제이다. 그런 점에서 우리 인격의 바탕이 되는 높은 자존감을 가지고 정직한 마음으로 자신의 생각과 말과 동작을 일치시키는 것을 통해 다른 사람들에게 깊은 신뢰를 줄 수 있도록 하는 것이 근원적으로 대화력을 키우는 방법이다.

9

지금 공개합니다.

우리가 원하는 이상적인 대화 파트너는 누구일까? 내가 아무런 부담 없이 하고 싶은 말 다 털어놓아도 토를 달거나 반박하지 않고, 나를 지지하고 이해해 주는 사람이 아닐까? 사실, 우리는 서로 상대가 이런 사람이기를 바란다. 그러나 실제로는 내가 아닌 남의 이야기나 세상에 관한 이야기만 주고받는다. 어쩌다 나의 이야기를 하면 뒷말이 돌거나, 부풀려진 말 때문에 오히려 부담감만 남겨지는 경우들이 많다. 그러다 보니 나에 관해 이야기하는 것은 쉽지 않은 일이다. 그렇지만 나에 관해 이야기하지 않으면 열린 영역이 좁아지기 때문에 의사소통이 원활해지기 어렵다. 자존감이 높고, 소통력이 뛰어난 사람들은 자기를 다른 사람에게 상대적으로 잘 드러내서 열린 자아의 영역이 넓은 유형이다. 다른 사람에 대해 많이 알수록 서로 통하는 것도 많아지는 것처럼, 상대가 나에 대해 알아야 의미 있는 의사소통을 할 수 있는데, 내가 나에 대한 정보를 주지 않는다면, 다른 사람들이 나에 대해 알기는 쉽지 않다.

숨겨진 너를 보여줘.

다른 사람에게 자신에 관한 정보를 드러내는 것을 자기공개라고 한다. 자기공개는 보통 언어적인 요소뿐만 아니라 목소리, 얼굴표정이나 행동과 같은 비언어적인 요소로도 나타나고, 자기공개의 내용에는 자신의 행동뿐만 아니라 부모나 자녀처럼 직접적인 관계를 맺고 있는 사람들의 행동까지도 포함이 된다.

> *하윤 : 저희 식구는 엄마, 아빠, 그리고 저랑 남동생이 다예요.*
>
> *시우 : 그러시군요. 저희는 할머니와 부모님, 그리고 형과 강아지까지 같이 살아요.*
>
> *하윤: 아, 강아지도 식구네요. 강아지 이름이 뭐예요?*
>
> *시우: 다루예요. 우리 식구가 된 지 십 년도 넘었어요.*

자기공개는 상대방이 다른 곳에서는 알아낼 수 없는 자신에 대한 정보를 자발적으로 이야기하는 것이기 때문에, 서로 어떤 관계가 만들어지는 과정에서 자기 자신을 어느 정도 공개하느냐 하는 것은 아주 중요한 문제이다. 누구나 알아도 되는 정보를 공개할 수도 있지만, 자기공개라고 할 때는 알지 못하던 정보보다는 숨겨진 정보를 드러내는 것을 말하는 경우가 많아서, 관계가 친밀해질수록 숨겨진 이야기들을 드러내고 싶어지고, 상대방도 비밀스럽고 내밀한 이야기들을 공개해 주기 바라는 마음이 생기게 마련이다. 그렇기 때문에 자기공개는 다른 어떤 종류의 말보다 환경에 큰 영향을 받는다.

자기공개의 능력자는?

자신에 관해 이야기하는 것은 어떤 관계에 있는 누구와 어디서 어떻게 이야기를 하고 있느냐에 따라서 양과 질이 달라질 수 있다. 함께 대화하는 사람이 다수일 경우에 자기공개를 하면 내용에 따라서 자기자랑이 되거나 푼수가 될 수 있다. 소수의 사람들, 특히 두 사람만 있을 때 자기공개를 하는 것이 가장 적절하다.

사람들은 자기가 좋아하는 사람에게는 자기공개를 하지만, 좋아하지 않는 사람들에게는 자기공개를 하지 않는 경향이 있다. 자기가 좋아하는 사람은 자신에 대해 긍정적으로 지지해주고 평가해 줄 것이라고 믿기 때문이다. 자기공개는 상대적이다. 한 쪽에서 먼저 자기공개를 하면 상대방도 역시 자기공개를 해고, 그러다 보면 점점 더 자기공개가 늘어나게 되고, 서로에 대해 더 잘 알아가게 된다.

의사소통을 잘 하는 사람들이 자기공개도 잘 한다. 자기에 대해서 상대방에게 드러내는 것은 대화 분위기를 부드럽게 만들어 주기 때문이다. 따라서 유쾌하고, 즐겁고, 긍정적인 자기공개를 통해 친밀감을 만들어 간다. 그러기 때문에 일반적으로 아주 가까운 관계가 되기 전까지는 자신의 월수입이 얼마인지, 연애 경험이 있는지 등과 같이 부담스럽고 비밀스러운 화제보다는 하고 있는 일이나 취미와 같은 화제가 더 적절하고, 개인사나 부정적인 화제에 대해서는 자기공개를 잘 하지 않는다.

일반적으로 차도남(차가운 도시 남자), 까도녀(까칠한 도시 여자)보다는 지방에 사는 사람들이 자기공개를 잘 한다. 시외버스를 타면 옆자리에 앉으신 어르신이 집안 이야기를 거리낌 없이 공개하시고, 옆자리에 앉은 젊은 학생들에게도 아버지는 뭘 하시는지, 식구가 몇인지 물어서 젊은이들이 당황스러워 하는 장면을 종종 보게 된다. 나라에 따른 차이도 있어서 영국이나 독일, 러시아 사람들은 자기공개를 잘 하지 않는 것으로 알려져 있다.

성격에 따라 차이가 있지만, 남성보다는 여성들이 자기공개를 더 많이 한다. 여성들이 더 친교적인 성향이 강하고, 대등관계의 구도로 대화를 하기 때문에 큰 부담 없이 자신에 관해 공개할 수 있기 때문이다. 이에 비해 상하관계의 구도로 정보에 초점을 두는 남성들은 먼저 정보를 제공하는 것은 스스로 낮은 위치에 서는 것이고, 모순으로 보이는 정보를 말할지도 모르는 위험감을 피하려는 마음 때문에 자기공개에 대해 부담감을 느낀다.

이익일까? 손해일까?

사람들마다 관계가 다르고, 통하는 정도도 다른데, 의사소통을 위해서 반드시 자기공개를 할 필요가 있는 것일까? 나에 대한 정보를 노출하는 것은 어느 정도의 부담을 감수하는 것이다. 그럼에도 불구하고 자기공개를 통해 얻을 수 있는 이익이 있다.

첫째, 자기공개를 하면서 스스로 자신에 대해 알게 된다. 자신에 대해 의식하지 않고 지내던 새로운 면들을 깨닫게 되고, 자신의 행동을 상대방에게 전달하면서 자신을 객관화해서 보게 된다. 결국 자신에 대해 더 깊이 이해할 수 있게 된다.

둘째, 문제 상황에서 자기공개는 문제 해결에 도움을 준다. 특히 뜻하지 않게 어떤 일을 저질렀을 때, 자기공개를 통해 자신을 객관화하고, 거부적인 태도보다 지지적인 태도를 가지다 보면 그 일을 더 잘 처리할 수 있게 된다.

셋째, 자기공개가 서로의 의사소통을 활발하게 하는데 도움이 된다. 상대방이 나에 대해 더 많이 알게 된다면 상대방에게 공개된 내 열린 자아의 영역이 더 넓어지는 것이고, 그만큼 상대방은 내 말의 의도를 더 많이 이해하게 될 것이다.

넷째, 자기공개를 하면 두 사람의 관계는 더 의미 있는 관계로 발전하게 된다. 다른 사람에게 나의 가려진 부분을 이야기하는 자기공개는 상대방에 대한 신뢰와 존경을 바탕으로 하는 것이어서 상대방은 자신을 신뢰하고 그런 말을 해 준 나에 대해 특별한 마음을 가지게 될 것이다. 따라서 자기공개는 두 사람 사이에 의미 있는 관계를 유지하는데 도움을 주는 요소가 된다.

이러한 점들만 생각하면 누구에게나 자기공개를 많이 하면 의미 있는 관계를 맺고 유지할 수 있으리라 생각할 수 있다. 그러나 자기공개는 다음과 같은 위험성도 함께 내포하고 있다.

첫째, 자신이 거부당할 수도 있다. 자기공개를 할 때는 보통 상대방을 신뢰하기 때문에 상대방은 자신을 이해해 주고, 자신에게 지지하는 반응을 해줄 것이라고 기대한다. 그러나 막상 기대했던 누군가에게 거절을 당할 수도 있다. 이해관계가 다른 경우는 물론이고, 늘 자기편이 되어 주던 부모라 하더라도 종교가 다른 사람과 결혼하겠다거나, 다니던 직장을 그만 두고 새롭게 무엇이라도 하겠다는 자녀의 자기공개에 대해 지지하는 반응만 보내기는 어렵다.

둘째, 물질적/정신적인 손해를 감수해야 할 경우도 있다. 국회의원 선거에 출마하려는 정치인이 자신의 정신병력을 공개한다면 정당의 지지를 받을 수도 없게 될 것이고, 입사 면접에서 전직 회사에서 상사와의 갈등을 공개하는 것 역시 좋지 않은 결과를 만들 위험이 있다.

셋째, 자기공개 때문에 대인관계가 어려워질 수도 있다. 공개를 했을 때 상대방의 반응이 전혀 예견하지 못한 것일 때는 그 관계를 유지하는데 있어서 어려움을 느낄 수 있다.

> 지후 : 나미 씨 믿고 한 말이니, 어머님께는 비밀 지켜주세요.
> 나미 : 글쎄요. 나를 믿고 한 말이라니, 참 곤란하네.
> 　　　어머니한테 말을 해야 밀린 임대료를 받을 수 있는데, 어쩌나.
> 지후 : 나미 씨, 이런 사람이었어요?

자기공개는 이익이 될 수도 있지만, 공개하는 것에 따르는 부담이 따를 수 있다. 자기공개를 할 때는 동기가 순수하고 긍정적이어야 하며, 서로의 관계에 맞는 정도까지만 공개를 해야 한다. 자신을 상대방에게 투명하게 드러낸 만큼 가까워질 것을 기대하고, 친밀함이 투명성에 비례한다고 생각하지만, 친하기 때문에, 또는 친해지기 위해서 조심성 없이 자기공개를 하는 것은 현명하지 않다. 그러나 상대방이 나에게 자기공개를 했을 때는 적극적으로 들어주고, 자기공개의 내용에 대하여 공감하고 지지하는 태도를 보여주며, 비밀을 지켜주어야 함은 물론이고, 그러한 사실을 빌미로 삼거나 무기로 사용하는 일이 있어서는 안 된다.

노출과 매력

우리가 하는 모든 행동은 불확실성을 줄이고 확실성을 늘리기 위한 것이다. 자기공개는 서로의 관계가 불확실한 것을 줄이고자 하는 욕구에 비례하는 것이다. 따라서 자기공개를 많이 했을 때 관계의 친밀감이 증가될 뿐 아니라 어떤 보상이 주어지게 되면 자기공개를 더 많이 하게 된다. 또한 자기공개의 정도는 상호적이어서 한 사람이 공개한 만큼 다른 사람도 공개하게 된다. 사람들은 자기 자신에 대해 먼저 노출하는 상대를 보다 좋아하게 되고, 좋아하는 사람에게 보다 많이 자신을 노출하려 한다. 또 나에게 자신에 대해서 깊은 이야기를 하는 것은 나에게 긍정적인 감정이 있기 때문이라는 것을 느끼기 때문에 나에게 자기 공개를 하는 상대방에 대해 호감을 느끼게 된다. 일반적으로 여성들은 자기가 좋아하는 사람 앞에서 자기공개를 하지만, 남성들은 자기가 믿을 수 있는 사람 앞에서 자기공개를 더 많이 하는 경향이 있다.

사람들은 대부분 자신의 긍정적인 것들을 공개하지만, 아주 친밀한 사람에게는 부정적인 것들도 공개한다. 남들을 만날 때는 옷을 잘 차려입지만, 가족들 앞에서는 아무렇게나 입는 것과 마찬가지 심리이다. 그런데 유념해야 할 것은 친하고 가깝다고 생각해서 부정적인 것까지 공개하면 매력과 만족감이 떨어진다는 사실이다. 자기공개와 만족도의 관계는 중간 정도 공개했을 때 만족도가 최고점이 되고, 전혀 노출을 하지 않은 상태나 모든 것을 노출한 상태에서는 만족도가 가장 낮게 나타난다. 이것을 그림으로 나타내면 가운데가 가장 높고, 양쪽 가장자리가 가장 낮은 종모양이 된다.

친한 가족끼리, 연인이나 배우자에게 서로 투명해야 한다고 생각하고 모든 것을 공개하려고 하지만, 이런 생각들이 오히려 매력을 떨어뜨리고 만족도를 낮춘다는 것, 그래서 매력적이고 만족도 높은 관계를 유지하려면 모든 것을 공개하는 것이 아니라 적당히 신비로움을 줄 수 있는 부분을 남겨두고 긍정적인 것을 노출해야 한다는 것이다. 이것은 좀 서글프지만, 모든 약점까지 다 감싸 안을 수 없는 인간의 한계를 보여주는 것일지도 모른다.

투명성과 공개성

사회철학자이며 실험심리학자인 조우라드Jourard는 임상적으로 세상에 대해 열려있고 투명해서 자기공개를 잘 하는 사람들이 건강하다는 결과를 도출했다. 이 결과에 따라 세상 모든 사람들의 건강을 위해 그가 처방한 두 가지 약은 공개성openness과 투명성transparency이다. 투명성은 공개함으로써 드러난다는 점에서 둘은 하나로 융합될 수 있다. 투명성은 변화하는 상태 그대로, 있는 모습 그대로 인정할 수 있는 관용과 유연성이다. 조우라드는 환자들은 세상을 있는 모습대로 보지 않고 고정된 자기 생각의 틀 안에 가두려 하는데, 점차로 회복이 되면서 세상이 변한다는 것을 받아들이고 자신이 가지고 있던 생각이 지나간 모습 가운데 하나이거나, 바라는 모습 가운데 하나라는 것을 알게 된다고 하였다. 투명성이 없을 때는 고착된 하나에 대해서 고집하지만, 투명성이 생기면 있는 그대로 세상의 모습을 바라보게 되고 수용하게 된다.

이것은 사람에 대해서도 마찬가지다. 자기공개를 하는 사람은 다른 사람들이 받아들이는 모습을 통해서 자기 자신의 변화를 받아들이게 되므로, 자신이 변화하는 모습을 다른 사람들에게 공개하지 않으면 자신의 변화 또한 받아들이기 어렵다. 다른 사람이 나에게 자기공개를 할 때 그 사람에 대해 고정된 생각을 가지고 있으면 지금 노출하는 모습을 있는 그대로 수용하지 못하고 고정된 생각과 다른 부분을 부정하거나 거부하게 될 것이다. 따라서 투명성은 세상과, 다른 사람과 자신을 있는 모습 그대로 볼 수 있는 용기와 의지라는 것이다. 투명성은 세상이 변화하면서 자유롭게 존재하는 것을 인정하고, 상황에 따라 달라지는 모습 그대로 자신을 다른 사람에게 드러내는 것이다. 어떤 모습으로 고정된 나를 드러내는 것이 아니라 있는 모습 그대로 드러내고, 내가 알고 있던 모습이나 기대하는 상대방의 모습에 집착하는 것이 아니라 상대방이 공개하는 그대로 인정해 주면 인간관계에서 투명성과 공개성을 유지할 수 있게 된다.

지유 : 어젠 내가 너무 당황해서 말을 잘 못 했어.

민서 : 네가 언제부터 그렇게 소심했냐?

지유 : 누구나 때론 소심해지기도 하는 거지, 뭐.

민서 : 그렇다고 그 상황에서 네가 당황했다는 게 말이나 돼?

민서가 생각하고 있던 모습, 고정된 시각으로 수용되지 않는다고 지유의 말을 거부하는 상황에서 민서는 더 이상 투명하게 자기를 드러낼 수가 없다. 늘 적극적이고 활달한 지유가 당황해서 말을 못했다는 말이 민서의 고정된 의식 속에서는 이해되기 어려울 수 있지만, 자기에 관해 말하려다가 거부당한 지유는 민서와의 관계에 어려움을 느낄 것이다. 따라서 세상 어떤 것도 고정된 것이 없고 변화하듯이, 그런 세상 속에 살아가는 누구도 상황에 따라 다른 모습을 보이는 변화하는 존재라는 것을 받아들이는 것이다. 듣는 입장에서는 상대방이 어떤 말을 하더라도 포용할 수 있는 관용과 유연성을 보이고, 그런 지지를 바탕으로 말을 할 때는 내가 무엇을 느끼더라도 그대로 드러낼 수 있는 투명한 상태가 된다면, 서로의 열린 공간은 더 늘어나게 된다.

자존감은 내가 나를 소중히 여기는 마음이기 때문에 건강한 자존감이 바탕이 되지 않으면 자신의 모습을 있는 그대로를 투명하게 내어놓기 힘들다. 나 자신을 노출하는 것은 내가 지금 있는 공간과 시간, 상황 속에서 나의 경험이나 사건, 느낌을 있는 그대로 솔직하게 상대방에게 나타내는 것인데, 진정성 있게 자신을 열고, 투명하게 드러내는 것을 통해 관계를 촉진시키고, 불확실한 관계를 높은 수준의 신뢰감으로 만들 수 있다.

　그러나 자기공개를 통해 얻는 이익만큼 위험부담도 있기에, 어느 정도까지 공개할 것인가에 대해서는 신중하게 판단해야 한다. 과도한 자기공개는 상대방을 당황하게 하거나 위축시키므로 시간의 여유를 가지면서 서서히 상호 간에 자기공개가 이루어질 수 있도록 해야 하고, 상대방에게 준비되지 않은 노출을 강요하는 것은 오히려 관계에 도움이 되지 않는다.

　그렇기 때문에 상대방과의 관계에 도움이 되도록 자기공개를 하기 위해서는 우선 '마음공부'가 필요하다. 세상 어떤 것도 고정된 것이 없고 변화하듯이 그런 세상 속에 살아가는 너와 나 모두 상황에 따라 변화하는 존재라는 것을 받아들이는 유연성, 그리고 상대방이 내가 알고 있던 모습이나 생각하고 바라던 모습과 다른 부분을 노출하더라도 그대로 인정하고 지지해줄 수 있는 관용이 전제된다면, 우리의 열린 공간은 더 늘어나게 되고, 사람들 사이의 소통은 더 활발하게 이루어 질 수 있게 될 것이다.

10

자존감 높이는 대화

인간관계는 기본적으로 상대적이다. '웃는 얼굴에 침 뱉지 못한다'는 말처럼 미소 머금고 다가가서 인사하는데 언짢아 할 사람은 없다. 우리가 미소 짓고 다가갈 때 이미 상대방의 자존감은 높아지고 있기 때문이다. 사실, 매 순간 우리가 일상적으로 상대방에게 하는 말이나 보이는 태도가 상대방의 자존감을 높여줄 수도 있고 낮출 수도 있다. 자존감이 높은 사람이 상대방에게 더 자존감을 높여줄 수 있으니까 결국 내 자존감을 높이는 것이 다른 사람의 자존감도 높이는 방법이 될 수 있다.

그런데 지금 나 자신에 대해서 갖는 자존감이 어느 정도나 될까? 너무 낮아서 문제인 것인지, 아니면 터무니없이 높아서 허황된 사람으로 보이는지 잘 판단되지 않을 수 있다. 자존감이라는 것은 빈 그릇 같아서, 거기에 무얼 담아두느냐에 따라서 달라진다. 이떤 사람들은 죄책감, 부끄러움, 무능하다는 생각 같은 것들을 담아둘 수도 있고, 어떤 사람들은 자부심, 긍지, 생동감 같은 것들을 담아둘 수도 있다.

우리는 성장과정에서 낮아진 자존감을 어떻게든 끌어올려보려고 자존감 회복에 좋다는 책이나 유튜브를 찾아서 듣고 보기도 하고, 취미 생활을 해보거나, 좋은 음식을 먹어 보기도 한다. 그러나 요즘 누리소통망SNS에서는 자신의 좋은 모습만 보이려고 하고, 동호회나 커뮤니티와 같은 모임에서는 주로 좋은 이야기만 나누다 보니, 상대적으로 나만 초라하고 불행한 것처럼 생각되어 자존감을 회복하기는 쉽지 않다. 한편으로는 '자의식 과잉' 상태가되어서 실제로는 존재하지 않는 주변의 시선을 과다하게 의식하고, '나'를 노출시켜서 상식에는 맞지 않는 사고방식이나 성향을 보이는 경우도 있다.

새 신을 신고

자존감이 높다는 것은 어떤 상태를 말하는 것일까? 우리의 일상생활 속에서 자존감이 최고일 때가 있었다. 예를 들자면 입사시험에서 어려운 경쟁률을 뚫고 합격했다는 소식을 들었을 때, 승

진했다는 소식을 들었을 때, 새 옷이 정말 잘 어울린다고 몇 번이나 칭찬을 들었을 때, 내 말을 듣고 감동받았다는 말을 들을 때, 우리 아이가 일등 했을 때 자존감이 매우 높은 상태였을 것이다. 이런 상황에서 우리는 '뛸 듯이 기뻤다', '기분이 하늘을 나는 것 같았다'라고 말하는데, 신체적인 변화를 표현하자면 몸이 가벼워지고 위로 올라가는 기분을 느끼는 것이다. 어릴 적 부르던 '새 신을 신고 뛰어보자 팔짝. 머리가 하늘까지 닿겠네.' 하는 동요도 같은 상태를 말해주는데, 이런 상태가 자존감이 높은 상태를 표현하기에 적절한 신체적 경험으로 세상을 향해 열리고 행동을 할 준비가 되는 상태이다.

그렇다면 자존감이 낮다는 것은 어떤 상태를 말하는 것일까? 우리의 일상생활 속에서는 자존감이 바닥일 때도 있었다. 예를 들자면 직장에서 상사가 몹시 화를 내면서 야단을 쳤을 때, 가족끼리 다투고 나서 집을 나갔을 때, 다른 사람들 앞에서 엄청난 실수를 했을 때, 실연을 당했을 때 자존감이 매우 낮은 상태였을 것이다. 이런 상황에서 우리는 몸이 축 늘어지고, 앉아 있을 기운도 없고, 그냥 이불 뒤집어쓰고 누워서 눈도 뜨고 싶지 않아진다. 이런 상태가 자존감이 가장 낮은 상태를 표현하기에 적절한 신체적 경험이며, 세상에 자신을 드러내고 싶지 않고 아무런 행동도 하고 싶지 않은 상태이다.

이렇게 볼 때 자존감이 높은 것이 [위]이고 [열림]이고 [기쁨]이라면, 자존감이 낮은 것이 [아래/바닥]이고 [닫힘]이고 [불안]이라고 생각할 수 있다. 자존감이 높은 사람은 위를 보고 세상을 향해 열린 마음으로 기쁘게 살아가지만, 자존감이 낮은 사람은 바닥만 보고 세상에 대해 닫힌 마음으로 불안해하면서 살아가게 된다.

자기 스스로가 갖고 있는 자존감의 정도가 늘 일정한 것은 아니다. 그래서 어떤 날은 자존감이 가득 차 있는데, 어떤 날은 자존감이 바닥으로 떨어져 있을 수도 있다. 그래서 어떤 날은 사기충천해서 어떤 일이라도 다 해낼 수 있을 것 같다는 생각이 들지만, 어떤 날은 피로가 몰려오면서 당장 다 집어치워 버리고 싶기도 하고, 다 포기하고 싶다는 생각이 몰려오기도 한다. 그리고 자존감을 느끼는 것도 상황에 따라 달라지기도 한다. 노래를 잘 하는 사람은 노래하는 자리에서는 자존감이 높아지지만, 음치는 그 자리에서 가장 자존감이 낮아지고, 수학 좋아하는 사람은 계산하거나 확률 같은 것을 이야기할 때는 자존감이 높아지지만, 어떤 사람은 숫자 이야기만 나와도 자존감이 낮아진다.

자존감이 낮은 사람들은 자신을 과대평가하여 자신이 대단한 사람이라는 환상을 가지고 있는데, 이 환상과 현실 사이의 괴리감이 커질수록 괴로움이 커진다.

〈하완, 하마터면 열심히 살 뻔했다. 〉

자존감 충만

그런데 중요한 것은 생기가 넘치는 사람들은 상황에 제약을 받지 않고 거의 언제나 높은 자존감을 가지고 있다는 점이다. 보통 사람들이 가지고 있는 자존감은 자기가 할 수 있는 역할task에 따라 달라지는 것이나, 상황에 따라 달라지는 상황-의존적 자존감 situation-specific self-esteem이다. 그런데 정말 높은 자존감은 역할이나 능력과 관계없이 어떤 상황에서도 자기에 대해 자존감을 높게 가지고 있는 것이다. 이것을 전반적 자존감global self-esteem, general self-esteem이라고 한다. 전반적 자존감이 높은 사람들은 자기 자신을 있는 그대로 받아들이고, 책임감이 있고, 원만하고, 정직하고, 책임감 있고, 열정이 자연스럽게 흘러나오기 때문에 주위의 사람들은 그 사람이 있어서 이 세상이 보다 살기 좋은 곳이라고 느끼게 된다. 자기를 귀하게 여기고, 가치 있는 존재로 인식하는 사람은 자신의 장단점을 수용할 수 있는 자신감을 갖고 있으며, 전체적으로 긍정적인 느낌을 갖는 자기만족 상태에 있어서, 자기만이 느끼는 독창적인 표현을 사용하기를 즐기면서도 다른 사람의 의견이나 감정을 폭넓게 수용하려는 경향이 있다.

그런가 하면 어떤 사람들은 안타깝게도 일생의 대부분을 낮은 자존감의 상태에서 지낸다. 자존감이 낮으면 스스로 가치가 없다고 느끼기 때문에 다른 사람들이 자신을 속이거나 짓밟거나, 비난할 거라고 생각하는 피해의식을 갖게 된다. 자신을 방어하기 위해서 다른 사람들을 불신하고, 스스로를 매력이 없고 못난 사람으로 여기기 때문에 다른 사람 앞에서는 위축되어 매사에 자신감이 없고 어려운 일이 생기면 회피하려고 하고 쉽게 좌절하며, 스스로 격리되어서 소외감과 외로움을 느끼며 살아가게 된다. 누구나 자존감이 낮아지는 때는 있겠지만, 생애의 대부분을 낮은 자존감을 가지고 산다는 것은 정말 고통스럽고 비참한 일이다. 그러다 보니까 술을 마신다거나, 약물을 복용한다거나, 심해지면 자살까지도 생각하는 것은 결국 다 낮은 자존감 때문인 것이다. 히틀러와 같은 독재자나 이상행동을 하는 사람들도 대부분 낮은 자존감에 시달리던 사람들이었다. 미국에서 나온 통계에는 35분에 한 명꼴로 자살을 하고 2분에 한 명이 정신병자가 된다고 한다. 한국의 자살률은 2003년 이래 현재까지 OECD경제협력개발기구 국가 중 1위를 차지하고 있고, 10대부터 30대까지 사망 원인 1위가 자살(고의적 자해)이다. 자존감의 문제는 인간관계나 대화뿐 아니라 삶 자체에 가장 큰 영향을 주는 것이다.

피그말리온 효과

자존감이 중요한 이유는 자존감이 성공적인 인생을 만들어가기 때문이다. '피그말리온 효과'라는 것이 있다. 피그말리온은 그리스신화에 나오는 키프로스의 왕이자 뛰어난 조각가였다. 그는 현실 속에서 보아온 여성들의 모습에 실망하여 결혼을 하지 않기로 하고 조각에만 심혈을 기울였다. 그러다가 자신이 상아로 만든 여성조각상의 아름다움에 반해 마치 살아있는 연인을 대하듯 하고, 반지와 진주목걸이를 걸어주었다. 그의 극진한 마음을 헤아린 미의 여신 아프로디테가 조각상에 생명을 불어 넣어준다. 피그말리온은 진짜 여인으로 변한 조각상과 결혼까지 할 수 있게 되었다. 이 신화에 따라 피그말리온 효과는 '가능성이 없는 것이라도 마음속에서 할 수 있다고 믿고 행동하면 그 기대가 현실로 이루어진다'는 의미로 정의된다.

교육학에서는 피그말리온 효과를 '선생님이 어떤 학생이 우수할 것이다'라는 기대를 가지고 교육하면 실제로 그 기대를 받은 학생은 더 우수하게 될 확률이 높다는 것으로 적용하였다. 1968년에 미국의 교육학자인 로젠탈Rosenthal과 제이콥슨Jacobson이 샌프란시스코 전역의 초등학생들을 대상으로 지능검사를 했다. 그리고 실제 점수하고는 아무 상관없이 아이들 이름을 몇 명 뽑아서 그 학교 선생님들께 이 학생들은 지능이 높고 학업 성취도가 높을 것이라고 알려주었다. 그런데 놀라운 것은 몇 달 뒤에 실제로 지능 검사를 해보니까 이 학생들이 평균보다 높을 뿐 아니라 지난번에 비해 월등하게 점수가 올라가 있었다는 것이다. 그래서 누군가에 대한 사람들의 믿음, 기대, 예측이 상대에게 그대로 실현되는 경향을 피그말리온 효과라고 하는데, 결국 자존감을 높여주면 성취도가 높아진다는 것이다.

자존감이 낮아서

자존감의 수준에 따라 언어 사용 양태가 여러 가지로 영향을 받는다.

첫째 자존감이 낮은 사람은 스스로 창의성이 없다고 판단하고, 생각을 열지 않기 때문에 상투적인 말이나 짤막한 말을 자주 사용하고 표현의 구체성도 떨어진다. 이에 비해서 자존감이 높은 사람들은 독창적인 표현을 사용하고 풍부한 어휘력을 구사해서 상황에 적절한 말을 하고, 다른 사람에게 말을 걸 때 그 사람에게 어울리는 적절한 호칭을 사용하고, 정확한 말을 찾아낼 수 있는 능력을 갖고 있다.

팀장   : 서 대리, 홍보 아이디어 이야기하기로 했죠?

서 대리 : 아, 네, 저~ 별거는 아니고 지난 분기처럼 하려고요.

팀장   : 조 대리 생각은요?

조 대리 : 네 팀장님, 제 생각으로 이번 여름에는 작년과는 달리 더위가 오래 갈 것으로 예상하기 때문에, 기능성 소재라는 점을 더 강조하는 쪽이 좋다고 생각합니다.

둘째, 자존감이 낮은 사람은 자신에 대해서 비난조로 이야기하는 경향이 있고 칭찬을 하면 잘 받아들이지 못하고, 비난하는 말에 대해서는 방어적인 태도를 보인다. 이에 반해서 자존감이 높은 사람은 자신을 드러내서 말하지 않고, 일의 성과에 대해서 말할 때 자기보다는 남을 앞세워서 말한다. 칭찬도 겸손하게 잘 받아들이지만, 비난하는 말도 잘 수용할 줄 안다. 팀장의 칭찬에 대해 서 대리와 조 대리의 반응은 큰 차이가 보인다.

> 팀장   : 이번 홍보 기획안이 아주 적절했다는 평가를 받았어요.
> 서 대리 : 저는 뭐 한 일도 없고, 이런 말 들을 자격도 없지요.
> 조 대리 : 우리 팀원들이 모두 열정을 쏟아서 좋은 결과가 나왔다니, 정말 기쁩니다. 혹시 수정할 부분은 없는지요?

셋째, 자존감이 낮은 사람은 추진한 일이 제대로 완성되었나 하는 것보다는 그 일에서 누가 신임을 얻었고 누가 비난을 받았나 하는 것에 더 관심을 쏟는 경향이 있다. 그러나 자존감이 높은 사람은 다른 사람의 평가가 아닌 일 자체에 더 관심을 갖는다. 일의 성과가 있을 때 다른 사람들을 앞세울 줄 아는 것도 다 자존감이 높아야 되는 일이다.

> 서 대리 : 이번 기획안 때문에 조 대리만 팀장 눈에 들었어.

팀장이 평가 결과 이야기하면서 나는 쳐다보지도 않더라고…. 조 대리는 정말 운이 좋은 것 같은데, 난 되는 일이 없네.

조 대리 : 이번 기획안에서 방수와 투습 기능을 강조한 것은 적절했던 것 같아.

우리 팀이 함께 이루어 낸 성과라서 팀장이 더 기뻐하는 것 같아.

서 대리가 제안한 디자인 아이디어도 참신했어.

자존감이 낮은 사람들은 다른 사람의 성과에 대해서 혹평을 하거나 비꼬는 경향이 있다. 그래서 그 사람이 운이 좋다거나, 특혜를 받았다거나, 빽이 든든하다거나 하는 식으로 받아들이고, 다른 사람의 성공에 대해서 뿐 아니라 자신의 성과에 대해서까지도 투덜거리거나 비웃는 태도를 보인다. 이에 반해 자존감이 높은 사람은 오만하지 않고, 모르면 모른다, 틀렸으면 틀렸다고 말할 수 있는 자신감이 있다. 모르는 것을 배우고자 하는 마음으로 자신이 모른다는 것을 숨기거나 두려워하지 않는다. 다른 사람의 평가에 대해서 비교적 편안하게 받아들이고, 편견이나 고정관념에 사로잡히지 않으며, 자신의 신념만이 옳다고 고집을 부리지도 않는다. 따라서 자존감이 높은 사람들은 인간관계가 원만할 수밖에 없다.

자존감 높이기

그럼 어떻게 해야 자존감을 높일 수 있을까?

첫째, 가장 중요한 것은 나의 모습 그대로 나를 인정하는 것이다. 먼저 지금 내 마음속의 생각과 감정을 이해하고, 과거의 내 모습이나 기대 속의 내 모습과 견주어가며 자신에 대해 불안해하고 자신 없어 하는 부분을 인정하고, 지금의 나를 있는 그대로 받아들이는 것이야말로 상처받은 자존감을 회복시키고 끌어올리기 위한 중요한 첫걸음이다. 그래야 비로소 선입견이나 편견 없는 객체로서 나 스스로에 대해 올바른 생각과 긍정적인 마음을 갖게 된다.

둘째, 되도록 긍정적으로 생각한다. 그러기 위해서는 자신의 한계를 생각하기보다는 자신이 가지고 있는 잠재력에 초점을 두고, 자신이 이룬 일, 훌륭한 행동, 강한 힘, 좋은 인간관계 등으로 자신의 이야기를 구성하는 것이 좋다. 우리는 누구나 자신에 관한 이야기를 할 때 부정적인 기억들만 끌어내서 이야기할 수도 있고, 긍정적인 것들로만 이야기할 수도 있다. 되도록 긍정적인 것들로 이야기하는 것이 자존감을 높여준다. 부족한 부분을 고치려고 안간힘을 써서 매달리기보다는 나의 장점을 인정하고 관심을 기울이는 것이 더 도움이 된다. 자녀가 실수를 했을 때 꾸지람 하고 벌 주는 것보다는, 잘한 일이 있을 때 칭찬하고 상을 줄 때 자녀는 더 긍정적인 자존감을 갖는다. 이것을 나에게 적용해보는 것이다. 시험에 한번 실패했다고 '그래 내가 그럴 줄 알았어. 열심히 하면 뭘 해? 뭐 늘 그렇지. 다음 시험이라고 별 수 있겠어?' 하고 체념하고 압박을 주기보다 '내가 공부를 열심히 안 했던 것은 아닌데, 문제 유형을 잘못 생각했네, 다음에는 노력한 만큼 결과를 낼 수 있을 거야.'하고 나를 다독이고, 내 자신의 잠재력에 초점을 맞추는 것이다.

셋째, 자신을 풍성하게 해주는 사람들과 만나는 것이 좋다. 뒤집어 말하면 내 자존감을 깎아 내리거나 마음에 상처를 주는 사람은 멀리하는 편이 좋다는 말이다. "다 너 잘되라고 하는 말인데…"라는 말의 틀을 이용해서 은근히 무시하거나 비난이나 핀잔을 서슴없이 하는 사람들이 있다. 가족이나 친한 친구가 그럴 경우 그들로부터 받는 상처는 더욱 깊다. 만나면 잘못을 지적하고 비판하는 사람보다 나의 말에 경청해주고 진심으로 공감해 줄 수 있는 사람, 내 스스로 문제의 해결방법을 찾을 수 있도록 옆에서 지켜볼 수 있는 사람, 나의 인격을 존중해 주며 적절한 칭찬을 아끼지 않으며 편안한 기분이 들도록 해 주는 사람들이 주변에 있다면 마음속 두려움과 불안이 사라지고, 자신에게 믿음이 생길 것이다.

넷째, '아니오.'라고 말할 줄 알아야 한다. 어떤 것도 거절하지 않고 모든 요구나 행동들을 다 수용할 수 있을까? 그럴 수 있다면 참 좋은 일이겠지만, 본질적으로 그렇게 할 수 있는 사람은 없다. 누구나 어떤 부분을 수용하고 어떤 부분을 거절해야 할 것인지를 판단하고 행동한다. 자존감이 낮은 사람들의 특징 중 하나가 거절할 줄 모른다는 것이다. 자존감이 낮을수록 남의 눈치를 보기 때문에 자신의 의견을 그대로 피력하지 못한다. 무리한 부탁을 하는 사람에게 거절을 못하고 하고 싶지 않은 부탁을 들어주게 되면, 불편한 관계가 되는 것을 피할 수는 있지만, 자신의 자존감은 낮아지고 만다. 다른 사람에게 인정받기 위해서 남에게 나를 무조건 맞춰주거나, 나를 낮추고 나의 권리를 일방적으로 희생하는 것은 자신의 자존감을 낮추면서 상대방에게 휘둘리는 역효과를 가져올 뿐이다.

다섯 째, 모든 사람에게 사랑과 인정을 받아야 한다는 생각에서 벗어나야 한다. 이 세상의 모든 사람에게 사랑을 받을 수 있는 사람은 없다. 나를 싫어하는 사람도 있고, 나를 못마땅하게 생각하는 사람도 있다는 것을 인정하고, 그냥 받아들이면 된다. 사람마다 생각하는 기준은 다 다르고, 모두에게 인정받는 사람은 없다. 모두에게 인정받기 위해 자신을 뒷전에 두는 사람은 아무에게도 인정받을 수 없다.

낮은 자존감이 문제가 된다면 노력해서 높여야 하지 않을까? 하지만 그런 노력이 또 다른 스트레스가 되지 않길 바란다. 그리고 자존감이 높은 사람들이 성공한다고 해서 자존감을 높이려고 하는 거라면 그러지 않았으면 한다. 자존감은 그런 식으론 절대 높아지지 않을 것이다. 자존감은 있는 그대로의 나를 인정하고 사랑하는 것이니 말이다.

〈하완, 하마터면 열심히 살 뻔했다.〉

자존감 충전기

우리는 스스로 높은 자존감을 가질 뿐 아니라 다른 사람들의 자존감에 관심을 가져야 한다. 그리고 그 자존감을 높여주는 방식으로 대화를 하기 위해 노력해야 한다. 대부분 사람들이 갖는 자존감은 늘 일정한 상태를 유지하는 것이 아니라 상황에 따라 유동적이기 때문에 우리가 어떤 방식으로 상대방을 만나고, 대화하고, 행동하느냐 하는 것은 상대방의 자존감에 큰 영향을 주게 된다. 특히 어린 자녀들의 자존감은 어른들이 만들어 주는 것이어서 부모의 말, 얼굴 표정, 몸짓, 행동 하나 하나가 아이의 자존감에 영향을 주게 된다.

딸 : 엄마 이거.

엄마 : *아니, 너 어디서 이런 지저분한 사탕을 갖고 왔어?*
　　　　이런 거 불량식품이야. 누가 이런 거 먹으라 그랬어?

다섯 살짜리 딸아이가 먼지 묻고 지저분한 사탕 하나를 가지고 와서 엄마에게 내밀었다. 아이는 유치원에서 나누어 준 사탕을 엄마한테 드리고 싶어서 먹고 싶은 것도 참고 집에 가져왔다. 아이는 엄마가 무척 좋아하고 안아주시리라 생각을 하고 있었을 것이다. 그런데 엄마에게 이런 꾸지람을 들으면 이 아이의 마음속엔 낮은 자존감이 자라게 된다. 만약 엄마가 기대대로 칭찬을 해

주었다면, 이렇게 성공한 경험을 통해 자존감이 높아질 뿐 아니라 엄마가 아닌 다른 사람에게도 유사한 행동을 해서 사랑받고자 하는 동기가 생겼을 것이다. 결국 이런 수용적 태도가 자녀들이 더 많은 사람들에게 인정받고 사랑받을 수 있는 자존감을 준비하도록 도와주는 것이다.

자녀뿐 아니라 대화를 나누는 모든 사람들은 나와의 대화를 통해 자존감에 영향을 받는다. 그러니까 바라보는 눈빛, 목소리, 다가가는 거리, 말하는 방식과 같은 것들을 통해서 자기를 어떻게 대접하고 있는지를 판단하고 거기에 따라 자존감이 높아질 수도 있고 낮아질 수도 있다는 것이다. 나는 무심코 말하고 있지만, 상대방은 예민하게 관찰하고 있고, 영향을 받고 있다. 내 표정 하나로 상대방의 하루가 밝아질 수 있고, 내 말 한마디가 상대방의 삶 전체에 영향을 줄 수도 있다. 자살을 하려고 마음먹은 상태에서 마지막으로 친구에게 전화를 했다가 그 친구의 따스한 말 한마디로 위로를 얻고 다시 살기로 마음먹은 이들의 이야기도 있다. 내가 만나는 가족, 친구, 동료, 이웃 사람들에게 내가 보이는 태도, 말 한마디로 그들의 자존감을 충전해 주면, 반사적으로 나의 자존감도 충전된다. 위를 향하고, 열려 있으며, 기쁨으로 표출되는 우리의 높은 자존감을 바탕으로 다른 사람에 대해 관용하는 마음으로 수용하면서 다른 사람들의 자존감을 높여주는 것은 상호 자존감 충전기가 되어 인간관계를 인간답게 해줄 것이다.

수도를 사용하기 전 우리는 펌프를 사용해서 물을 길어 먹었다. 축 늘어져 있는 펌프 막대에 힘을 주는 것은 한 사발의 마중물이다. 마중물이 들어가면 펌프는 계속해서 깊은 곳에 고인 물들을 밖으로 뿜어내기 시작한다. 대화도 마찬가지이다. 속에 담긴 이야기들을 끌어내기 위해서는 한 사발의 마중물이 필요하다. 마중물 없는 대화는 뻑뻑하고, 잘 돌아가지도 않아서, 마음 속 고인 이야기들을 끌어낼 수가 없다.

이 장에서는 만나서 서로 인사하고, 잡담과 같은 소소한 이야기, 가벼운 농담을 주고받으며, 상대방의 말을 정성껏 들어주고, 서로 웃으며 이야기할 수 있도록 재미있는 유머를 준비하는 것과 같은 대화의 마중물들을 생각해 보기로 한다.

III. 대화의 마중물

11

인사가 인상!

처음 만나는 사람, 만난 지 오래되지 않은 사람과 대화를 나누는 것이 익숙하고 편안한 사람이 얼마나 될까? 그냥 피해갈 수 있는 상황이면 다행이지만, 대화를 나누어야 하는 상황이라면 무엇보다 그 어색함을 벗어나는 것이 참 쉽지 않은 과제이다. 이럴 때 상대방이 먼서 적절한 이야기를 꺼내 주면 좋겠지만, 서로 어색함으로 시간이 흐르다 보면 말을 꺼내기는 점점 더 어려워진다.

승강기에서 만난 이웃에게 "안녕하세요?" "네, 안녕하세요?" 이렇게 서로 인사를 주고받고 나면 그 다음은 할 말이 없다. 그래서 눈을 위로 뜨고 몇 층인지 번호판만 쳐다보거나, 주머니에서 휴대전화를 꺼내 아무 정보라도 보는 척하게 된다. 그런데 사실 이렇게 인사를 주고받았다는 것만 해도 인간관계에서 절반은 성공한 것이다. 실제로 이런 인사도 주고받지 않아서 관계 자체가 만들어지지 않는 경우기 더 많다. 심지어는 인사도 하지 않고 나가는 남편, 자녀 때문에 하루 종일 마음 불편할 수도 있고, 출가한 자녀가 안부 전화도 하지 않아서 염려를 하고 있을 수도 있다. 2014년 국립국어원에서 의뢰한 가정 내 대화에 관한 연구를 수행한 결과, 놀라운 사실은 가족끼리 나누는 인사가 가족 행복도뿐 아니라 대화 만족도에도 큰 영향을 주는 요소가 된다는 점이다. 행복한 가족이라고 느낄수록 가족들과 인사를 더 자주, 많이 나누었고, 인사를 하는 관계에서 대화만족도도 높게 나타났다.

인간관계의 출발점

사회생활을 하면서도 대부분은 적극적으로 인사를 하지 않는다. 피해 갈 수 있는 공간만 되면 인사를 하지 않기 위해서 돌아가기도 하고, 나를 기억도 못할 것이라 생각하고 모르는 척 지나치기도 한다. 학교에서도 그렇다. 가르치는 입장에서는 강의를 듣는 학생들의 이름까지는 기억하지 못해도 얼굴을 보면 알지만, 학생들은 교수가 자기를 기억할 리 없고, 인사를 해 보아야 자기만 쑥스러워질 것이라 생각하고 그냥 지나친다. 직장에서는 상사에게 아부하는 것처럼 보이기 싫어서 눈길을 피하거나, 심지어는 방향을 바꾸어 가기도 한다. 함께 생활하는 사람들끼리도 그런데 하물며 오가며 마주친 사람한테 먼저 인사를 하는 것이 쉽지는 않을 것이다. 고독사나 자살과 같은 사회 문제를 다룰 때 서로에 대한 무관심과 고립이 심각한 원인이 된다는 진단에는 공감하지만, 그 문제를 해결하는 것은 개인의 차원이 아니라고 생각하고 그냥 지나칠 뿐이다.

서로에게 관심을 가지고 함께 하는 삶은 인사로부터 출발한다. 그래서 인사를 하는 사람과 인사를 하지 않는 사람의 삶은 다르다. 인사는 다음 어떤 경우에도 유익하다. 첫째, 서로 알고 지내는 사람들끼리 나누는 인사는 서로의 우호 관계를 유지하는 수단이고, 이를 통해 사회생활을 한층 원활하게 할 수 있다. 인사를 나누는 이웃에게는 가벼운 부탁을 할 수도 있지만, 인사도 나누지 않다가 갑자기 부탁할 일이 생기면 난처할 수밖에 없다. 둘째, 나는 상대를 알지만, 상대는 나를 잘 모르는 경우에 인사를 하면 새로운 관계를 만들 수 있고, 인간관계의 폭이 넓어질 수 있다. 강의를 하러 대전에 가기 위해 열차를 기다리고 있다가 얼굴이 아주 익숙한 분을 만났다. 일단 잘 아는 분인 것 같아 인사를 했더니, 웃으면서 인사를 받아주었다. 알고 보니 그 분은 텔레비전에 나와서 건강 상담을 해주는 의사 선생님이셨다. 그 프로그램을 몇 번 본 나로서는 꼭 인사를 해야 할 만큼 잘 아는 사람이라고 생각되었지만, 그분은 처음 만난 사람에게 인사를 받은 것이다. 그럼에도 불구하고 그 인사를 통해 친구가 되었고, 그 뒤로도 종종 안부를 주고받는 관계가 되었다. 셋째, 서로 잘 모르는 관계라 할지라도 서로 인사를 나누는 것은 예의이며, 우연한 접촉을 통해 인간관계가 넓어질 수 있다. 따라서 인사는 인간관계의 출발점이 되는 매우 중요한 기능을 가지고 있다.

초두효과primacy effect라는 것이 있다. 먼저 제시된 정보가 나중에 알게 된 정보보다 더 강력한 영향을 미치는 현상을 말한다. 사람을 처음 만나면 처음 몇 초 동안 순간적으로 느껴지는 직관적인 판단과 처음 4분 정도의 대화가 그 사람의 첫인상을 결정한다고 한다. 첫인상은 3초면 결정되지만, 그것을 뒤집기 위해서는 200배의 정보량이 필요하다는 말이 있는 것처럼 사람들은 첫인상으로 그 사람에 대한 호감도와 신뢰도를 평가한다. 처음 3초 정도의 대화라고 해야 "안녕하세요?" "만나 뵙게 되어서 반갑습니다." 와 같이 의례적인 인사를 하고 나면 자기소개를 하는 정도인데, 이런 절차가 첫인상을 결정한다는 말이 된다. 그러고 보면 인사말인 "안녕하세요."라는 말의 내용, 즉 어떤 말을 하느냐가 중요한 것이 아니라 말하는 방법, 즉 어떤 목소리, 어떤 태도로 말했느냐 하는 것이 중요하다는 것이다. 상대방을 보지도 않고 휴대전화에 시선을 둔 채로 무뚝뚝하게 "안녕하세요?"하는 사람과 다소곳이 고개를 숙이고 맑고 따스한 목소리로 "안녕하세요?"하는 사람의 첫인상이 같을 수는 없다.

고개만 까딱

인사를 하기 전에는 먼저 얼굴에 미소를 띠고, 몸의 긴장을 풀고, 가슴을 활짝 연다는 느낌으로 다가가면서 상대방과 눈을 맞추는 것이 필요하다. 그 다음에 고개를 숙이면서 인사를 하는데, 사실, 인사를 하는 것도 상대방이 가지고 있는 힘이나 상대방과 심리적으로 느끼는 유대감의 정도에 따라 가벼운 눈인사에서부터 큰절에 이르기까지 다양한 인사를 선택하게 된다. 세계 어떤 문화에서나 머리를 숙이거나 허리를 굽히는 동작이 상대방에 대한 존경의 뜻을 나타내는 것이라는 점은 보편적이고, 땅이나 바닥에 두 무릎을 꿇는 행위나 이마를 땅에 대고 엎드리는 행위가 서서 하는 인사보다 한층 더 무거운 인사라는 점도 보편적이다. 그래서 서서 인사를 할 경우에는 고개를 숙이는 정도가 중요하다. 늘 만나는 친구에게 인사할 때는 고개를 숙이지 않고 말로만 인사를 하지만, 연세 많으신 어르신을 만나면 고개를 깊이 숙이면서 인사를 하게 될 것이다. 이런 문화적인 코드는 사회 구성원들 사이에서 통용되는 것이기 때문에 상대방도 '저 사람이 나한테 인사하면서 고개를 얼마나 숙이는가?' 하는 정도를 가지고 자기에 대한 생각을 가늠할 수 있다.

어른들이 자녀들을 나무라면서 '인사를 하면서 그렇게 고개만 까딱하느냐'는 말씀들을 많이 하신다. 그래서 한동안 부모가 어린 자녀에게 90도로 접히는 폴더형 전화기처럼 깍듯하게 인사하는 '폴더인사'와 배꼽을 굽히는 '배꼽인사'를 가르쳤고, 백화점과 같은 곳에서는 손님들에게 이런 인사를 하고 있다. 그렇다고 다 큰 사람이 분위기에 맞지 않게 너무 깊이 숙여 인사하는 것도 좀 어색하게 보인다. 이럴 때 제일 좋은 말이 '적당히' 라는 말이다. 결혼 예식에서 신랑과 신부가 맞절을 할 때도 두 사람이 맞추어서 적당히 숙이는 것이 일반적이지만, 간혹 어느 한 쪽은 깊이 숙이는데, 다른 쪽은 숙이는 척하다 일어서서 재미있는 풍경이 벌어지기도 한다.

평안을 비는 말

인사말은 범언어적으로 건강이나 평안, 현재 상태를 묻는 말이나, 시간에 따르는 즐거움을 나누는 말, 새로운 소식이 있는지를 묻는 말들로 이루어져 있다. 많은 언어들이 시간에 따라 좋은 아침, 점심, 저녁, 밤 등의 인사말을 따로 갖고 있는 것에 비해 우리는 건강이나 평안을 묻는 말이 가장 일반적이고, 더 세분화해서 식사나 수면과 같이 건강과 밀접한 관계가 있는 말들을 주고받는 인사말이 발달되어 있다.

국립국어원(2011)에서는 표준 언어 예절을 통해 상황에 따라 아침, 저녁의 인사말, 만나고 헤어질 때의 인사말, 전화 예절, 소개할 때로 나누어 가정과 직장에서 인사하는 인사말의 표준안을 제시하였다.

아침과 저녁 가정에서는 잠을 자거나 깨는 것을 염두에 두고 상대방의 나이나 관계에 따라 적당한 높임말로 '안녕히 주무셨습니까?/주무셨어요?, 잘 잤어요?/잘 잤니?'와 같은 말로 인사하고, 저녁에는 '안녕히 주무세요?, 잘 자라, 편히 쉬게.'와 같이 편안한 잠과 관련된 인사를 나눈다. 직장에서는 '안녕하십니까? 안녕하세요?'와 같이 평안을 묻는 말로 인사를 한다.

만나고 헤어질 때는 가정에서는 나가는 사람이 '다녀오겠습니다, 다녀올게(요)'와 같이 보고 형식의 인사를 하면 보내는 사람은 '안녕히 다녀오세요, 잘 다녀와.'와 같이 평안을 비는 인사를 한다. 집에 돌아와서는 들어오는 사람이 '다녀왔습니다, 다녀왔어요.'와 같이 보고 형식의 인사를 하면 '잘 다녀오셨어요?, 다녀왔어?'와 같이 평안을 확인하거나, 단순히 상대방의 말을 반복하며 확인하는 인사를 나누며 맞이한다. 이런 인사말을 통해서도 서로를 맞이하는 의식이 중요한 것이지, 말의 내용 자체가 중요한 것은 아니라는 것을 확인할 수 있다.

관공서 등에서 손님을 맞이할 때는 '어서 오십시오.'와 같이 환영의 말로 인사하고, 헤어질 때는 '안녕히 가십시오.'로 평안을 비는 인사하는 것과 같이 격식을 갖추어 대접하는 표현을 사용한다. 오랜만에 만나는 사람에게는 '그동안 안녕하셨어요?, 그동안 잘 지내셨어요? 잘 지냈니?' 등과 같이 안부를 묻는 말로 인사하고, 이웃 사람을 만나면 '안녕하세요?, 안녕?'으로 인사하고 헤어질 때는 '안녕히 가세요. 안녕.'과 같이 평안을 기원하는 말로 인사한다.

직장에서 만날 때는 '안녕하십니까?, 안녕하세요?' 등을 사용한다고 되어있지만, 저녁에 헤어지고 아침에 만나면서 날마다 평안을 비는 인사를 주고받기는 어색할 수도 있다. 그래서 '좋은 아침'처럼 시간과 관련된 번역투의 인사를 사용하기도 한다. 먼저 퇴근하는 사람은 '먼저 가보겠습니다'와 같은 보고 형식이나, '내일 뵙겠습니다'와 같은 약속의 인사하고, 남아 있는 사람은 '안녕히 가세요.'와 같이 평안을 기원하는 말로 인사한다. 시간과 관련된 인사 대신에 식사 시간 전후에 만났을 때는 '점심/진지 드셨습니까?, 식사하셨어요? 밥 먹었니?' 등과 같이 식사와 관련된 인사를 나누기도 한다.

악수에 담긴 메시지

남성들은 보통 만나서 인사를 하면서 악수를 한다. 악수가 어디서부터 생겼을까? 많은 자료를 보면 악수는 원시인들의 동굴시대부터 생겼다라고 보는 견해가 일반적이다. 자신은 무기를 가지고 있지 않고, 숨기지 않았다는 것을 보여주기 위하여 공중에 손바닥을 치켜들었는데, 이것이 시간의 흐름에 따라 변형된 것이 악수라는 것이다. 그러니까 '나 무기 안 가졌어.' 라고 보여주던 것이 악수의 원형이며, 상대방에 대해서 적의가 없다는 것을 나타내던 것에서 인사법으로 바뀐 것이다. 악수의 기원에 관한 또다른 설은 고대 바빌로니아의 통치자가 신성한 힘을 내려주는 의미로 손을 잡은 것이 고대 로마의 카이사르를 통해 전파되었다는 것이다. 상대를 안심시키기 위한 것이나, 상대에게 힘을 나누어 주는 것이나 모두 상대에 대해 배려하는 기원을 갖고 있는 것이고, 지금은 외교적으로 중요한 인사법으로 자리를 잡고 있다.

악수를 하는 예절도 문화마다 조금씩 다르다. 일본에서는 악수를 하면서 눈을 똑바로 보면 결례이지만, 서양에서는 악수를 하면서 시선을 돌리거나 피하면 비굴하거나 떳떳하지 못한 사람으로 오해받을 수 있다. 중동에서는 힘을 주어 악수하면 결례이지만, 미국에서는 힘 없는 악수를 '죽은 물고기 악수'라고 하여 좋지 않게 여긴다. 문화적인 차이 때문에 우리는 악수를 하면서도 허리를 굽히게 된다. 악수를 할 때의 기본자세는 똑바로 선 자세이지만, 한국에서는 아랫사람이 허리를 약간 굽혀 경의를 표하기도 한다.

그럼 악수는 어떻게 하는 게 좋을까? 가장 모범적인 악수는 허리를 펴고 손에 적당히 힘을 주어 상대방 손을 쥐고, 손을 두세 번 가볍게 흔드는 것이다. 어떤 경우라도 손을 너무 오랫동안 쥐고 있지 않도록 주의하는 것이 필요하고, 미소를 머금고 상대의 눈을 보며 악수를 하는 것이 좋다. 이런 악수는 마음이 열려있고, 신뢰할 만하며, 다른 사람의 말에 귀 기울일 것이라는 인상을 주게 된다.

악수를 통해 전달되는 메시지는 몇 가지 요소에 따라 달라질 수 있다.

첫째, 손등과 손바닥의 모양이다. 악수를 하면서 자기 손등을 위로 하고, 손바닥은 밑으로 내려서palm-down 상대방의 손이 자신의 손 밑에 오게 만들 수 있다. 이것은 일반적으로 높은 지위에 대한 자부심과 권위를 드러내는 권위적 악수법이다. 그런가 하면 자신의 손바닥을 위로 향하게palm-up 바쳐서 상대방의 손을 위로 오게 만들 수 있다. 이것은 일반적으로 상대방에 대해 위협적이지 않고 순종적임을 나타내는 굴종적인 악수 유형이다.

서로의 관계에서 지배나 굴종이 아닌 대등함을 드러내는 것은 서로 손을 평행적으로 맞잡고 가볍게 흔드는 것이다. 이것은 상대방에 대한 존중을 드러내는 대등한 악수법이다. 이러한 태도들은 무의식적으로 전달되며, 대인 관계에서 직접적인 영향을 미칠 수 있게 된다.

둘째, 손에 힘을 주는 정도이다. 악수를 하면서 힘을 주어 손

마디를 꽉 쥐는 것은 마치 기 싸움을 하는 것처럼 보일 수 있다. 자신의 힘을 과시하고자 하는 의도이기 때문에 상대방은 무언중에 순간적으로 공격을 받은 것과 같은 불쾌함을 느끼게 될 것이다. 반면에 뻣뻣한 팔로 힘없이 손가락 끝만 살짝 쥐면서 하는 악수는 성의가 없게 보일 수 있고, 상대방으로부터 어느 정도의 거리를 유지하고자 하는 거리감으로 해석된다. 윗사람과 악수할 때 아랫사람들이 많이 하는 실수는 두 손으로 상대방의 손을 감싸는 것이다. 자신은 황송하다는 마음의 표현으로 두 손을 사용하지만 사실 예의에 어긋난다. 윗사람은 격려 차원에서 양손으로 감쌀 수 있으나, 아랫사람이 두 손으로 악수하는 것을 예절을 벗어나는 것이다. 한 손으로 '힘 있게, 그러나 강하지 않게' 악수를 나누어야 한다.

셋째, 서있는 자세에서 악수를 나눈 손이 있는 위치이다. 일반적으로는 팔을 살짝 굽히는 정도에서 서로의 손을 잡는데, 한 사람 쪽으로 치우치지 않는 중간에 잡은 손이 있어야 한다. 자기 몸 쪽으로 잡은 손을 끌어들이는 것은 상대방을 자신의 영역으로 끌어들이는 지배적인 악수이다.

정치인들의 악수는 인사 이상의 의미를 갖는다. 트럼프 미국 대통령의 악수는 특히 자주 언론에 언급된다. 트럼프 대통령의 악수는 손등과 손바닥을 기준으로 보면 자신의 손을 아래에 오게 해서 공격적이지도 않고 지배적이지도 않음을 드러내는 것 같이 보인다. 그러나 손에 힘을 주는 정도나 악수할 때 손의 위치를 보면 지배성이 확실히 드러난다. 아베 일본 총리와 정상회담에서는 상대의 손을 자기 쪽으로 끌어들여 움켜쥐고 18초 동안이나 흔들었다. 다른 외교 무대에서도 상대의 손을 강하게 잡아서 구설에 올랐다. 한편 마크롱 프랑스 대통령과의 악수에서는 오히려 마크롱 대통령이 트럼프 대통령의 관절이 하얗게 변할 만큼 세게 움켜잡고 손을 빼려 하여도 놓지 않았다. 트럼프 대통령의 악수를 잘 알고 미리 대처한 것이다. 심지어 메르켈 독일 총리와의 만남에서 트럼프 대통령은 악수를 청하는 메르켈 총리에게 대응하지 않고 딴청을 피웠다. 자신의 정책에 반대하는 메르켈 총리를 향한 무언의 메시지를 보낸 것이다.

악수가 많은 정보를 담고 있기 때문에 악수를 할 때 지켜지는 규칙들도 비교적 많은 편이다. 악수는 보통 오른손으로 한다. 그럼 왼손잡이는 어떤 손으로 할까? 왼손잡이라 하더라도 악수는 오른손으로 한다. 여러 계층이 섞여있을 때, 아랫사람보다 윗사람이 먼저 악수를 청하는 것이 원칙이다. 단 모임을 주최한 사람은 아랫사람이라도 먼저 악수를 청하는 것이 원칙이다.

남성과 여성의 악수

그럼, 남성과 여성이 악수를 하는 것은 어떨까? 전통 사회에서는 보통 같은 또래의 남녀 사이에서는 악수를 하지 않았지만,

사회 활동을 하면서 서로 악수를 나누는 경우도 많아졌다. 악수가 서양에서 들어온 인사법이라서인지 악수의 예절에는 여성을 상당히 배려하고 있다. 이성 간에는 남성보다 여성이 먼저 악수를 청하는 것이어서, 원하지 않은 경우에는 악수를 하지 않을 수 있다. 그러나 여성이 먼저 악수를 청하는 것이지만, 남성이 여성에게 먼저 손을 내미는 것도 무례한 것은 아니고, 충분히 받아들여질 수 있는 우호적인 행동으로 해석된다. 장갑을 낀 상태에서 만났을 때 남자는 반드시 장갑을 벗고 악수를 해야 하지만, 여자는 장갑을 끼고 악수해도 무방하고, 상대가 악수를 청하면 보통 일어서서 악수를 하지만, 여성의 경우는 앉은 채로 악수를 받아도 상관없다. 악수를 하면서 손을 흔들 때는 상하로 가볍게 흔들되 자신의 어깨보다 높이 올려서는 안 되는데, 특히 이성과 악수할 때는 살짝만 움직이는 것이 좋다.

이와 같은 악수에 대한 예절들은 여성에 대한 배려라는 측면으로 생각할 수도 있지만, 평등 사회의 예절로는 부적절한 면이 있다. 학회 행사를 하면서 임원들이 한 줄로 서서 귀빈들과 악수를 나눌 기회가 있다. 이때 어떤 분들은 여성인 나와 편안하게 손을 내밀어 악수를 하지만, 어떤 분들은 당황하면서 고개를 숙여 인사한다. 나도 손을 내밀다말고 얼른 같이 고개를 숙이는 어색한 장면이 되고 만다. 성차별이나 성희롱이 아닌 만남의 인사로서 악수가 자리 잡기 위해서는 아직도 시간이 필요한 것 같다. 사회생활을 하면서는 상급자가 먼저 악수를 청하고, 장갑은 벗고 악수하며, 서로 일어나서 인사를 하고, 손을 가볍게 흔드는 정도라면 굳이 여성, 남성을 구분할 필요가 없을 것이다.

처음 만나는 사람과의 관계를 시작하기 위해 인사하고 악수하는 것은 누구나 아는 의례적인 일들이다. 그렇지만 아는 대로 행동하는 사람과 아는 상태에서 멈추는 사람의 인간관계는 아주 큰 차이가 있다. 사회를 구성하고 있는 구성원으로서의 존재감으로 세상을 향해 자신을 열어 가고 소통 부재의 상황을 집단의 문제로만 떠넘기지 않고 나로부터 해결점을 찾아가는 첫걸음은 어색하다는 감정, 피하려는 마음을 조금씩 누르고 인사하고 악수를 나누는 일로부터 시작할 수 있다.

12

소소한 대화

인사를 주고받은 다음 밀려오는 어색한 침묵을 극복할 수 있는 방법은 없을까? 바로 이럴 때 필요한 것이 '소소한 대화스몰 토크, small talk'이다. 소소한 대화는 친구, 업무상 파트너, 또는 처음 만나는 사람에게 어색한 침묵을 깨고 친근감을 표현하기 위해 인사처럼 건네는 가벼운 대화를 말한다. 내용으로 보면 잡담雜談처럼 특별한 정보가 없지만, 가까운 사이에서 편하게 나누는 대화뿐 아니라, 새로운 관계를 만들어가기 위해 주고받는 말도 포함된다. 관계를 만들어 갈 때 소소한 대화는 인사를 주고받는 예절적 절차를 넘어서 본격적인 대화를 시작하기 전에 분위기를 만드는 대화이며, 냉랭하고 서먹한 분위기를 깨는 '어색함 깨기ice breaking'의 역할을 한다. 소소한 대화는 상대방과의 심리적 거리감을 줄여서 대화의 수준을 더 높고 깊게 만들 수 있으며, 인간관계를 넓히는 윤활유가 된다. 따라서 소소한 대화를 잘 하는 것이 대화를 통해 원하는 관계를 만들어 가는 능력일뿐 아니라 사회성이 높은 사람이라는 평판을 들을 수 있는 기초가 된다.

이 침묵을 깨줘.

사람들은 누구나 개인적 공간에 들어가는 것 같아서 잘 모르는 사람과 가까이 있다는 것 자체가 불편하고 적당한 거리를 유지하는 것이 예의라고 생각한다. 그러다 보니, 결혼식에 참석해서 처음 만난 사람들과 같이 식사를 하게 되거나, 설명회에 가서 모르는 사람들과 나란히 앉아서 시간을 보내는 경우, 장거리 여행을 하는 경우에 옆 사람과 모르는 척 앉아있는 것이 여간 어색하고 불편한 일이 아니다. 그렇다고 내가 먼저 말을 걸었을 때 상대방이 불편해하거나 응하지 않으면 어쩌나 하는 생각도 들어서, 불편한 상황을 선뜻 깨지 못하고 있는 경우가 많다.

대화의 가장 기본적인 원리는 배려이다. 이런 상황에서는 상대방이 거절할지도 모른다는 위험을 내가 감수하고 먼저 다가가는 것이 필요하다. 실상 상대방도 똑같은 마음의 부담을 가지고 먼저 다가와 주기를 바라고 있을 가능성이 크기 때문이다. 인간관계는 누군가가 먼저 다가가기로 마음을 먹어야 비로소 만들어지는 것이다. 그러기에 내가 먼저 다가가는 것이 상대방에게 고마운 첫인상으로 남게 될 수 있다. 대화를 하면서도 중간 중간 대화가 끊어져서 어색한 상황이 될 때마다 대화를 이어갈 수 있는 소소한 대화들을 지속해 주는 부담도 내가 지고 가는 것이 좋은 인간관계의 첫걸음이 된다. 단지 상대방이 전혀 원하지 않을 경우는 추근거리는 것으로 보일 수도 있다는 점도 생각할 필요가 있고, 이럴 경우는 대화를 중단하면 된다.

취향저격의 맛있는 대화

소소한 대화는 순서로 보면 인사를 서로 주고받은 다음에 이어지는 말이고, 본격적인 용무 대화로 들어가기 전에 사용되는 말이다. 그렇게 때문에 인사를 나눈 다음에 상황 속에서 적절한 이야깃거리를 찾아내는 순발력과 창의력이 소소한 대화를 할 수 있는 능력의 근원이 된다. 이 세상에 누구를 상대로 말해도 환영받는 묘약과도 같은 이야깃거리가 있다면 좋겠지만, 현실적으로 개인의 기호나 취향에 따라 좋고 싫은 화제가 있게 마련이다. 그렇기 때문에 상대방과의 대화가 부드럽게 이어지려면 먼저 자신이 많은 이야깃거리를 알고 상대방의 취향에 맞춰줄 수 있어야 한다.

처음 만나서 정치나 종교와 같이 논쟁거리가 될 만한 화제를 꺼내거나, 인생관이나 가치관과 관련된 깊이 있는 화제를 꺼낸다면 분위기는 오히려 어색해질 것이다. 아무리 대화의 이야깃거리가 궁하다고 해도 가족문제, 돈, 성이나 죽음 등에 관한 이야기는 소소한 대화로는 부적절하다. 섣불리 상대방이 민감하게 생각할 수도 있는 이야기를 꺼내는 것은 감정적으로도 격렬해지게 만들 수 있어서 언쟁의 원인이 될 위험성도 있다. 혹시 원하지 않는 상황에서 이러한 화제가 나오더라도 가치중립적으로 그냥 논란의 여지가 없는 상태에 있는 것이 현명하다. 이야깃거리를 찾을 때는 상대방을 존중하는 자세로, 그야말로 '취향저격'을 할 수 있는 화제를 찾아야 한다. 이럴 때는 대체로 날씨나, 건강, 음식이나 취미, 어제 본 스포츠, 화제가 된 뉴스처럼 가벼운 화제로 부담 없이 이야기할 수 있는 분위기를 만드는 것이 좋다. 또 그 화제에 관해 이야기하더라도 사실에 대한 묘사와 가벼운 의견 제시 정도까지의 내용이 적절하다. 친밀하지 않은 상태에서 자신의 의견을 강하게 주장하거나, 감정을 드러내는 것은 오히려 관계에 부정적 영향을 줄 수 있다. 이렇게 가벼운 주제로 해도 그만이고 안 해도 그만인 내용으로 소소한 대화를 나누는 것이 피로감을 덜어주기도 한다.

주변정보 찾기

언어학자 하야카와는 처음 만난 사람에게 긍정적인 대답을 세 번만 얻어낼 수 있으면, 그 관계를 성공적으로 이끌어갈 수 있다고 하였다. 순발력 있게 상대방에 대한 긍정적인 평가나 칭찬을 할 수 있는 요소를 찾아내는 것은 인간관계를 위한 중요한 기술이다. 아직 서로에 대해 잘 알지 못하는 사이라면 상대방이 입고 있는 옷, 머리 모양, 장식품처럼 겉으로 드러나 있는 요소로부터 출발하는 것이 좋은 방법이 된다.

수아 : 안녕하세요?

서현 : 네, 안녕하세요?

수아 : 어, 겉옷이 참 잘 어울리시네요.

서현 : 아, 이거요. 고맙습니다.

수아 : 그 디자인이 올해 유행이라고 잡지에서 보았어요.

서현 : 아, 네. 그렇군요. 저는 딸한테 선물 받았어요.

수아 : 정말 좋은 따님을 두셨네요. 기쁘시겠어요.

이 정도의 이야기가 오가게 되면, 그 다음은 자녀에 관한 이야기와 같이 좀 더 개인적인 이야기로 접근해 갈 수 있게 된다. 상대방과의 대화를 열어 가기 위한 소소한 대화의 주제로는 이와 같이 상대방에 대한 긍정적인 평가나 칭찬이 좋은데, 그러기 위해서는 상대방에게 얻을 수 있는 주변정보에 민감해야 한다. 혹시 같이 있는 사람이나 애완동물이 있는지, 어떤 상표나 로고가 들어있는 소지품은 없는지, 머리모양을 보며 떠올릴 수 있는 소재가 있는지, 두드러지게 보이는 요소들은 없는지 등을 순발력 있게 떠올리며 적절하게 말을 이어갈 수 있는 이야깃거리를 찾아내는 것이 필요하다.

거리에서 우연히 마주치는 것이 아니라면 찻집에서 만나게 되는 경우도 많다. 이럴 때 좋아하는 커피의 원산지나 차의 종류, 향의 특성에 대한 상식이 있으면 대화도 부드럽고, 좋은 인상을 줄 수도 있다. 그러나 알고 있다는 것을 지나치게 드러내려 하는 것은 오히려 마음열기의 장애가 될 수도 있다.

수아 : 이 집 커피향이 참 좋네요.

서현 : 네, 그러네요.

수아 : 처음엔 커피 맛이 다 똑같았는데, 이젠 좀 다른 게 느껴지는 것 같아요.

서현 : 어떻게 다른가요?

수아 : 커피 원산지하고 볶는 정도에 따라 맛이 좀 다른 것 같아요.

서현 : 아, 네. 그렇군요. 어떤 커피가 제일 좋으세요?

수아 : 예, 저는 주로 에스프레소를 마셔요..

서현 : 에스프레소는 맛이 강하잖아요?
저는 카페 라테에다 설탕도 넣어서 다방 커피처럼 마시거든요.

이런 이야기를 통해 공통의 관심사를 찾게 되면 대화는 자연스럽게 이어지게 되고, 상대방에 대한 호감도도 높아져서 짧은 만남에도 좋은 인상을 남기고, 지속적인 인간관계를 만들어 가는 계기가 될 수도 있다. 이와 같이 때와 장소도 소소한 대화를 나누기에 좋은 대화 소재가 된다. 결혼식장에서 우연히 옆자리에 앉은 경우라면 "전 신부하고 같은 회사 동료예요. 이 부부를 어떻게 아시게 되셨나요?"와 같이 묻거나, 워크숍이나 설명회 같은 곳에서 만났다면 "저는 둘째 아이 고등학교 진학 정보가 필요해서 설명회에 와 보았어요. 이 행사에는 어떻게 오셨어요?"와 같은 질문으로도 편안하게 대화를 시작할 수 있다. 그럼에도 불구하고 다음 이야깃거리가 떠오르지 않을 경우가 있다.

대화가 끊기고 침묵이 이어지면 이야기의 흐름이 끊어져서 긴장감이 돌게 되는데, 누구나 긴장을 하면 다시 대화를 시도하는 것에 겁을 내기 쉽다. 혹시 맘에 들지 않는 내용을 꺼내서 불편하게 했나, 나를 어떻게 평가하고 있을까와 같이 평가적인 생각에 빠지는 감정적 상태는 오히려 이야깃거리를 떠올리는 데 방해가 된다. 그보다는 상대방에게 행동이나 어투, 목소리 등에도 관심을 기울여 새로운 이야깃거리를 도입하는 것이 좋다.

언제 나눠도 무난한 이야기

대화의 주제를 떠올리고 선택하는 방법은 때와 장소, 대상에 따라 다르지만, 대체로 많은 사람들이 선호하는 이야깃거리가 있다. 그 중 하나는 어린 시절에 관한 이야기이다. 처음 입학한 학교와 첫 단짝친구, 그때 유행하던 학창 시절의 게임, 존경하고 동경하던 사람들, 초등학교 시절의 첫사랑 등… 어린 시절의 추억들은 쉽게 대화의 공통분모를 만들어 주고 서로 공감할 수 있게 해준다.

또한 여행에 관한 이야기도 적극적이고 협력적인 반응을 이끌어낼 수 있다. 여행 자체가 가지고 있는 설렘과 동경이 그것에 관해 이야기하는 사람에게도 투영되어서, 개인적으로 추억할 수 있는 여행 경험을 이야깃거리로 삼는 것이 공통의 화제를 찾기에 적절한 소재들을 제공해 주게 된다.

영화나 책에 관한 이야기도 많은 사람들이 즐기는 취미 중 하나이므로 공통된 주제가 될 수 있다. 최근 개봉된 영화가 아니더라도 살면서 감동으로 눈물을 흘린 영화, 실컷 웃다가 스트레스를 날려버린 영화, 삶에 의미를 더하는 영화 등 기억에 남는 영화 한두 편 정도이면 충분한 이야깃거리가 된다. 마찬가지로 텔레비전 프로그램 이야기도 좋다. 다양한 방송사만큼 드라마나 예능 프로그램이 다양해서 자주 보지 않고 우연히 채널을 넘기면서 눈길을 주었던 것이라도 매력적인 대화의 소재로 활용할 수 있다.

예술 작품 이야기는 사람에 따라 관심도가 다르고, 즐기는 차원보다는 지식의 차원으로 생각하는 사람들도 많기 때문에 특별한 관심이 있는 것을 확인하지 않고 이야기의 소재로 삼으면 자칫 자신을 과시하는 이야기로 들릴 수도 있다. 예술 가운데 음악은 오랜 시간을 거쳐 거의 모든 문화에서 즐겨 왔고, 그 장르도 다양하기 때문에 비교적 무난한 화제가 된다. 젊은 사람들은 대중음악 장르에 대해 더 관심이 있고, 세대별로 자신들이 즐기던 유행가들이 있어서 화제에 동화되기가 쉽다. 음악에 관해서 같은 취향을 갖고 있으면 이어지는 대화도 부드럽고 인간관계도 깊어질 수있다. 그러나 음악에 대한 느낌은 사람마다 다르기 때문에 특정한 장르나 곡에 대해 비평적인 이야기를 나누기보다는 상대방이 자신의 취향과 호감을 자유롭게 표현할 수 있도록 유도하는 것이 좋은 대화를 이끌어 갈 수 있는 방법이 된다. 자신에 관한 이야기는 관계가 더 깊어지면 자연스럽게 이야기할 기회가 있기 때문에, 소소한 대화를 나눌 때는 상대방의 이야기를 끌어내는 것에 관심을 기울이는 것이 더 중요하다.

반려동물 이야기도 좋은 대화 소재가 된다. 개나 고양이뿐 아니라 열대어, 앵무새 등 다양한 동물들을 키우는 사람들이 있다. 이 때 취향이 일치되면 대화는 급격하게 깊어지고, 쉽게 가까운 관계가 되기도 한다. 그러나 어떤 사람은 길고양이에게 두려움을 느끼지만, 어떤 사람은 길고양이의 밥을 주는 것과 같이 사람마다 취향은 다르게 마련이다. 아무리 좋은 대화 소재라도 상대방과의 의견 차이만 확인하고 만다면 나누지 않는 것보다 못하다. 그렇기 때문에 반려동물에 대한 이야기를 시작했더라도 상대방이 어떤 반응을 보이는지에 따라 더 깊이 계속할 것인지, 다른 화제로 돌릴 것인지에 대해 민감하게 판단해야 한다.

음식 이야기는 요즘 방송의 이른바 '먹방'이나 '먹스타그램'의 흥행을 보아도 모두의 관심거리라는 것을 짐작할 수 있다. 매일 먹으며 사는 우리에게 음식 이야기는 매우 진부하고 식상한 소재가 될 수도 있지만, 서로 취향만 확인하고 나면 좋아하는 음식과 맛집에 관한 이야기는 나눌 수 있는 소재가 아주 풍부하기 때문에 매력적인 화제가 된다. 따라서 유명한 쉐프의 호텔 음식처럼 과시적인 주제보다는 지역별 유명한 음식, 언젠가 먹어본 잊을 수 없는 할머니의 손맛, 또는 어릴 적 학교 앞 떡볶이 집과 같이 누구나 부담 없이 이야기할 수 있는 소재를 찾아 이야기하는 것이 편안한 대화를 이어가기에 좋다.

질문으로 상대방 끌어들이기

생활 속 다양한 장면들을 통해 이야깃거리를 찾아가는 것도 중요하지만, 상대방을 대화에 끌어들이기 위해서는 질문을 하는 방법도 매우 중요하다. 상대방에게 질문을 할 때는 되도록 그렇다, 아니다로 대답할 수 있는 닫힌 질문이 아니라 열린 질문을 통해 보다 구체적인 대답을 유도하는 것이 대화를 이어가기에 좋다. 예를 들면 "커피 좋아하세요?" 보다는 "어떤 차를 즐겨 드세요?"라고 묻는 것이 상대방을 대화로 끌어들이는 것이고, "영화 자주 보세요?" 보다는 "혹시 재미있게 보신 영화 있으세요?"와 같이 묻는 것이 상대방이 자신에 대해 이야기할 수 있도록 끌어들이는 방법이 된다. 또한 같이 열린 질문이라도 "왜 이 일을 하세요?"와 같이 상대방에게 정보를 요구하는 듯한 표현보다는 "어떻게 이 일에 관심을 가지게 되셨나요?"와 같이 상대방이 자신의 관점으로 이야기할 수 있는 표현으로 바꾸어 질문하는 것이 더욱 이야기를 풍부하게 한다.

대화에서 이야깃거리는 우리가 다른 사람들을 알 수 있게 하는 계기가 되어주는 동시에 한편으로는 다른 사람들이 나를 알게 할 수 있는 재료이다. 그러나 진정한 대화의 기술은 나에 관한 이야기를 늘어놓는 것이 아니라 상대방이 자신에 관해 이야기할 수 있도록 말을 이끌어 가는 것이다. 상대방의 취향이나 관심사를 순발력 있게 파악해서 적절히 묻고, 귀 기울여 열심히 들어주면 상대방은 나와 대화가 잘 통한다고 느끼고 마음을 열고 더 깊은 인간관계를 맺고 싶어 할 것이다. 소소한 대화를 통해 공통적인 화제를 찾고 서로의 경험치를 공유하는 간단한 행동만으로도 유쾌한 대화, 즐거운 대화를 이끌어갈 수 있고, 이를 통해 더 깊은 대화와 인간관계로 나아가는 길을 찾게 된다.

13

듣고 있나요?

제발 한번만 내 얘길 귀 기울여 줘요.

제발 들어줘요.

〈민경훈, 하루〉

처음 운전면허를 따고, 무서워서 운전을 그만 두겠다고 할 때, 어떤 분이 아주 적절한 격려를 해주었다. "운전을 왜 어렵게 생각하세요? 운전은 딱 두 가지만 하면 됩니다. 갈 때 가고, 설 때 서는 것이지요.". 그리고 보니, 어렵다고 생각되는 의사소통도 딱 두 가지만 하면 된다. 말할 때 말하고 들을 때 듣는 것이다. 그중에서도 듣는 것이 중요하다. 의사소통 학자 로저스^{Rogers}는 의사소통의 문제는 거의 대부분 듣는 사람에게 있으며, 듣는 사람이 자기 마음대로 해석하고 판단하며 듣는 것이 소통 장애를 일으킨다고 하였다. 생각해 보면 듣는 사람은 들리는 것을 듣는 것이 아니라 듣고 싶은 부분만을, 그것도 자기가 듣고 싶은 대로 해석하며 듣는다.

내말 좀 들어봐!

탈무드에서 입이 하나이고 귀가 두 개인 이유를 '한 번 말하고 두 번 들으라'는 뜻이라고 하였는데, 대화를 할 때는 귀보다 입이 더 예민하고 민첩하게 반응을 하는 경향이 있다. 진정한 친구가 누구일까를 가만히 떠올려 보면, 나에게 말을 많이 하는 사람이 아니고, 내 말을 잘 들어주는 사람일 것이다. 우리 모두는 자기 말에만 분주하고 들어주는 일에는 참 인색하다. 부모는 자녀가 자기 말을 잘 안 듣는다고 불평하고, 자녀는 부모가 자기 말을 잘 안 들어준다고 불평한다. 선생님은 학생들이 자기 말을 안 듣는다고 불평하고, 학생은 선생님이 자기 말을 안 들어준다고 불평한다. 심지어 직장에서 상사와 부하직원 사이에서 문제가 생기면 서로 자기의 말을 들어주지 않는 것을 탓할 뿐이어서 갈등의 골이 더 깊어지기도 한다.

듣기가 잘 되지 않는 근본적인 이유는 우리가 듣기에 대해서 기본적으로 잘못 생각하기 때문이다. 첫째는 특별한 장애가 없다면 듣는 것은 자연적인 것이어서 따로 배울 필요가 없다는 생각이다. 그러니 말하기, 읽기, 쓰기와 마찬가지로 잘 듣기 위한 교육과 훈련이 필요하다. 둘째는 소리를 듣는 것과 뜻을 듣는 것이 같다고 생각하는 것이다. 소리를 듣는 것은 물리적인 과정이지만, 뜻을 듣는 것은 고도의 인지적인 과정이다. 우리가 생각하는 속도는 말하는 것보다 훨씬 빠르기 때문에, 우리의 뇌는 말할 때 들리는 소리를 해독하는 것보다 훨씬 더 많은 정보들을 처리할 수 있다. 그러니까 강의를 들으면서 머릿속으로 주말에 친구 만나서 뭐 할까를 생각하고, 냉장고에 두고 온 케이크를 누가 먼저 먹지는 않았을까 걱정하는 것도 자연스러운 현상이다. 이렇게 상대방의 말을 듣는 것과 자신의 세계 사이를 오가는 사이에 상대방의 말을 놓치는 경우도 많아서, 대부분의 사람들은 상대방이 한 말의 절반 정도만 듣게 된다. 셋째는 내가 말할 때 상대방이 정말로 듣고 있다고 착각하는 것이다. 사람마다 관심과 욕구와 동기가 다 다르다. 말하는 사람에 대한 호감도도 다 다르고, 말하는 주제에 대한 관심도도 다 다르다. 뿐만 아니라 남의 말에 집중할 수 있는 집중도도 다 다르다.

"내 말 듣기는 하는 거야?"
"대체 무슨 생각하고 있어? 내 말은 안 듣고"
"내 말은 그런 뜻이 아니잖아"

"그거 벌써 여러 번 말했던 거야!"

"아~됐거든! 그 얘기가 아니라니까…"

"정말 답답하다, 답답해!"

이런 말들이 오가는 이유는 일차적으로 듣는 사람에게 있다. 듣는 사람은 말하는 사람의 의도가 무엇일까를 추측하느라 말을 놓치기도 하고, 다른 사람과 비교를 하면서 듣거나, 이 말이 끝나고 난 다음 대답할 말을 준비하면서 듣기도 한다. 대부분 사람들은 상대방의 말 가운데 자기 기준에 맞는 것만 골라서 듣고, 자신의 생각과 다른 부분에 대해 반박할 생각을 하면서 들리는 대로 말 듣기 거부하고, 또 어떤 사람들은 상대방에게 잘 보이겠다는 생각으로 비위를 맞추는데 중점을 두어 말의 내용에는 귀 기울이지 않기도 한다. 이와 같이 실제로 듣기를 방해하는 요소들은 생각보다 훨씬 많아서, 소통을 하려던 대화가 불통이 되고 마는 경우가 오히려 더 많다.

듣는 척 마는 척

우리가 다른 사람의 말을 듣는 수준은 보통 다음 가운데 어느 하나에 속하게 된다. 첫째는 그 사람의 말을 무시하는 것으로, 실제로는 전혀 듣지 않는 것이다. 이것은 보통 아침 시간에 무심히 틀어놓은 텔레비전이나 라디오에서 나오는 소리를 흘려들을 때 우리가 듣는 방식이다. 그냥 멍하니 귓전에 들리는 소리만 들게 되는 경우이다.

둘째는 경청의 표지를 사용하면서 듣는 척만 하는 것이다. 반복되는 잔소리라고 생각되는 엄마의 말을 듣듯이 건성건성 상대방의 말에 대답만 하는 경우로, 실제로는 전혀 듣지 않는 것이다. '배우자 듣기spouse listening'이라는 용어가 이것을 말해 준다. 배우자 중 한 쪽이 텔레비전이나 휴대전화에 시선을 고정한 채 건성으로 듣는 방식이다. 가끔 "좀 조용히 해봐", "이따가 얘기해!" 하는 식으로 대화를 단절시키기 일쑤이고, 듣는다고 해도 기계적으로 상대방의 말을 듣는 체하는 정도일 뿐이다.

셋째는 선택적으로 듣는 것으로, 대화에서 어느 특정한 부분만을 가려뽑아 듣는 것이다. 대부분의 사람들은 들리는 말 가운데 자기의 취향에 맞는 부분, 듣고 싶은 부분만 골라서 듣는다. 또 의도적으로 그러는 것은 아니지만, 일상생활에서 자기가 잘 알지 못하는 내용에 관한 말을 듣는 경우도 있다. 특히, 학교 수업 시간에는 잘 알아들을 수 있는 내용도 있지만 미처 이해하지 못하고 그냥 놓쳐버리는 이야기도 있다. 이럴 경우, 질문하기보다는 그냥 흘려듣기를 선택하는 경우가 많다.

넷째는 신중한 경청으로 상대방의 이야기에 주의를 기울이고, 그 말에 총력을 기울여서 듣는다. 한자 청聽은 왼쪽은 귀耳, 오른쪽은 열 개十의 눈目과 마음心으로 되어 있어서, 귀로 들리는 소리뿐 아니라 눈으로 보이는 것, 마음으로 느끼는 것까지를 듣는 것이 진정한 듣기임을 말해 주고 있다.

이처럼 무엇을 듣느냐에 따라 듣기의 수준이 달라지기도 하지만, 신중하게 상대방의 말을 들으면서도 그 말에 반응하는 방식 또한 다양하게 나타난다. 어떤 사람은 판단을 하며 듣고, 어떤 사람은 질문을 하며 듣고, 어떤 사람은 조언을 하기 위해 듣고, 어떤 사람은 그 사람과 공감하며 듣는다. 예를 들어 친한 친구가 "나 어제 남자친구하고 헤어져서 속상해."라고 말을 했을 경우 반응은 다음과 같이 나타난다.

유형	반응
판단형	네가 평소에 그런 식으로 하니까 그렇지.
	오죽하면 헤어지자고 했겠어.
질문형	대체 뭐라고 했기에 헤어지자고까지 해?
	그 사람이 싫어하는 소리만 한 건 아니야?
	이번이 처음 아니지?
조언형	그 사람 자존심을 또 건드렸네. 그럴 때는 네가 좀 참아야지.
	네가 먼저 사과하면 관계가 회복될 수도 있을 거야.
공감형	아, 그랬구나. 남자친구하고 헤어져서 속이 말이 아니겠다.

판단형의 경우는 그야 말로 '답정너'('답은 정해져 있으니 너는 답만 해.')라는 말처럼, 상황에 대해 미리 자신의 마음을 정해 놓고 진실을 받아들이려 하지 않는 유형으로, 비평적이고, 부정적이며

선입견에 사로잡혀 있는 사람들이다. 질문형은 상대방에게 계속해서 많은 질문을 던지며 대화를 하지만, 반복되는 질문은 오히려 대화에 부정적인 요소로 작용하게 된다. 조언형은 자신이 평가를 내릴 만큼 듣고 나면 상대방이 원하지도 않는 조언을 하기 때문에 상대방에게 무슨 조언을 할까를 생각하느라고 사실은 상대방의 말을 잘 들을 수 없다. 공감형은 상대방의 말에 대해 오해하지 않고 바르게 이해하기 위해서 자신이 상대방의 말을 제대로 이해했는지를 물으면서 대화하는 방식을 말한다. 상대방의 의도를 알아가기 위해 열심히 상호작용을 하며 듣는 방법인데, 문제는 이런 사람들을 찾아보기가 쉽지 않다는 것이다.

공감대 형성

공감을 하며 듣는 것은 두 사람 간의 접점을 찾는 지혜이다. 공감하며 듣기는 먼저 경청해서 이해하려고 노력하는 대화 방법이다. 이것은 상대방의 말을 잘 듣고 있음을 알려주는 것과 함께 자신이 상대의 마음을 제대로 이해하고 있는지를 확인하는 반응을 나타내는 것이다. 상대방의 언어적 표현뿐 아니라 비언어적 표현까지 알아내기 위해 목소리, 얼굴 표정, 동작에도 주의를 기울이며 열심히 듣는 방법이다. 공감하며 듣는다는 것은 상대방의 틀 안으로 들어가는 것, 다시 말해서 상대방의 관점을 통해서 사물을 보는 것이고, 상대방이 세상을 보는 방식에 입각해서 세상을 보는 것이다.

상대방을 깊이 존중하고, 관심을 가지고, 마음을 열었을 때 비로소 공감할 수 있는데, 공감하며 듣는 것에 특별한 기술이 필요한 것은 아니다. 먼저 상대방의 말이나 표정, 태도를 주의 깊게 받아들이고, 그 말에 대해서 논리적인 판단이나 감정이입을 통해서 추측을 한 다음에 "너는 이렇게 느낀 것 같은데, 내 추측이 맞는 거니?"하면서 되돌려 준다. 그러니까 상대방한테 들은 내용을 다시 확인하면서 '응, 그렇구나.' 라는 말로 돌려주면서 내가 정말로 그 말을 이해한 것인지에 대한 확인을 부탁하면서, 동시에 상대방의 말을 경청했다는 것을 적극적으로 나타내 주는 것이다. 다음 대화를 살펴보자.

> **수아** : 이틀 연속 야근하려니 너무 힘들어.
> **지후** : 누군 야근 안 해 봤니?
>   일이란 게 워낙 그렇게 몰려 있잖아?
>   네가 그동안 너무 편한 부서에서만 근무해서 그래.
>   불평하지 말고 그냥 열심히 해.

수아의 말에 대해 지후는 '누군 야근 안 해 봤니?'와 같이 비난성의 질문을 하고, '일이 원래 몰려 있는 것이고, 그동안 너는 편한 부서에서만 근무해서 그렇다'고 판단을 하며, '불평하지 말고 열심히 하라'고 조언을 한다. 참 열심히 들어주는 친구처럼 보이지만, 이 말을 들은 수아는 오히려 스트레스 지수만 높아졌을 것이다.

> *수아* : 이틀 연속 야근하려니 너무 힘들어.
> *윤서* : 오늘 또 야근하려면 정말 힘들겠구나.
> *수아* : 일도 일이지만 다이어트 한다고 안 먹었더니 배도 고파.
> *윤서* : 정말 배고프겠네. 힘든데 배까지 고프면 안 돼지.
> *수아* : 나가서 간단하게라도 먹고 올까?
> *윤서* : 그래. 그게 좋겠다.

똑같은 수아의 말에 대해 윤서는 공감하며 듣는다. 힘들다는 수아의 말을 받아서 윤서는 '힘들겠구나' 하는 말을 그대로 돌려주고 있다. 그런 반응은 수아가 자신의 상황을 솔직하게 표현할 수 있도록 마음을 열어 주고, 그 말에 대해서도 윤서는 '정말 배 고프겠네' 라며 공감해 주었다. 그러자 수아가 비로소 윤서에게 이 말을 하기 시작한 자신의 의도를 확실하게 표현한다. 이것이 수아가 지금 상황에 대해서 윤서를 개입시키려고 하는 시점이고, 윤서의 의견이 수아에게 수용될 수 있는 시점이다. 이 때 윤서가 동의를 하든, 반대를 하든 관계없이 수아는 자신이 하고 싶었던 이야기를 끝까지 들어준 윤서와 서로 말이 통한다는 생각을 하게 되며, 인간관계는 더 깊어지게 된다.

우리가 어떤 사람과 공감하는 것과 동의하는 것은 다르다. 상대방의 생각에 완전히 동의하지 않아도, 상대방과 공감할 수 있다. 공감하며 듣기는 상대방을 먼저 이해하려는 것을 목적으로 하는 대화 방법이기 때문에, 갈등 없이 상대방의 문제에 접근하고, 자연스럽게 대화를 풀어 갈 수 있도록 해 주며, 상대방에게 부담을 주지 않고, 상대방의 마음을 열 수 있는 정중한 대화 방법이다. 공감하며 듣기는 가정에서도 꼭 필요한 방법이다.

> 아들 : 아빠, 나 피곤하고 졸려요.
> 아빠 : 그러니까 누가 그렇게 늦게까지 컴퓨터 게임 하래?
>   오늘부터 컴퓨터 게임 하지 마.

아빠가 이렇게 말을 하면 아이는 더 할 말이 없어진다. 그래서 "제가 언제 늦게까지 컴퓨터를 했다고 그러세요? 컴퓨터 안 하면 숙제는 어떻게 해 가요?" 하는 식으로 반항을 하게 된다. 이 경우에 공감하며 들으면 어떤 대화가 될까?

> 아들 : 아빠, 나 피곤하고 졸려요
> 아빠 : 어, 우리 아들이 피곤하구나.
> 아들 : 네, 오늘 야구를 해서 그런가 봐요.
> 아빠 : 그래, 오늘 야구를 해서 피곤하구나.
> 아들 : 예. 근데, 너무 피곤해서 숙제하기가 싫어요.
> 아빠 : 어~ 피곤해서 숙제하기도 힘든가 보구나.

아들 : 네, 정말 피곤해요. 그렇지만 숙제를 안 하면 안 되겠지요?

아빠 : 그래, 그런 생각을 하는 거 보니까 우리 아들이 다 컸구나. 이젠 아빠가 염려하지 않아도 되겠어.

공감하며 듣는 것을 통해 비로소 아들이 생각하는 패러다임을 이해하고, 또 느끼는 감정도 이해할 수 있게 된다. 그냥 아들이 하는 말을 받아서 반복해 주면서 '그랬구나' 하는 말만 몇 번 더 해주었는데, 아들은 자기 생각을 계속 더해가면서 말을 계속해서 스스로 답을 찾을 수 있게까지 되는 것이다.

다른 사람의 말을 들으면서 조언이나 격려의 말을 해준답시고 상대방의 입을 막는 경우들이 얼마나 많았던가? 상대방이 원하는 것은 우리의 어설픈 조언이나 충고가 아니라, 깊은 관심과 애정으로 귀 기울여 주는 것이다. 화려한 미사여구를 써서 이야기를 하더라도 내용이 부족하고 공감이 없으면 공허한 소리의 울림이나 자기 과시형 대화에 지나지 않는다. 말을 잘하려는 노력보다 마음이 잘 통하도록 듣는 습관이 되어 있다면 누구라도 그 사람과 함께 대화하고 싶을 것이다.

"듣기 시작하면 많은 문제가 해결돼요. 듣기가 어려운 것은 듣다가 못 참고 충고, 조언, 평가, 판단하려는 욕구가 발동해서 그렇습니다. 말을 끊지 않고 들어주기만 하면, 상대가 다 알아서 다 정리를 해요. 말하는 사람은 이미 답을 알고 있거든요."

〈정해신, 당신이 옳다 중〉

14

유머의 품격

왠지 듬직한 넓은 어깨에

말할 때 유머감각이 넘치는

캐주얼 차림에 짧은 머리도 잘 어울리는

그런 남자 어디 없을까요?

〈희망사항, 싱크로니시티〉

노래 가사처럼 유머감각은 만나고 싶은 사람, 좋은 사람이 가지고 있는 특성이고, 사람의 첫인상을 결정할 때 영향을 주는 요소이다. 유머감각은 즐거움, 웃음, 익살 등과 관계된 능력인데, 어떤 일의 즐거운 면을 보는 능력이고, 스스로 즐거워할 뿐 아니라 남을 즐겁게 하는 능력이며, 기본적으로 웃음을 인식하거나 표현하는 능력과 관련이 있다. 따라서 유머감각은 다른 사람을 웃기는 소질 정도를 의미하는 것이 아니고, 유머를 감지하고, 즐기며, 창조하는 능력을 말하는 것이다. 그렇기 때문에 많은 유머 심리학자들은 유머감각이 성숙한 인격의 핵심이고, 통찰력, 자존감, 긍정적 자아관과 관련이 있어서 인생의 문제점이나 어려운 상황을 대처하는 데 유용하다는 것을 밝히고 있다.

정신의 여유는 유머로 표현된다는 말처럼 각박한 생활과 관계 속에서 함께 웃으면서 이야기를 나누면 더 좋은 관계, 더 친한 사람인 것처럼 생각되게 마련이다. 링컨 대통령은 내가 좋아하는 사람, 내가 애정을 가지는 사람들이 어떤 공통점을 가지고 있을까 생각해 보면 그 사람들은 모두 나를 웃게 만드는 사람들이라고 했다. 웃음을 주는 사람은 좋은 사람, 사랑스런 사람으로 기억된다. 탈무드의 말처럼 사람만이 웃을 수 있는 유일한 생물이고, 현명한 사람일수록 더 잘 웃는다. 웃음은 이성을 가진 사람이 누릴 수 있는 특권이다. 사소한 일로 짜증을 내고 마음의 평화를 깨뜨리게 되는데, 이런 사소한 일들을 웃으면서 넘길 수 있게 헤주는 것이 유머감각이다. 그래서 진정한 유머는 머리에서 나오는 것이 아니라 마음에서 나온다고 말한다.

웃음을 찾는 사람들

생리학자들은 사람들이 웃음을 좋아하는 이유는 웃으면 건강해지기 때문이라고 말한다. 실제로 웃을 때는 허파와 기도를 확장시켜 공기의 유입과 배출을 촉진시켜 준다. 이것은 호흡기관의 염증을 막아주는 항체면역글로빈을 증가시키는 구실을 할 뿐 아니라 자율신경계에 자극을 주어서 심장과 관련된 순환계의 작용을 돕고, 장과 간의 작용을 촉진시켜서 소화를 도와준다. 또한 웃을 때는 호흡이 깊어지고 횡격막이 이완하지 않고 오히려 짧은 경련성 수축을 해서 복부 근육운동을 촉진시키는 동시에 복강내압을 높이는 역할을 한다. 그러니 많이 웃을수록 건강해질 수 있다.

웃음은 건강뿐 아니라 행복과도 관련이 있다. 행복하기 때문에 웃는 것이 아니라 웃기 때문에 행복해진다. 버클리 대학의 하커Harker와 켈트너Keltner 교수는 1960년도 졸업생 141명의 삶을 50년간 추적해서 삶의 모습들을 연구했다. 그 결과는 얼굴이 예쁘고 예쁘지 않은 것과 상관없이 졸업앨범 사진에서 활짝 웃는 여성들이 더 행복한 결혼생활을 하고, 사회적으로도 더 활동적이었던 것으로 나타났다. 이렇게 건강이나 행복처럼 삶의 질과 밀접한 관계가 있는 것이 웃음이고, 웃음을 유발하는 촉매제가 유머이다.

유머가 즐거운 이유는?

유머는 대화에서 아주 중요한 역할을 한다. 사회생활을 하면서 사람을 처음 만나면 누구나 긴장을 하게 마련이다. 이때 한 마디 유머로 웃음을 주고받으면 긴장도 풀릴 뿐 아니라 서로에게 친근감을 느끼게 되고 대화도 부드럽게 이어갈 수 있는 분위기를 만들어 준다. 유머는 메시지를 생성하는 사람과 메시지를 해독하는 사람이 한 쌍이 되어 문제를 해결하는 상호주관화된 의사소통 유형이다.

> 서준 : '엄마가 길을 잃었어요'를 네 글자로 줄이면 뭘까?
>
> 은서 : 글쎄, 마도로스?
>
> 서준 : 우와~ 대단해. 마더(mother) 로스(loss).
>
> 은서 : 내가 생각한 건 맘마(momma) 미아(迷兒)인데…
>
> 서준 : 그거 정말 그럴 듯하다. 난 생각도 못했어.

따라서 다른 유형보다 대화만족도가 높고, 대화를 통한 심리적 유대감도 크게 느낄 수 있다. 직장에서도 유머를 잘 구사하는 사람은 대인관계도 부드럽고, 조직에도 더 잘 융화되고, 인기 있는 사람이 된다. 그러다 보니 조직 안에서 더 잘 어울리기 때문에 도움이 필요할 때 더 쉽게 지원받을 수 있고, 그 덕분에 일을 더 성공적으로 해낼 수 있어서 소통 능력뿐 아니라 업무 능력까지 인정받게 된다. 뿐만 아니라 유머 자체가 말하는 사람이나 듣는 사람의 스트레스와 감정을 조절하여서 인간관계에서 관계 갈등이나 충돌을 피하게 해주고, 상대방의 체면을 손상시키거나 과도하게 자신을 노출하는 것을 피할 수 있게 해주어서 긍정적인 상호작용의 도구가 된다.

웃음소리는 사람마다 다르다. 그런데 독특한 웃음소리는 듣는 사람의 뇌속으로 들어가서 전운동 피질 부위를 활성화시키고, 이것은 웃고 있는 사람의 감정 상태와 아주 비슷하게 즐거운 감정을 느끼도록 한다. 그래서 우리는 누군가가 웃는 소리를 들으면 유쾌한 기분을 느끼게 되고, 같이 웃게 된다. "웃어라, 그러면 세상도 그대와 함께 웃는다."라는 말처럼 웃음은 전염성이 있어서 사람들의 마음을 열어 주고, 가깝게 느끼도록 하는 친화작용으로 이어진다. 웃는다는 것 자체가 상대방에 대한 적의가 없음을 나타냄과 동시에 스스로가 긴장하지 않은 상태임을 보여주는 것이다. 따라서 함께 웃고 난 다음에는 대화의 순서교대도 더욱 빨라지고, 공감을 표현하는 말도 훨씬 많이 나타나게 된다.

유머감각이 있는 사람은?

유머감각이 있는 사람은 재미있는 말을 잘하고, 유머를 잘 알아듣고, 유머를 즐기며, 유머를 잘 활용하는 특징을 갖고 있다.

첫째, 유머감각이 있는 사람은 상황에 적절한 유머를 잘 사용한다. 따라서 다른 사람을 웃게 만드는 것이 즐겁고, 주변 사람들과 농담이나 유머를 주고받으며 자주 웃을 뿐 아니라, 주변 사람들을 편안하게 하고 웃기기 위해서 나 자신의 실수를 드러내거나, 자신을 낮추는 말도 할 수 있을 만큼 열려 있는 사람이다.

둘째, 유머감각이 있는 사람은 유머 인지 능력이 있어서 유머를 금방 이해할 뿐 아니라 그 유머가 어떠한 유머인지를 알아내고, 유머를 사용하는 사람의 진가를 알아보며 인정하는 능력이 있다. 유머감각이 있는 사람은 다른 사람이 유머를 사용하면 즐겁게 웃으면서 호응하는 반면, 아무리 웃기고 재미있어도 다른 사람을 공격하는 것일 때는 호응하지 않고, 재미있는 말이나 유머가 떠오르더라도 그 상황에 적절하지 않다고 생각하면 말하지 않는다.

셋째, 유머감각이 있는 사람은 유머를 즐기고, 유머를 구사하는 사람에 대해 긍정적인 태도를 갖는다. 같은 상황이라도 재미있게 표현하는 사람을 좋아하고, 심각한 분위기보다는 즐거운 분위기를 좋아하며, 남을 웃게 만드는 사람을 좋아한다.

넷째, 유머감각이 있는 사람은 스트레스에 대처하기 위하여 유머를 사용할 줄 아는 능력이 있다. 정서적 관용을 가지고 다른 사람들이 스트레스를 받고 심각해질 때 유머를 구사해서 자신뿐 아니라 다른 사람도 그 상황을 보는 유연성을 갖도록 하는 사람이 유머감각이 높은 사람이다. 유머감각이 높은 사람은 자신이 불행하거나 슬프다는 생각이 들 때 재미있는 상황이나 웃기는 일을 생각하며 마음의 흐름을 바꿀 줄 알고, 삶에 대해서 유머러스하게 보기 때문에 어떤 일에 대해서 지나치게 실망하거나 낙담하지 않는다. 또한 문제를 해결하기 위해서 그 상황의 재미있는 면을 생각하는 것이 도움이 된다고 생각한다.

따라서 유머감각이 뛰어난 사람은 감정적 동화 능력이 커서 조직에 더 쉽게 융화하며, 분위기를 긍정적으로 만들고, 대인관계를 부드럽게 하며, 원만한 인간관계를 유지할 뿐 아니라 인기 있는 사람, 조직이 필요로 하는 사람으로 인정받게 된다.

건강한 유머

모든 유머가 긍정적 기능을 수행하는 것은 아니다. 공격적으로 놀리거나 비웃는 것과 같은 부정적인 유머는 오히려 사회적 관계에 있어서 부정적인 영향을 준다. 유머의 유형은 첫째, 유머를 사용하는 목적이 자신을 높이는 것인지 아니면 다른 사람과의 관계를 높이는 것인지에 따라서, 둘째는 유머를 사용하는 방식이 우호적인 것인지 그렇지 않으면 악의적인 것인지에 따라서 달라진다. 이 가운데 관계를 높이는 유머와 우호적인 유머는 심리적인 건강과 상관관계가 높게 나타나지만 공격적이고 악의적인 유머는 심리적 건강에 기여하지 못한다. 성향에 따라 자주 사용하는 유머의 종류를 연구한 결과, 공감성이나 양심, 정서적 안정성이

나 개방성과 같은 긍정적 자존감을 가지고 있는 사람들은 우호적이며 관계를 고양시키는 유머를 좋아하지만, 부정적 자존감을 가지고 있는 사람들은 공격적이고 악의적인 유머를 더 좋아하는 것으로 조사되었다. 건강한 자아관을 가진 사람들은 긍정적 유머를 사용하고, 긍정적 유머가 사용되는 분위기를 선호한다. 이에 반해 부정적 유머를 즐기거나 자주 구사하는 사람들은 정서지능이 낮을 뿐 아니라 사회적 능력도 낮은 것으로 나타났다.

유머 대화 격률

대화 속에서 유머를 활용하기 위해서는 소소한 대화를 이끌어 갈 때와 같이 맥락과 상대를 살피면서 맥락에 적절한 유머를 활용할 수 있어야 한다. 유머가 있는 대화를 위해서 반드시 지켜야 할 것들이 있다.

첫째, 상대방과의 관계를 고양하기 위한 유머를 사용해야 한다. 나 혼자만 재미있는 얘기라면 누구에게도 환영 받기 힘들다. 함께 공감할 수 있는 얘기로 재미를 끌어내야 한다.

소개팅에서 만난 사람이 가지고 나온 책을 보니 영어가 쓰여 있다.

준우 : 나미 씨, 영어 잘 하시나 봐요.

나미 : 아니에요. 그냥 잘 해보려고 책을 보는 중이에요.

준우 : 그럼 제가 영어 퀴즈 좀 내볼게 맞춰보세요.

  '이것이 코다'가 영어로 뭘까요?

나미 : 네?

준우 : 디스코랍니다. 그럼 '이것은 코가 아니다'는 영어로 뭘

  까요?

나미 : 글쎄요.

준우 : 그건 이코노라고 해요. 근데 다시 보니 코였어요. 이건

  뭘까요?

나미 : 점점 더 어려워지네요. 뭘까요?

준우 : 네, 이건 도루코랍니다.

상대방을 살펴서 상대방의 소유물이나 관심에 따라 이런 정
도의 유머를 서로 주고받은 뒤라면 분위기는 한결 부드러워지고,
호감도는 높아지게 된다.

  둘째, 적절한 상황에 유머를 사용하여야 한다. 재치는 눈치에
서 나온다는 말이 있다. 눈치껏 적절한 타이밍에 유머를 구사할
수 있어야 한다. 멀케이Mulkay, 1988는 의사소통 상황을 엄숙 모드
와 유머 모드로 구분하였다. 엄숙 모드가 언어적 메시지를 논리정
연하게 전달하는 것이 중요한 상황이라면, 유머 모드는 다른 선택
의 여지나 의외적인 상황이 허용되는 맥락이다. 그런데 유머 모드

가 허용되는 일상적인 대화에서는 물론이고, 서로 갈등을 일으키고 있는 상황에서도 비평으로 이어지는 엄숙 모드가 아니라 유머 모드로 문제를 해결할 수 있다면 더 좋은 인간관계를 유지할 수 있다. 여기서 중요한 것이 타이밍을 포착하는 순발력이다.

의회에서 링컨에게 이런 비난을 했다. "당신은 두 얼굴을 가진 이중인격자요!" 그러자 링컨이 웃으며 이렇게 반문했다. "만일 나에게 두 얼굴이 있다면 왜 이런 중요한 자리에 하필 이 얼굴을 가지고 나왔겠습니까?" 회의장에는 폭소가 터졌다.

〈한국경제, 2016. 9. 28.〉

화가 나서 "이봐요, 나잇값 좀 하세요." 라고 말하는 사람에게 "나이 한 살에 얼마지요?" 라고 물을 수 있는 여유가 있으면 상황을 좀 더 유연하게 만들어갈 수 있을 것이다. 고정된 틀이나 상식적인 맥락에서 벗어나서 자유롭게 언어를 바라보는 여유, 그리고 상대방을 배려하는 마음이 유머를 만드는 원천이 된다. 고정된 틀에 매여 세상을 바라보는 각박함으로부터 자유로워지고 싶은 마음, 그걸 유머를 통해서 얻게 된다는 점에서 유머를 정서의 여유, 삶의 여유라고 말하는 것이다.

일상적인 대화에서도 맥락과 연결되는 유머가 사용될 때 더 큰 웃음을 줄 수 있다. 아직은 친숙하지 않아서 조심스러운 관계인데 한 사람이 실수로 휴대 전화를 떨어뜨려서 조금 민망해하는 것이 느껴지는 상황이다.

어떤 사람이 부산에 놀러 갔다가 버스에서 휴대 전화를 떨어
뜨렸대요. 근데 쭉 미끄러져서 어떤 아저씨 발 앞에 떨어졌는데,
아저씨가 "니끼가? 가가라"그러셨대요. 그랬더니 학생이 뭐라 그
런 줄 아세요? 아저씨가 일본 사람인 줄 알고 "아리가또" 그랬다는
거예요.

이렇게 휴대 전화를 떨어뜨린 것과 상황적으로 연결되어 있
는 유머이지만, 관심을 경상도 지역어로 바꾸어서 함께 웃으면서
민망한 맥락을 인간적이고 따스함을 느낄 수 있도록 자연스럽게
바꾸어 갈 수 있으면 더없이 훌륭한 유머가 된다. 그러나 다른 사
람들은 다 진지한 엄숙 모드에서 갑자기 유머를 잘못 꺼냈다가는
분위기를 그르치기 쉽다. 분위기 파악 못한 유머는 어색한 분위기
를 만들 뿐이다.

셋째, 부정적 유머는 되도록 사용하지 않는다. 우리 사회에서
필요로 하고, 인간관계에 활력을 주는 것은 긍정적 유머를 구사할
수 있는 유머감각이다. 긍정적 유머는 다른 사람을 배려해서 함
께 즐거워하는 유머이지만, 부정적 유머는 다른 사람을 배려하기
보다는 배제하거나 비난하고 소외시킨다. 부정적 유머는 공격적
유머이고, 악의적인 유머이다. 유머의 소재로 등장하는 여러 요소
가운데는 상대방에게 공격이 될 수 있는 것들이 많이 포함되어 있

다. 인터넷에서 유통되는 유머의 소재는 대부분 성적인 것, 배설, 장애, 지역감정 등 다른 사람들에게 불쾌감을 줄 수 있는 것이나 공격적인 것들로 되어 있다.

이러한 요소들은 다른 사람을 배려할 수 있는 여유가 없다. 유머라는 이름으로 상대방을 공격하고, 그 유머에 대해 '썰렁하다', '소름 돋는다' 등과 같은 반응을 보이며 서로 공격하는 것은 유머감각이 없기 때문이다. 스스로 유머감각이 있다고 생각하지만, 유머감각이 없는 사람들은 다른 사람을 배려하지 않는 사람들이다. 다른 사람을 배려하지 않는 부정적 유머를 즐기는 사람들은 다음과 같은 특징을 보인다.

- 인종이나 성별, 지방색을 들어 다른 사람을 경멸하는 유머를 즐긴다.
- 사회를 비판하거나 비꼬는 유머를 즐긴다.
- 폭력성을 포함한 유머를 즐긴다.
- 다른 사람을 비웃거나 다른 사람의 실수를 과장하는 것을 즐긴다.
- 다른 사람이 유머를 구사했을 때 조롱하거나 비난한다.

플라톤은 웃음을 죄악이라고 생각했다. 어떤 사람을 웃게 만드는 요인은 자신이 다른 사람보다 더 부유하고, 잘 생기고, 인간성이 좋고, 현명하다는 생각 때문이라고 보았기 때문이다. 그래서 웃음을 '질투의 감정에 쾌감이 가미된 것'이라고 정의했다. 유머에 내재된 우월감이 있다는 것은 다른 집단이나 사람하고 비교해서 상대적으로 자신이 우월하다고 느끼도록 하는 것이 유머의 요인이 되는 경우를 말하는 것이다. 유머의 유형 가운데는 풍자하거나 조소하는 것, 인종이나 지방색과 같은 요소를 가지고 특정 집단을 야유하거나 적대감을 드러내는 것들이 바로 이런 요소를 가지고 있다. 이런 유머는 말하는 사람의 의도와 관계없이 표적 집단에 속한 사람들에게는 공격이 된다는 것, 또한 그런 사람과 그렇지 않은 사람으로 편가르기를 조장할 수 있다는 사실을 생각할 필요가 있다.

유머를 잘 하기 위해서 '사오정 시리즈', '대통령 시리즈' 같은 것을 외우는 사람들이 있다. 어떤 사람들은 꼭 써먹겠다고 받아 적기도 한다. 그런데 유머란 것이 들을 때는 웃지만, 듣고 나면 기억이 안 난다. 설령 수첩을 꺼내 감칠 맛 나게 읽는다고 해도 재미가 없다. 이렇게 웃기는 말로 굳어진 덩어리를 옮겨서 남을 웃게 만드는 것이 유머의 초보 단계라면, 대화 상황에서 상대방과 공감할 수 있고, 대화 상황에 맞는 유머를 맥락에 맞게 구사하는 것, 나아가서 그 상황에 맞게 의외성을 가진 창의적인 생각으로 남을 웃게 만드는 유머가 더 수준 높고 품격 있는 유머이다.

유머를 만드는 요소는 일반적으로 다른 사람들이 사용하는 소리나 뜻, 문장 구조나 맥락을 의도적으로 벗어나는 데서 오는 의외성이다. 언어가 지금까지 사용되면서 묵시적으로 약속된 쓰임들이 있는데, 이것을 의도적으로 위반하게 되면 예상하던 쓰임과 실제 쓰임이 다르니까 일치되지 않는 두 인식 영역 사이의 연결 관계를 파악하려 하고, 그것을 파악했을 때 비로소 웃음을 터뜨리게 되는 것이다. 유머가 대화에서 당연히 지켜질 것이라고 예측하고 있는 것들을 깨뜨리는 데서 생기는 거니까 상식을 뛰어 넘는 높은 수준의 대화일 수밖에 없다. 그러나 아무렇게나 깨뜨리는 건 유머가 아니고 잘못 말하는 것인데, 이 경계를 잘 분별해야 유머감각이 있다는 평가를 듣게 된다. 서로 신뢰와 배려가 없는 상태에서 유머를 잘못 구사하면 오히려 불쾌하고 무례한 말이 될 수 있다. 그래서 유머를 사용할 때도 사람들에게 상처를 주거나 공격을 하는 것이 아니라, 진심으로 기쁨과 즐거움을 나누어 주려는 마음이 먼저 준비되어야 한다.

공식을 사전에서 찾아보면 "국가적이나 사회적으로 인정된 공적인 방식"이란 뜻과 "틀에 박힌 형식이나 방식"으로 풀이되어 있다. 수학에서는 계산의 법칙이나 방법을 문자와 기호를 써서 나타낸 식이다. 대화의 공식을 수학적으로 명확하게 나타낼 수 있다면 세상의 모든 문제들이 대화로 해결되고, 무력 충돌이나 감정싸움이 많이 줄었을 것이다. 그렇지만 대화의 요소인 사람과 맥락이라는 변수가 워낙 강력해서 대화를 수학적 공식으로 나타내는 것은 무리이다.

말이 싫어하는 사람이 있다고 한다. 말이 너무 많은 사람, 말꼬리 잡는 사람, 말허리 자르는 사람, 남의 말 가로채는 사람, 말 더듬는 사람, 말 돌리는 사람, 말 바꾸는 사람들이다. 이런 사람들은 대화의 공식을 따르지 않는 사람들이다. 이 장에서는 대화로 문제를 해결하기 위해 서로 지켜야 하는 대화의 원리, 말할 차례를 정하는 공식, 대답하는 말의 공식, 그리고 말을 이어가는 공식에 대해 생각해 보기로 한다.

IV. 대화에도 공식이?

15

대화의 원리

우리는 아침에 눈을 뜨면서부터 잠들기 전까지 대화를 하기 때문에 대화에 무척 익숙해져 있다. 따라서 대화를 나누는 데에도 어떤 원리 같은 것이 있을까? 하고 호기심을 갖는 자체가 오히려 새삼스럽게 느껴질 것이다. 이것은 마치 밥을 먹는 순서를 체계화하고 원리를 찾으라는 말처럼 들릴 수도 있다. 그러나 일상적인 대화에서도 잘 들여다보면 대화를 구성하고 있는 원리들을 찾을 수 있다. 이야기를 나눌 상대가 있어도 서로 소통이 되지 않으면 대화는 이루어지지 않는다. 각자 자신이 하고 싶은 말을 늘어놓는 것을 대화라고 하기 어렵다. 대화를 위해서는 말하는 이와 듣는 이가 역할을 교대해 가면서 그 목적에 맞는 정보를 주고받으며 정확한 의사소통이 되도록 협동해야 한다.

그라이스의 원리

대화에 작용하는 원리는 이른바 문법 규칙처럼 정해진 법칙과 같은 규칙성을 가지고 있는 것은 아니지만 구체적으로 말하는 상황이나 맥락 같은 데서 작용하는 어떤 원리를 말한다. 이러한 원리를 객관적으로 밝히려고 한 사람은 그라이스Grice,1975라는 철학자인데, 대화를 하면서 효과적으로 언어를 사용하기 위해서는 어떤 묵시적인 지침이 필요하다고 보고, 이것을 하나의 큰 원리와 네 가지의 작은 원칙들로 정리하였다.

대화에 적용되는 한 가지 원리는 협동의 원리co-operative principle이다. 이것은 사람들이 대화를 할 때는 대화를 통해서 서로 협동을 이루고 있다는 전제에서 출발한다는 것이다. 그래서 말하는 사람은 지금 하고 있는 대화가 어떤 목적을 가지고 있는가 하는 것을 파악해서 그 목적과 관련이 있는 말을 하고, 듣는 사람은 상대방이 한 말은 지금 하고 있는 대화의 목적이나 상황에 맞는 말일 것이라고 받아들이고 해석한다는 것이다. 그런데 요즘 하는 대화를 들어보면 정말 대화에 협동의 원리가 적용될까 하는 의문이 생긴다. 말로는 대화를 통해 해결하자고 하면서 결국 대화를 하다가 언쟁이 되고, 더 큰 싸움이 되고 마는 경우가 빈번하다. 마치 싸우기 위해 대화하는 사람들처럼 일부러 대화를 단절하거나, 여러 뜻 가운데 가장 나쁜 의도로 해석하는 경우들도 자주 있다.

말이 안 통해

-김미혜-

엄마, 토끼가 아픈가 봐요.
쪽지 시험은 100점 받았어?

아까부터 재채기를 해요.
숙제는 했니?

당근도 안 먹어요.
일기부터 써라.

이 시는 지하철 안전문에 붙어 있는 2013년 시민공모작이다. 협동의 원리를 전혀 지키지 않았으며, 그 결과 제목 그대로 말이 안 통한다. 이렇게 협동의 원리를 위반하는 유형은 다양하게 나타난다.

회피형 : 나가 주세요., 나한테 말시키지 마세요.
은폐형 : 아무 일도 아니에요., 별 일 아니니까 신경 쓰지 마세

요.

독립호소형 : 지금은 누구하고도 말하고 싶지 않아요., 저 좀
그냥 내버려 두세요.

이런 말을 들으면 기분도 상하고, 또 내가 말을 하고 싶다고
생각해도 더 말할 수 있는 방법이 없으니까 대화가 지속될 수 없
다. 습관적으로 협동의 원리를 위반하는 사람은 원만한 인간관계
를 유지할 수 없게 된다. 그러기 때문에 자기가 말하는 사람의 입
장에서는 가능한 범위에서 협동의 원리를 지키겠다는 마음가짐
으로 대화를 나누는 것이 대화의 기본이다.

반면에 듣는 사람의 입장에서는 "아무 것도 아니에요." 하는
식으로 협동의 원리를 위반하는 사람의 심정을 헤아릴 필요가 있
다. 이런 말을 할 때는 상대방에게 화가 나 있거나, 밖에서 생긴
다른 문제 때문에 상당히 불편한 상태에 있을 것이다. 따라서 이
말은 정말 말하고 싶지 않다는 뜻일 수도 있지만, 나에게 관심을
좀 더 가져달라는 말일 수도 있다. 그렇게 때문에 말을 듣는 관점
에 있을 때는 상대방이 협동의 원리를 위반한 것에 대해 불쾌해
하고 화를 낸다거나, 왜 그러느냐고 꼬치꼬치 묻는 것은 오히려
역효과만 가져올 수도 있다. 그보다는 지금 상대방이 어떤 상태이
고, 이런 말 속에 숨겨진 다른 뜻은 없는지를 찾으려는 적극적 태
도를 가질 필요가 있다.

대화의 네 가지 원칙

다음으로 이 원리에 대한 네 가지 원칙에 관해 생각해 보자. 첫째는 양의 원칙maxim of quantity이다. 이것은 필요한 양만큼 정보를 제공하라는 것인데, 필요 이상으로 많은 정보를 말하는 것도 양의 원칙을 어기는 것이고, 필요로 하는 최소한의 정보도 주지 않는 것도 양의 원칙을 어기는 것이다.

> 지호 : 오늘 점심 뭐 먹을까?
> 다은 : 내가 그동안 뭐 먹었더라? 그제께 점심은 비빔밥 먹고, 저녁은 닭갈비, 어제 점심 파스타, 저녁엔 치맥, 오늘 아침엔 김치찌개 먹었구나, 점심엔 우동, 알밥, 떡볶기, 탕수육, 짜장면 음, 뭐 먹을까?

위 대화는 상대방이 원하는 정보에 비해 필요 없는 더 많은 정보를 덧붙여서 양의 원칙을 어기고 있다. 그야 말로 요즘 젊은 이들이 제일 싫어한다는 티엠아이too much information, 정보 과잉라고 할 수 있다. 티엠아이는 트위터를 중심으로 퍼지기 시작해서 2018 신조어로 선정되었다. 굳이 알 필요 없는 정보나 지나치게 많은 정보를 뜻하는데, 이런 사람들을 설명충이라고 비하하기도 하는 것을 보면 양의 원칙을 위배하는 대화에 대해 매우 참기 힘들어 하는 경향을 알 수 있다.

정보성을 갖는다는 것은 누군가에게 필요한 새롭거나 예측 불가능한 지식을 전해 주는 것을 말한다. 대화가 오가는 동안 정보의 공유 현상이 진행되게 된다. 이것은 언어가 갖는 대표적 기능인 정보전달 기능과 관련이 있으며, 우리가 대화를 통해 서로에 대해 알아가고, 서로 가까워지도록 해 주는 기본적인 요인이 된다. 양의 원칙은 대화를 하면서 너무 많은 정보를 말하는 것이나 너무 적은 정보를 말하는 것이 모두 좋지 않다는 말이니까 결국 적당한 정보를 담아야 한다는 말이다.

그런데 서로 다툴 때와 같이 감정이 앞서는 대화에서는 오래 전부터 쌓아 두었던 이야기를 한꺼번에 다 말하려 한다. 이건 너무 많은 양을 말해서 양의 원칙을 어기는 것이다. 그런가 하면 아무 말도 안 하고 자리를 피하기도 하는데, 이건 최소한의 정보도 주지 않아서 양의 원칙을 어기는 것이다. 이런 경우처럼 의도적으로 양의 원칙을 어기는 것은 상대방의 말문을 막고자 하는 의도를 표시할 수는 있겠지만, 원만하고 바람직한 대화를 이끌지는 못한다. 넘치는 것도 아니고 모자라는 것도 아닌 정보의 양이 중요하다.

둘째는 질의 원칙maxim of quality인데, 이것은 진실성과 관련이 있다. 말하는 사람이 거짓이라고 생각하는 것이나, 충분한 증거가 없는 말은 하지 말라는 것이다. 대화를 통해 진실한 말을 하고, 뜬소문이나 허황된 말은 하지 말라는 것이다.

도현 : 이 문제 어떻게 푸는 거니?

건우 : (알고 있으면서) 글쎄, 나도 잘 못 풀겠더라.

종업원 : 손님, 저희 카페는 외부음식 반입 금지인데요?

손님　: 우리 동네 카페들은 다 괜찮다던데…

위의 대화들은 거짓말을 하거나 충분한 증거가 없는 말을 사실인 것처럼 말해서 질의 원칙을 어기고 있다. 이것은 자신의 행동을 은폐하거나, 상대방을 기만하는 것이어서 인간관계에 부정적인 영향을 주게 된다.

셋째는 관련성의 원칙maxim of relevance인데, 대화의 주제에 관련된 적합한 말을 하라는 것이다. 적합하다는 것은 최소한 지금 말하는 화제와 관련이 있거나, 목적을 달성하기 위해 적절하다고 생각되는 것이다. 주제에서 벗어나거나 상관없는 이야기로 대화의 흐름을 깨거나 질문에 대한 답이 아닌 엉뚱한 대답을 하는 것은 소통을 막는다. 사실상 대화를 하면서 가장 중요한 것은 관련성의 원칙을 지키는 것이어서 겉으로 보기에는 협동의 원리나 양의 원칙, 질의 원칙을 어기고 있는 것도 관련성만 있다면 허용되지만, 다른 모든 원칙을 지키고 있어도 관련성이 없다면 좋은 대화가 아니다.

아버지 : 너 도대체 몇 살이냐?

아들 : 열다섯 살이요.

아버지 : 저런, 답답하기는 … 내가 지금 그걸 몰라서 물어?

아버지가 "너 도대체 몇 살이냐?"고 묻는 것에 대해 아들이 "열다섯 살이요."라고 대답한 것은 양의 원칙도 지키고, 질의 원칙도 지킨 것이다. 그런데 상황으로 볼 때 아들이 하는 행동이 나잇값도 못한다는 꾸지람으로 나이를 물은 아버지의 질문에 대해 아들은 아버지의 의도를 파악하지 못하고 실제 나이를 대답해서 관련성의 원칙을 위반하고 있다.

넷째는 방법의 원칙maxim of manner인데, 한 마디로 말하면 말할 때는 말하고자 하는 의도가 분명히 전달되도록 간단명료하고 논리정연하게 말하라는 것이다. 방법의 원칙은 다음과 같은 네 가지의 항목으로 되어 있다.

1. 모호성을 피하라.
2. 중의성을 피하라.
3. 간결하게 말하라.
4. 조리 있게 순서대로 말하라.

1. 모호성을 피하라.

지우 : 나는 밤이 참 좋아.

예준 : 어떤 밤?

지우 : 밤은 다 좋아.

예준 : 먹는 밤? 깜깜한 밤?

말에는 소리는 같지만 뜻이 다른 동음이의어들이 있다. 대부분 맥락을 통해 어떤 뜻인지를 알 수 있지만, 맥락 없이 동음이어를 사용하면 몇 번씩 되묻는 수고를 해야 한다. "난 (고소한) 밤 (구워) 먹는 게 참 좋아."라고 오해할 소지가 있는 단어 앞뒤로 맥락을 알 수 있는 말들을 넣어주면 뜻이 분명해진다. 모호한 말을 하는 원인은 생각 자체가 모호하기보다는 그 생각을 밖으로 나타낼 때 적절한 용어를 찾지 못해서 일 것이다.

그와 더불어 자신이 잘 모르는 것에 대해서 뭔가 좀 더 아는 것처럼 생소한 단어들을 사용하면서 표현이 모호해 지는 경우가 있고, 반대로 자기가 가진 지식이나 정보를 드러내고 싶지 않을 때도 "뭐 꼭 그렇게 말할 수 있는 것은 아니야." "그냥 그래." 하는 식으로 모호하게 말한다.

이와 함께 상대방의 의사를 따르겠다고 할 때도 모호하게 말하는 경우가 있다. 특히 소개팅 같은데 나가거나 선보는 자리에서 "뭐 드실래요?" 그러면 보통 처음 보는 낯선 상대에게 "아무거나 주세요." 라고 선택을 유보하는 말을 한다. 음식의 종류와 가격이 다양한데, 어느 정도에서 선택을 해야 할지 결정하는 것이 쉽지 않기 때문이다. 또 주장이 강하다는 인상을 주고 싶지 않은 마음도 있을 것이다. 그러나 상대방은 당황스러울 수 있다. 이런 경우가 많아서인지 어떤 식당에는 차림표에 '아무거나'라는 것을 넣었다고 하는데, 이렇게 모호한 표현을 사용하는 것이 전략적일 수는 있지만, 방법의 원칙은 시키지 않는 것이다.

2. 중의성을 피하라. 이 말은 한 가지 표현이 여러 가지로 해석될 수 있는 경우를 피하라는 것이다.

> **남편** : 당신 뭐하는 사람인데 이제 들어오는 거야?
> **아내** : 내가 뭘 하다니요?
> **남편** : 당신 도대체 어떤 사람이야?
> **아내** : 네?

여기서 "당신 뭐하는 사람이야?" 라는 말은 직업을 묻는 말일 수도 있지만, 이 맥락에서 직업을 말하면 관련성 없는 말이 될 것이다. "당신 어떤 사람이야?" 라는 말도 여러 가지로 해석될 수 있어서 막상 대답할 말을 찾기 어렵고 당혹스러울 수밖에 없다. 이렇게 여러 가지로 해석될 수 있는 말을 피하라는 것이다.

3. 간결하게 말하라. 양의 원칙이 얼마만큼의 정보를 말할 것인가와 관련이 있다면, 짧게 말하라는 것은 시간이 얼마나 걸릴 것인가와 직접 관련이 있다. 될 수 있는 대로 같은 말을 반복하지 말고, 간결하게 표현하라는 말이다. 시간과 관련해서 대화하는 유

형에는 네 가지가 있다. 일단 내용은 알찬데 길이가 긴 말, 내용은 알찬데 길이가 짧은 말, 내용도 없으면서 길이가 긴 말, 내용도 없고 길이도 짧은 말이다. 물론 이 가운데 가장 좋은 것은 내용이 알차고 길이가 짧은 말이지만, 가장 듣기 싫은 것은 내용도 없는데 길이만 긴 말이다. 이런 말은 듣는 사람에게는 거의 고문에 가깝다. KISS 대화법이라고 말하는 것이 있다. KISS는 "keep It Short and Simple"의 머리글자만 따서 만든 말로 말하려는 내용을 짧고Short 쉽게Simple 전달하라는 것이다.

4. 조리 있게 일어난 순서대로 말하라. 사람들의 심리 가운데 '보편적 순서 책략normal ordering strategies'이 있어서 어떤 사람에게 '해는 저녁에 늦게 지고, 아침에 일찍 뜬다.'고 말을 해주더라도 그 사람은 '해는 아침에 일찍 뜨고, 저녁에 늦게 진다.' 라는 말을 들은 것처럼 시간적 순서에 따라 재생해 낸다. 이것은 정보의 처리와 저장을 쉽게 하기 위해서 우리의 인지 체계가 자동적으로 사용하고 있는 방법을 따르기 때문이다. 그렇기 때문에 말을 할 때도 시간이나 공간적인 순서에 따라 이야기하는 것이 바람직하다는 것이다.

이렇게 대화에 적용되는 원리와 원칙을 생각해 보았지만 실제 의사소통 과정에서 사람들은 의도적으로 이 대화의 원리들을 위반함으로써 자신의 발화의도를 함축적으로 전달하기도 한다.

> *지우 : 지금 몇 신 지 아세요?*
> *예준 : 네, 압니다.*

이 대화는 대화의 원리와 원칙을 모두 지켰지만, 의사소통이 잘 되었다고 느껴지지 않는다.

> *지우 : 너 정말 그 친구랑 헤어졌어?*
> *예준 : 날씨 참 좋네. 술이나 한 잔 하러 가자.*

이 대화는 표면적으로는 관련성의 원칙을 어기고 있다. 친구랑 헤어졌느냐는 물음에 대해 날씨가 좋다는 동문서답을 하고 있기 때문이다. 그렇지만 예준의 말에는 친구와 헤어진 이야기를 지금 하기는 부적절하니, 술이나 한잔 하면서 이야기하자는 의도를 함축하고 있다.

이처럼 말 속에 숨겨진 다른 의도를 대화상의 함축conversational implicature이라고 하는데, 이럴 경우 표면적으로는 협동의 원리에서 벗어난 것처럼 보이지만 실제적으로 대화의 결속성을 유지하고 있다. 대화를 통해 해독해야 하는 것은 문장의 의미가 아니라 말하는 사람의 의도이기 때문에 대화상의 함축은 중요한 역할을 한다. 따라서 대화의 원리나 원칙을 따지는 것에서 한걸음 나아가 대화 상황, 앞 뒤 문맥, 이야기 전체의 배경적 지식뿐 아니라 그동안 상대방에 대해 알고 있던 정보들까지 생각하면서 부지런히 함축된 의도를 추론해야 한다.

지금까지 살펴본 대화의 원리는 관찰의 대상이 숫자나 물질이 아닌 사람들 사이의 일이고, 이것을 원리로 정리한 것이어서 자연과학의 원리나 문법과는 다르게 딱 떨어지지 않는다. 대화의 원리를 요약해서 말하면 대화를 통해 서로 협동하겠다는 마음을 전제로 해서 지금 이야기되는 내용과 관련성이 있는 적당한 양의 진실된 말을 의도가 분명히 전달되도록 간단명료하게 말하라는 것이다. 그러나 원리를 위배하더라도 함축된 의도가 있을 수 있으니 그것까지도 헤아리며 대화를 하라는 것이다. 대화 참여자가 협동하기 위해서 상대방을 배려하고, 우호적으로 호응하며, 상대방이 불편하지 않도록 예절을 지키려는 마음가짐이나 태도가 대화의 기본적인 전제가 된다는 말이다.

16

말할 차례 공식

- 친구가 자기말만 하고 제 얘기는 들어주질 않아요.
- 여친은 자기 할 말 끝나면 제가 말을 안 하고 가만있으니까 기분 나쁘다고…
- 친구와 대화 하는데 자기말만 할 때 섭섭함을 어떻게 말을 해야 하나요?

〈네이버 지식 iN 질문〉

친구와 대화를 하고 싶지만, 자기말만 하려는 친구 때문에 마음이 상하는 사람들이 많다. 자기말만 하는 것은 독백이나 연설이지, 대화가 아니다. 기본적으로 모든 대화는 말하는 사람과 듣는 사람으로 이루어진다. 그런데 이 역할은 고정되어 있는 것이 아니고 서로 순환되어야 하기 때문에, 말하는 사람과 듣는 사람으로 이루어지는 대화에도 질서가 있게 마련이다. 내가 말할 때는 상대방은 듣고, 상대방이 말할 때 나는 듣는 사람이 된다. 한 사람이 이야기하다가 멈추면, 또 다른 사람이 이야기를 시작해서 차례로 말을 하는데, 이것을 대화의 순서교대라고 한다. 대화는 공놀이와 같다. 혼자서만 공을 가지고 있어도 안 되고, 주는 공을 받아치지 못해도 안 되지만, 상대방이 받을 수도 없이 멀리 던져버려도 안 된다. 어떤 각도로 오는 공이든 잘 받아서 상대방에게 적절하게 돌려주어야 한다. 대화를 하면서도 한 쪽이 말을 하면 이 말을 잘 받아서 다시 돌려주는 순서교대가 적절히 이루어지지 않으면 대화의 문제뿐 아니라 관계의 문제가 생기게 된다.

혼자서 독차지하겠다고?

대부분의 경우, 순서교대는 거의 자동적으로 조절이 된다. 그러나 아이들의 경우, 선생님이 말할 순서를 정해주어야 하고, 먼저 말하려는 아이에게 아직 말할 차례가 아니라고 알려주어야 한다. 특히 재미있는 장난감이나 엄마 아빠에 대한 화제가 나오면 말할 차례가 올 때까지 참을 수가 없어서 한꺼번에 말을 하곤 한다. 그러나 순서대로 말하는 법을 배우면서 자기가 말할 때와 들을 때를 알아 가게 된다. 아이들은 어떤 규칙을 배워가게 되는 것일까?

순서교대를 연구한 학사들은 순서교대에 작동하는 몇 가지 원리들을 찾아내었다. 그 원리는 첫째, 대화에 참여한 모든 사람은 말할 기회를 가져야 한다는 것이다. 자기말만 하는 사람들은 같이 대화하기 어려운 사람들이고, 연설이나 강의도 아닌데 특정한 사람이 혼자서 말하는 식의 대화를 즐기는 사람은 말하는 사람 빼고는 아무도 없다. 그런데 어떤 모임에 가도 혼자서 대화를 독점하려는 사람들이 있다. 말을 아무리 재미있게 잘 하는 사람이라 할지라도 혼자서만 이야기를 하면 다들 별로 달가워하지 않는다. 노래방에 가면, 노래를 잘 하고 못 하는 것과 관계없이 서로 돌아가면서 노래를 해야 흥이 나고, 다른 사람이 노래할 때는 속으로다 자기가 마이크를 잡을 때를 기대하면서 어떤 노래를 부를까 생각하고 있는 것처럼, 말할 때도 마찬가지이다. 누구나 주제와 관련된 자기의 생각을 이야기하고 싶어 하는 마음이 있어서, 다른 사람에게 기회를 주지 않고 혼자서만 독차지하면 재미가 없고, 심지어는 상대방한테 무시당하는 느낌도 들게 된다. 늘 자기 이야기만 하는 사람은 속이 다 보이니까 신비감도 없어지고, 그만큼 자주 만나서 이야기하고 싶은 상대가 되기는 어렵다.

둘째, 대화의 길이는 사전에 결정되어 있지 않다. 한번 말할 때의 길이는 사람마다 다르고, 상황마다 다르다. 그런데 상대방은 내 말이 끝나는 지점에서 말을 시작하기 때문에 언제 끝맺는지에 대해 민감하다. 따라서 내가 말을 할 때는 너무 길어지지 않는지를 늘 유념해야 한다. 내 말이 길어지면 대화가 재미없어지고, 상대방으로서는 짜증스럽게 느껴지기도 한다.

대화의 순서교대를 생각하면서 내가 말할 시점과 말을 들어야 하는 시점을 잘 선택해야 한다. 따라서 내 말만 하는 것이 아니라 상대방의 말을 듣기 위해 내 말을 멈추고 귀 기울이는 시간이 꼭 필요하다는 것이다. 이것은 모든 대화에서 마찬가지이다. 그렇기 때문에 내가 언제 어느 시점에서 말할 순서를 차지해야 하는가를 정확하게 판단하는 것이 대화를 잘할 수 있는 방법이다.

누가 말할 차례지?

그럼, 여러 사람들이 모여서 대화를 할 때 어떤 순서로 말해야 할까? 대화를 시작하기 전에 어떤 순서로 말하자고 약속 먼저하고 대화를 시작하는 사람은 아무도 없다. 누가 먼저 말할 것인지도 정하지 않는다. 대화 분석을 연구한 미국의 사회언어학자들은 말하는 사람이 바뀌기에 적절한 자리transition relevance place가 있으며, 이 자리에서 다음과 같은 몇 가지 규칙이 적용된다고 하였다.

1. 지금 말을 끝낸 사람이 다음 말할 사람의 이름을 부르며 질문을 한다.

김 과장님은 어떻게 생각하세요?

민수야, 넌 어제 뭐 했는데?

2. 지금 말을 끝낸 사람이 다음 말할 사람에게 요청을 한다.

전 김 과장님께서 어떻게 생각하시는지 알고 싶어요.

난 민수가 어제 뭐 했는지 궁금해.

지금 말하는 사람이 다음 말할 사람을 선택하고 나면 말을 멈추고 다음 사람이 말해야 한다. 순서가 바뀌는 것은 다음 말할 사람을 선택하고 난 다음 말하는 사람이 바뀌기에 적절한 자리가 생길 때이다.

3. 다음 사람을 지명해서 말하지 않으면 같이 대화하는 사람 가운데 누구라도 다음 순서를 차지할 수 있다.

4. 말하는 사람이 다음 말할 사람을 선택하지 않고, 또 아무도 말을 하지 않으면 말하던 사람이 말을 계속할 수 있지만, 반드시 그래야 되는 것은 아니다.

또한 언어 이외에도 말하는 사람이 다음 말할 사람을 향해 고갯짓, 시선, 억양과 같은 비언어적 신호를 보냄으로써 대화 교체 시점을 알려줄 수 있기 때문에 비언어적인 메시지에 주의를 기울일 필요가 있다. 상대방이 한 말을 듣고 의미를 생각하고 이게 말이 끝난 것인지를 판단하는 것은 시간이 꽤 필요한 작업인데, 어떻게 사람들은 별로 시간을 끌지도 않고 순서 교대를 하면서 말을 할 수 있을까? 이건 과학자들에게도 매우 흥미로운 주제이다. 에섹스Essex 대학의 심리학자 풀샴Foulsham과 그의 동료들은 자연스러운 대화에서 시선이 어떤 작용을 하는지를 알기 위해 40명이 서로 짝을 이루어 스무고개, 또는 '헤드업'이라는 단어 게임을 하는 과정을 동영상으로 촬영했다. 그 결과 사람들은 자신이 말을 할 동안은 시선을 다른 곳으로 돌리고 있었지만, 자신의 말을 마무리하고 순서를 넘길 때에는 상대방을 똑바로 쳐다본다는 것을 알아냈다. 또 듣는 사람은 말하는 사람을 주의 깊게 바라보다가 자신이 말을 하기 시작할 때 자신의 시선을 다른 곳으로 돌린다. 그러니까 "눈으로 말하고 듣는다speaking and listening with eyes"는 논문 제목처럼 상대방의 눈을 보는 것, 그리고 눈을 돌리는 것이 모두 대화를 나누는 신호와 관련되어 있다는 것이다. 말로 대화를 나눌 때 소리를 내는 입과, 소리를 듣는 귀뿐 아니라 눈으로 신호를 해독해야 한다는 점에서 대화는 대난히 복잡한 인지 과정을 기치는 것임을 알 수 있다.

대화에서 반드시 정해진 순서는 없지만, 대화를 마치고 나서는 누가 대화를 독점했다거나, 누가 남의 말을 끊었다는 등 대화 순서에 관한 이야기는 대화가 끝난 다음에도 종종 뒷말이 남는 소재이다. 대화를 하면서 의도적으로 또는 무의식적으로 상대방에게 신호를 보낸다는 것을 생각하면서 신호에 민감하게 반응하면서 대화를 할 필요가 있다. 또한 여러 계층이 모여서 대화를 하는 경우는 어느 정도 서열을 고려하는 것이 필요하다. 예를 들어 연세가 많은 분이나, 직책이 높은 사람이 말을 하지 않은 상태에서 먼저 이야기하는 것은 좋은 대화 예절이 아니다.

적극관여형과 심사숙고형

여럿이 말을 하다 보면 말하는 것을 즐기는 사람도 있지만, 말을 잘 안하려는 사람도 있다. 대화의 속도에서 생각해 보았던 적극관여형high involvement style과 심사숙고형high considerateness style의 차이는 대화순서를 차지하는데 있어서 큰 차이를 보인다. 적극관여형은 열정적으로 대화에 참여하는 것이 대화에 활력을 주는 것이라고 생각하지만, 심사숙고형은 가급적 상대방이 말하는 도중에 말을 꺼내지 않는 것이 상대방을 편하게 하는 것이라고 생각하고 말을 한다. 심사숙고형이 볼 때 적극관여형은 건방지고 버릇없어 보이며, 적극관여형이 볼 때 심사숙고형은 소극적이고 답답해 보인다. 평소에 말을 잘 안 하는 사람은 소극적인 성격을 가졌거나 심사숙고형의 사람들일 것이다. 그렇기 때문에 어떠한 모임에서도 너무 적극적으로 참여해서 대화를 독차지하려 해서는 안 되고, 반대로 대화에 잘 참여하지 않는 사람들에게는 질문이나 요청을 통해서라도 말할 기회를 만들어 주어야 한다.

대화하고 싶지 않은 사람 1위

함께 대화하고 싶지 않은 사람을 조사하면 어떤 유형이 1위를 차지할까? 설문 조사 결과 '내가 말할 때 말을 가로채는 사람'으로 나타났다. 다른 사람이 이야기하는 것을 끝까지 듣지 않고 도중에 끼어들어 대화를 자르거나 가로채는 것은 대화에서 매우 좋지 않은 방법이다. 대화를 할 때에는 상대의 말을 끝까지 주의 깊게 듣지 않고 대화 순서를 어겨서 중간에 끼어드는 것은 무례한 행동이며, 상대가 존중받지 못했다고 생각하기 때문에 찜찜하게 대화가 끊길 수 있다. 이것은 가까운 관계에서 더 민감한 문제가 될 수 있다.

딸　：다녀왔습니다.

엄마：너는 왜 매일 이렇게 늦게 다니니?

　　　이제껏 뭐하다 왔어?

딸　：어제 말했는데…

엄마：고3이 하라는 공부는 안 하고, 학원 끝나고 또 뭐 사먹고 온 거야?

딸　：아뇨, 오늘 친구들하고…

엄마 : 그렇게 애들이랑 몰려다니면 공부는 언제 해?

딸　 : 엄마, 제 말 좀 듣고 말하세요. 오늘 지난번 학원수업
　　　 빠진 애들 보강해준다고 했잖아요. 친구들하고 그거
　　　 듣고 왔어요.

이런 대화를 하고 늘 자신을 걱정해 주는 엄마의 마음을 느낄
수 있는 딸은 아마도 없을 것이다. 오히려 감정이 상하고 반감을
갖게 되며, 말이 통하지 않는 엄마에 대해 좌절하게 될 뿐이다.

우연히 그런 걸까? 고의적으로 그런 걸까?

일반적으로 대화를 시작하면서 두 사람이 동시에 말을 하게
되는 것을 중복overlap이라고 하는데, 중복에는 우연한 중복과 고
의적인 방해가 있다. 보통 대화에서는 자연스럽게 순서교대가 일
어나서, 두 명이 동시에 말을 하는 것은 전체 대화의 5%도 되지
않는다. 그 가운데 우연한 중복은 아무런 의도 없이 그 말이 끝났
다고 생각해서 말을 시작한 경우나, 지금 하고 있는 말에 자기 생
각을 덧붙일 때 생길 수 있는데, 이 경우는 보통 중복을 일으킨 사
람이 말을 중단해서 바로 수정하기 때문에 별 문제가 되지 않는
다. 그러나 지금 말이 끝나지 않은 상황에서 고의적으로 다른 말
을 시작하는 것은 방해다. 더군다나 지금 말하는 사람이 하고 싶

은 말을 끝내지도 않았는데 전혀 다른 화제를 꺼내는 것은 전형적인 방해이다.

그러면 우연한 중복과 고의적인 방해는 명백하게 구별되는 것일까? 대부분의 경우 우연히 나타난 경우와 고의적으로 나타난 경우는 표정이나 태도와 같이 말에 부가되는 동작들을 통해 구별해 낼 수 있다. 우연한 중복을 일으킨 사람은 상대방의 말이 끝난 줄 알고 대화를 시작하거나, 상대방의 대답이 늦어져 다른 말을 시작한 것이기 때문에 좀 겸연쩍어 하는 태도를 보이지만, 고의적인 방해를 하는 사람은 더 단호하고 굳은 표정을 보일 것이다.

그러나 대화자들의 대화 방식이 중요한 변수로 작용하는 경우도 있다. 가급적 상대방이 말하는 도중에 끼어들지 않는 것이 상대방을 편하게 하는 것이라고 생각하는 심사숙고형은 사람들은 자신의 대화 차례가 되어도 상대방이 말을 다 끝낸 것인지를 확인하기 위해 조금 기다린다. 그럴 때 상대방은 마땅히 할 말이 없어서 침묵하는 것으로 생각하고 또 다시 말을 시작하면서 중복이 일어나게 된다. 반대로 적극관여형의 사람들은 상대방이 말하는 것을 지지해 주기 위해서 중간에 같이 맞장구치는 말을 하기도 하는데, 이런 말들은 적극관여형의 사람들끼리 대화를 할 때는 전혀 문제가 되지 않지만, 심사숙고형의 사람들은 맞장구치는 말이라 해도 방해라고 받아들이기 때문에 대화가 중단되기도 한다.

여성들이 대화할 때는 마치 오페라 아리아를 부를 때 듀엣을 하는 것처럼 동시에 말을 하는 경우가 종종 있다. 친한 친구들끼리 모여서 이야기할 때는 말하는 사람, 듣는 사람의 구분이 잘 되지 않기도 한다. 그래서 여성들끼리는 중복되는 대화를 통해서 애정과 관심을 표현하며 서로간의 우의를 나신다는 주장도 있다. 서로 맞장구를 치면서 호응하며 공감하는 것이어서 오히려 대화의 흥을 돋우기도 한다. 반대로 정보 중심으로 말하는 남성들은 남들이 조용히 들어주는 상황에서 말을 많이 하고, 다른 사람이 말을 하면 말을 멈추어 버린다. 맞장구도 방해로 받아들일 뿐이다. 따라서 말하다가 중복이 된다고 해서 다 방해로 받아들이지 말고, 상대방의 대화방식과 문화적 차이를 고려해서 중복을 해석하고, 그에 맞게 대화를 이끌어 가는 것이 필요하다.

그렇지만, 순서교대를 생각할 때 중복이 일어나는 것은 자연스러운 것은 아니고, 특히 고의적인 방해는 피해야 한다. 우연히 중복되었을 때는 중요한 말이 아니라면 끼어든 사람이 멈추는 것이 좋다. 그러나 상대방이 고의적으로 방해를 할 때는 원인을 분석해서 대처하는 것이 필요하다. 혹시 내가 대화를 독점하거나, 흥미 없는 화제를 오랫동안 붙잡고 있었는지, 목적이 불분명해서 상대방이 흥미를 잃은 것은 아닌지 생각해 보고, 그런 경우라면 끼어든 사람에게 말을 넘겨주는 것이 바람직하다. 그렇지만 습관적으로 남의 말을 자르거나 불필요하게 끼어든 경우라면 하던 대화를 계속해 가는 것도 무방하다.

너무 과묵하면 부담스러워

다른 사람들은 모두 대화에 참여해서 말하고 있는데, 나는 적당한 순서를 찾지 못 해서 대화에 끼지 못하고 속으로 긴장될 때가 있다. 이럴 때는 어떻게 해야 할까? 이 경우는 물론 기회를 봐서 적극적으로 대화에 끼어드는 것이 좋다. 그렇지 않으면 내 스스로 소외감과 긴장을 느낄 뿐 아니라, 다른 사람들도 침묵만 지키고 있는 나를 부담스러워 할 수 있기 때문이다. 과묵하고 깊이가 있다는 평가를 해주면 좋은데, 도무지 자기를 드러내지 않는 사람 같기도 하고, 조금은 거만한 듯한 인상을 주기도 하기 때문에 좋은 인상을 남기기는 어렵다. 내성적이고, 심사숙고형이고, 정보 중심적이라서 대화에 끼어들기가 어렵다면 평소보다 좀 더 과장되게 고개도 끄덕이고, 눈길도 주고 웃기도 하면서 '난 열심히 듣는 사람이야.' 라는 걸 보여주는 것이 좋다. 비언어적인 표현을 통해 그런 부담을 덜 수 있을 뿐 아니라, 말 수가 적고 남의 의견을 경청하는 사람이라는 긍정적 효과도 얻을 수 있게 된다.

모든 대화는 시작과 끝이 있다. 아무리 좋은 내용의 대화를 나눈다고 하더라도 단지 내가 지금 말하는 것이 상대방을 불편하게 하거나 상대방의 말할 권리를 부당하게 침입하는 것은 분위기를 어색하게 만들고, 관계에도 좋지 않은 영향을 준다. 자기말만 늘어놓지 않고, 말할 차례를 존중하며, 상대방의 대화 유형을 인식하면서 배려해서 대화하는 것, 나아가서 다른 사람이 대화에 끼어들지 못하면 질문을 통해 그 사람을 대화에 끌어들이고, 자신이 끼어들지 못할 때는 적절한 비언어적 행동을 통해 다른 사람들의 부담을 줄여주는 것은 대화를 역동적으로 만든다. 말할 차례를 헤아리면서 상대방을 배려할 수 있는 마음이 있다면 대화에서 순서 찾기는 그리 어려운 일이 아닐 것이다.

17

대답하는 말 공식

대화는 주고받는 관계가 번갈아 이어진다는 점에서 공놀이 중에서도 탁구와 비슷하다. 그런데 탁구를 그냥 즐기며 하는 놀이가 아니라 경기로 하게 되면 이기기 위해서 전략적으로 공격을 하는 것처럼 대화를 하면서도 공격을 하는 경우들이 있다. 탁구 경기를 하면서 이기기 위해서 공격하는 건 당연한 일이지만, 일상적인 대화에서 공격을 한다면 유쾌한 대화가 될 수가 없다는 것을 알면서도 우리는 종종 대화에서 대놓고 무시하거나 은근히 비꼬기도 하고, 조언이라는 명목으로 비난하곤 한다. 대화를 우스갯소리로 '대놓고 화내는 거'라고 정의하기도 하는데, 이러한 공격적 대화를 막기 위해서 어떻게 대화해야 할까?

너나 잘 하세요

그냥 일상적인 인사로 "어디 가세요?" 라고 하는데 "남이야 어딜 가건 말건 알아서 뭐 할래?" 하는 식으로 까칠하게 말을 받는 사람들… 그런데 요즘 젊은이들의 언어에서는 공격적인 말이 일상화되는 경향이 있다. 젊은이들이 즐겨 쓰던 유행어 가운데 "즐~"이라는 말이 있다. 이 말은 "나가라, 듣기 싫다, 그만 해라, 관심 없다" 등과 같은 뜻을 가지고 있어서, 상대방을 무시하거나 비꼴 때 냉소적인 공격을 함축적으로 포괄하고 있는 말이다. 이렇게 보면 1990년대에 한 연예인이 유행시켰던 "잘났어, 정말" 하는 말부터, "너나 잘 하세요", "꼬라지하고는" 같은 유행어들은 재미삼아 썼다고는 하지만 사실은 공격이다. 더 나아가 장난스러움으로 포장해서 '이뭐병(이거 뭐 병신 아니야)', '여병추(여기 병신 하나 추가요)' 등과 같이 모욕적인 욕설로 공격을 하기도 한다.

이러한 공격의 표적이 된 사람은 대부분 상대방의 한마디 말에 발끈하거나 흥분한 나머지 잘 대응하기 어렵다. 이 말을 듣고 당황하거나 쩔쩔매거나 화를 내는 반응은 오히려 상대가 원하는 상황에 끌려가는 것이다. 상대가 "너 바보냐? 어떻게 그런 것도 못 하냐?" 와 같이 모욕적인 공격을 했을 때, 기분이 상해서 얼굴을 붉히면서 "너는 더 못하잖아?"라고 받아치는 것은 상대가 원하는 반응에 걸려든 것이다. 그럴 때는 차라리 "그래, 나 그런 거 잘 못해." 와 같이 반응하면 상대방은 원하는 대답이 아니라서 재미를 느끼지 못한다. 그와 동시에 재미나 유머로 포장된 보이지 않는 전쟁에서 자신의 우월함을 드러내고자 하는 공격적인 행동을 멈추게 된다.

누구나 뜻밖의 공격을 받으면 바로 대처를 못하다가 상황이 끝난 다음에 분을 삭이지 못하거나 후회하곤 하는데, 이럴 때는 오히려 여유를 가지고 언쟁이 되지 않도록 순순히 받아들이는 것이 공격의 표적이 되지 않는 방법이 된다. 누군가가 이러한 공격적인 방식으로 대화를 이어가려고 할 때, 그것을 수용하면서 자신은 같은 방식으로 계속해 나가기를 원치 않는다는 의사표현을 분명히 하는 것은, 같은 자리에 있는 다른 사람들의 마음을 얻는 방법인 동시에 그 사람과의 관계를 개선할 수 있는 출발점이 될 수 있다. 문제는 이렇게 공격적인 말이 직장이나 학교, 군대뿐 아니라 가정에서도 점점 늘어가고 있다는 사실이다.

말 때문에 받은 상처

캐터만Ketterman, 1993의 〈말 때문에 받은 상처를 치유하라〉는 책에서는 말 때문에 가장 쉽게 마음의 상처를 받을 수 있는 곳이 가정이라고 말한다. 각박한 세상에서 서로를 사랑으로 감싸주는 보금자리인 가정이 역설적으로 언어폭력이 시작되고, 그 상처가 대물림되는 곳이라는 것이다. 자신이 말하고 싶은 것을 표현하면서 상대한테 일방적으로 강요하는 말을 하는 사람을 공격적인 사람이라고 하는데, 가장 친밀한 관계인 가족에게는 비교적 함부로 대하기 쉽기 때문에 일방적인 강요를 일상적으로 노출한다.

- *"바보 같은 녀석, 울기는 왜 울어?"*
- *"너 도대체 뭐가 되려고 이래?"*
- *"네가 하는 일이 그렇지, 뭐."*
- *"너 같은 거 놓고 미역국 먹은 내가 불쌍하지."*

다섯 살에서 여덟 살 사이의 어린 아이들 가운데 약 90%가 부모로부터 공격적인 언어를 듣고 있고, 위협을 당한 경우도 70%에 달한다는 연구물이 있다. 자녀를 양육하다보면 아이의 의견을 다 따라줄 수는 없고, 간섭을 하게 된다. 그런데 이러한 간섭이 도를 넘어 공격적이 되는 경우가 자주 있다. 부모의 학력이 높을수록 공격적인 언어를 사용하는 비율이 상대적으로 낮지만, 교육 수준과 관계없이 거의 대부분의 부모가 자녀들에게 폭력적인 언어를 사용한다는 것이다. 속으로는 자녀를 사랑하고, 자녀가 잘 되기를 바라는 마음에 하는 행동일지라도, 자녀가 받아들이는 것은 거친 말, 폭력적인 말이어서 아이들은 그 말을 좋은 뜻으로 재해석할 수 있는 인지 능력이 없다.

부모가 자녀에게 욕을 하거나 비난을 퍼붓거나, 비아냥거리거나, 무시하거나, 모멸감을 주는 것과 같이 공격적인 언어를 사용하면 어린 시절 이런 말을 들은 것이 마음의 쓴 뿌리로 남는다. 마음뿐 아니라 뇌에도 영향을 주어서 하버드의 타이처Teicher 교수는 폭력적인 언어를 들은 아이들은 해마의 크기가 작아지고, 뇌 회로 발달도 늦어지게 된다고 하였다. 뿐만 아니라 마음의 쓴 뿌리는 성장을 한 뒤에도 계속 남아서 같은 방식의 언행을 하도록 만든다. 결과적으로 자녀들은 부모에게 무시당한 것에 대해 불만과 반항심을 갖고 자신의 감정을 어딘가에서 폭발하게 되므로 악순환이 반복되는 것이다.

공격적인 말을 하는 사람의 특징은 비난하는 것 같은 말투와 위압적이고 권위적인 태도를 보인다는 것이다. 이런 모습은 그 사람을 강하게 보이기는 하지만 그 사람의 깊은 내면에는 어린 시절부터 듣고 자란 공격적인 말 때문에 매사에 자신이 없고, 열등감이 크게 자리 잡고 있는 경우가 많다. 또한 분노를 발산하지 못하고 억압하고 있는 경우에도 이런 태도가 나온다.

공격적인 말들은 내면의 깊은 상처나 열등감의 원인이 될 뿐 아니라 다른 사람에 대한 원한이나 분노, 두려움을 갖게 만드는 요인이 된다. 주변 사람들은 공격받지 않으려고 순순히 따르는 경우도 있기는 하지만, 지속적이고 정도가 심해지면 이런 사람과 관계를 지속하기보다는 차라리 그 사람하고 얼굴을 보지 않겠다고 관계를 끊고 떠나는 경우가 종종 있다.

언어폭력은 겉으로는 아무런 상처를 남기지 않는 듯하지만, 사실은 그 무엇보다도 깊고 오래가는 내면의 상처를 만드는 것이다. 특히 어려서부터 공격적인 말을 듣고 자라면 좋은 말을 주고받을 수 있는 성숙한 인격을 갖추어 가기에 어려움이 있게 마련이다. 따라서 좋은 말을 주고받을 수 있도록 훈련을 하려면, 가정에서부터 좋은 대화가 오고가야 한다. 그러기 위해서는 탁구에서 이기기 위해서 공격을 하는 것과 같은 식의 공격적인 대화 방법을 벗어나는 것이 필요하다.

받아들이기와 돌려주기

대화는 승부를 가리기 위한 것이 아니기 때문에, 말하는 사람들이 가능하다면 오랫동안 즐겁게 이야기를 나눌 수 있어야 더욱 좋은 대화가 된다. 그러기 위해서는 상대방이 한 말에 적절한 대답을 할 뿐만 아니라, 상대방이 그 말을 잘 받을 수 있도록 돌려주는 말을 해야 한다. 특히 처음 만나거나, 상대방과 가깝지 않을 경우에는 더 이러한 기술이 필요하다. 처음으로 소개받은 여성과 남성이 만나서 나누는 다음 대화를 생각해 보자.

지후 : 나미 씨, 어디 고등학교 나왔어요?
나미 : 다래고등학교요.
지후 : 아, 그 학교 잠실에 있는 거 맞죠? 놀이동산 근처요.
나미 : 네.

지후 : 저 어렸을 때 그 동네 자주 가서 잘 알아요.

근데 몇 년도 졸업이세요?

처음 만나는 사람이나 별로 가깝지 않은 사람들 사이에서 흔히 접하게 되는 대화이다. 한 사람은 무언가 둘 사이의 이야기를 이끌어 가기 위해서 계속 공통관심사를 찾고자 화제를 던지는데, 다른 사람은 별반 노력 없이 이것을 짧게 받아치기만 하고 있어서 초보자하고 탁구를 치는 것처럼 잘 던져주면 한번 받아치고 끝내 버리고 있다. 이런 경우, 말을 끌어가는 사람은 초보자한테 공을 던져주기만 하고 있는 셈이 되어, 계속 이끌어가야 한다는 강박감과 책임감 때문에 초조해지게 되고, 대화를 나누는 것이 힘들게 느껴질 것이다. 그래서 이런 대화를 나누고 나서 상대방에게 호감을 느끼거나, 계속 만나고 싶다고 생각하는 사람은 거의 없다. 반면에 대답하는 입장에서도 무언가 계속 추궁하고, 꼬치꼬치 묻는 것 같아서 별로 기분이 좋을 것이 없다. 그렇기 때문에 이런 일방통행식의 대화에서는 결국 더 이상 물을 말이 없어지거나, 그렇지 않으면 더 이상 대답할 말이 없어져서, 어떤 한 쪽이 완전히 할 말을 잃게 되고 만다.

이런 일방 공격과 일방 수비로 이어지는 대화는 누가 잘못하는 것일까? 대화는 두 사람이 하는 것이니, 결국은 두 사람 모두에게 있는 것이겠지만, 일차적으로는 말을 받는 나미가 이런 대화 흐름을 이끌어 가고 있다. 물론 나미는 묻는 말에 대답도 하고, 특별히 문제가 되는 내용을 말한 것도 없다. 그렇지만 주는 공을 받기만 하고 받기 좋게 돌려주지 않았다.

헤리티지Heritage라는 학자는 말을 받는 사람은 받아들이기와 돌려주기라는 두 가지의 작업을 해야 한다고 했다. 이것을 맥락 다듬기context-shaped와 맥락 갱신context-renewing이라는 용어로 설명했는데, 맥락 다듬기는 앞사람의 말을 수용하고 이것을 받아들이는 말을 하는 것이고, 맥락 갱신은 그 말을 받아서 다시 새로운 정보를 담아 상대방에게 돌려주는 일을 말한다.

그럼, 위의 대화에서 말을 받는 나미가 받아들이기와 돌려주기라는 두 가지 작업을 하면 대화는 어떻게 될까?

> **지후** : 나미 씨, 어디 고등학교 나왔어요?
>
> **나미** : 네, 저는 마루여자고등학교요. *(받아들이기)*
>
> 아마 여고라서 잘 모를걸요? *(돌려주기)*
>
> **지후** : 아, 잠실에 있는 거 맞죠?
>
> 놀이동산 근처에서 보았어요. *(받아들이기)*
>
> 옆에 있는 놀이동산 가봤어요? *(돌려주기)*
>
> **나미** : 네, 시험 끝나고 친구들하고 종종 갔어요. *(받아들이기)*
>
> 지후 씨는 어느 고등학교 나왔어요? *(돌려주기)*

이렇게 받아들이기와 돌려주기를 하면 계속 순환이 되면서 대화가 훨씬 풍부해지고, 서로 잘 통한다는 생각을 하게 되어서 인간관계도 더 깊어지게 된다. 이것은 가족들과의 대화에서도 마찬가지이다.

> 딸 : 아빠, 이거 내가 그렸어요.
>
> 아빠 : 어, 잘 그렸네.
>
> 딸 : 이게 뭐 같아요?
>
> 아빠 : 꽃.
>
> 딸 : 이거 뭘로 그렸는지 아세요?
>
> 아빠 : 몰라.

이런 대화를 마친 딸은 앞으로 아빠랑 별로 이야기하고 싶지 않을 것이다. 가족들과 대화가 없는 아버지들이 대부분 이런 방식으로 스스로를 대화에서 소외시킨 면도 있다. 이 대화에 받아들이기와 돌려주기를 적용하면 어떻게 바뀔까?

> 딸 : 아빠, 이거 내가 그렸어요.
>
> 아빠 : 어, 잘 그렸네. *(받아들이기)*
>
> 뭘 그린 거야? *(돌려주기)*
>
> 딸 : 산에 갔을 때 본 꽃이에요. *(받아들이기)*
>
> 아빠도 이런 거 그려 보셨어요? *(돌려주기)*
>
> 아빠 : 그럼. 아빠는 그림그리기 대회 나가서 상도 받았단다.
>
> *(받아들이기)*

수채화로 그리니까 참 좋지? (돌려주기)

이렇게 받아들이고 돌려주면서 대화뿐 아니라 아빠와 딸 사이의 관계도 점점 더 좋아지게 된다. 그런데 여기에도 공격의 음모가 도사리고 있다. 상대방이 시작한 말에 공격이 숨어있는 경우도 있고, 상대방은 아무런 의도가 없는데, 자의식이 발동해서 공격을 하게 되는 경우도 있다.

지후 : 나미 씨, 요즘 무슨 책 읽으세요?

나미 : ? ? ?

이런 질문에 대해 요즘 읽고 있는 책이 있으면 "예, 저는 요즘 '대화력'이라는 책을 읽고 있어요." 이렇게 받아들이고, "그 책 읽어 보셨어요?" 라거나 "지후 씨는 무슨 책 읽으세요?" 하고 돌려주는 말을 하면 된다. 그런데 책을 안 읽고 있을 때 이런 질문을 받으면 공연히 좀 자의식이 생겨서 공격적인 말을 하게 되는 것이다. 그래서 "지후 씨는 학구파라더니 묻는 것도 다르군요." 하는 식으로 비꼬는 말을 하거나, "전 책 같은 거 볼 시간 없어요." 라는 식으로 방어적인 공격을 하고 나면 분위기는 아주 어색해지고 만다. 설사 책을 읽지 않더라도 "예, 저는 요즘 책을 읽을 시간이 통 나지를 않네요."라고 받아들이는 말을 하고, "지후 씨는 주로 무슨 책을 읽으세요?" 라거나, "지후 씨는 주로 어떤 시간에 책을 보시

나요?"하는 식으로 돌려주는 말을 하는 여유가 필요하다.

공격성을 도발하는 기질

받아들이고 돌려주는 말은 개인의 성격에 따라서도 달라진다. 성격에 따라 에너지를 얻는 방식이 다르다. 외향적인 사람은 외부세계와의 접촉을 통해 에너지가 충전되지만, 내향적인 사람은 자신의 내면세계와의 접촉을 통해서 에너지를 얻는다. 그래서 내향적인 사람들은 새로운 환경과 낯선 사람을 접하면 마음이 불안하고 가슴이 뛰는 스트레스를 받는다. 모임에서 아는 사람이 없으면 그 장소에 있는 것이 불편하고, 잘 어울리지 못한다. 대화를 하더라도 주로 친한 사람과 신중하게 생각하면서 대화하는 심사숙고형이다.

내향적인 나미 씨는 회의 중, "나미 씨, 보고서에서 새로운 통계자료가 왜 빠졌죠?" 라는 질문을 받으면 심사숙고를 위한 시간이 필요하다. 대답하기 전 에너지를 얻기 위해 잠시 자기 내면으로 들어가야 한다. 그러나 외향적인 부장님은 자신의 질문에 대해 대답이 없는 나미 씨를 향해 서서히 화가 나기 시작한다. 외향적인 사람들은 생각과 동시에 말을 할 수 있기 때문에 대답을 기다리기 힘들어 한다. 그래서 "아니, 왜 답이 없죠? 내 말이 안 들렸어요?"와 같이 공격성을 띠며 재촉한다. 이런 반응은 내향적인 나미 씨를 더욱 힘들게 한다. 말을 잘못하게 되면 꾸중을 들을 지도 모른다는 생각에 긴장하게 되고 더욱 신중하게 생각하느라 말을 쉽게 꺼내지 못한다. 그러면 인내심의 한계에 달한 부장님은 "나미씨, 내 말이 말 같지 않다는 건가요?" 하고 억측을 하며 간신히 나오려던 대답을 가로챈다.

반면 외향적인 사람은 새로운 환경과 사람에 대한 거부감이 없고 오히려 더 즐거운 일이라고 생각하기 때문에 주로 대화를 주도하려고 한다. 새로운 모임에서 내향적인 사람 다수와 외향적인 사람 소수가 있다면 그 소수의 외향적인 사람이 말을 주거니 받거니 해서 분위기가 결정될 것이다. 그렇다고 해서 내향적인 사람들이 말이 없는 사람이란 뜻은 아니다. 친한 사람들끼리 만나면 밤새 수다를 떠는 쪽은 오히려 내향적인 사람이다. 직장생활이나 취미생활에서 만난 사람들을 관심을 가지고 관찰해 보면 상대방의 성격적 특징을 찾을 수 있다. 이러한 기질과 성향은 잘 변하지 않는 것이기 때문에 서로 배려하면서 상대방의 성향에 맞추어서 받아들이고 되돌려주는 말을 하면 무리 없이 대화를 이어나갈 수 있다.

상대방의 말을 최선을 다해 받을 뿐만 아니라, 상대방에게 적절한 말로 되돌려 주어야만, 대화는 생동감 있게 지속되고, 이것을 통하여 서로의 관계도 더 좋아지게 된다. 상대방의 의도를 생각하면서 상대방이 하는 말을 잘 받아들이는 말을 하고, 상대방이 말하기 편하도록 새로운 내용을 담아서 친절하게 돌려주면 대화도 부드럽게 이어지고, 인간관계도 더 좋아지게 되는데, 간단한 대화 규칙들이 지켜지지 않아서 말로 상처를 받기도 하고, 또 상처를 주기도 한다. 오는 말이 고우면 가는 말이 곱다. 오는 말이 잘 다듬어져 있으면 가는 말도 훨씬 부드러워지게 마련이다.

18

말 이어가기 공식

대화를 나누면서 가장 중요한 것은 말하는 사람들 사이에 이루어지는 협동이다. 혼자서 하는 말은 독백일 뿐 대화가 될 수 없고, 한 쪽에서 아무리 대화를 하고 싶어도 상대방이 응하지 않으면 대화가 이루어질 수 없다. 보통 대화에서는 서로 협동을 하면서 한 사람이 질문을 하면 다른 사람은 대답을 하고, 한 사람이 제안을 하면 다른 사람은 수락을 하거나 거절을 하고, 한 사람이 인사를 하면 다른 사람은 인사를 받는 것과 같이 주는 말과 받는 말이 정형화되어 나타난다. '주는 말'에 대해서 '받는 말'이 쌍을 이루고 인접해 있어서 대응쌍adjacency pair이라고 하며, 대화에서 가장 작은 단위가 된다.

선호적인 말과 비선호적인 말

질문하는데 대답도 안 하고, 인사하는데 인사도 안 받는 것은 무언가 관계에 문제가 생겼다는 신호일 것이다. 그렇지만 질문에 대해서 대답을 했다고 해서 다 협동이 되는 것은 아니다. 어떤 것은 듣는 사람이 예상하고 있던 말이나 더 듣기 좋은 선호적인 범주preferred category의 말이 있는가 하면, 그것과는 달리 전혀 예상하지 않던 말이나 듣고 싶지 않은 비선호적인 범주dispreferred category의 말도 있다. 선호적인 범주는 좋아하는 말이니까 편하고 쉽게 '그래', '응', '알았어' 등과 같이 비교적 단순한 구조로 짧게 표현되지만, 비선호적인 범주를 편하고 쉽게 말해서 '아니야', '싫어', '몰라' 와 같이 표현하면 문제가 된다. 그렇기 때문에 비선호적인 범주는 더 복잡한 구조로 표현된다.

물론 사람들은 선호적 범주의 말을 듣고 싶어 한다. 그래서 제안을 하거나 요청을 했을 때 거절하는 것보다는 수락하는 말을 듣고 싶어 하고, 평가에 대해서는 동의해 주는 것을 더 듣고 싶어 한다. 그래서 "내일 저희 집들이하는데 좀 와주세요." 하고 초대를 하면, "아, 물론 가지요. 초대해 주셔서 감사합니다." 와 같이 수용하고 감사하는 것이 거절하는 것보다 선호적인 말이고, "이 책 구성도 탄탄하고, 정말 재미있더라."와 같이 평가를 하면, "그래, 정말 내용이 재미있으면서도 교훈적이지?"와 같이 동의하는 것이 "그게 뭐가 재미있어? 난 지루하기만 하더라." 하는 식으로 반대하는 것보다 선호적인 말이다. 동의하는 것이 반대하는 것보다 더 선호적이라고 해서 상대방이 "아, 난 왜 이렇게 잘 잊어버릴까? 아무래도 좀 모자라나 봐." 와 같이 스스로를 낮추는 말을 했을 때도 동의가 좋은 것은 아니다. 이럴 때 "맞아, 내 생각에도 네가 확실히 좀 모자라는 것 같아." 와 같이 동의를 하는 것은 공격이고, 오히려 "무슨 그런 말을 다 하니? 네가 모자라긴 어디가 모자라? 남아서 걱정이다." 하면서 더 강하게 부정해 주는 것이 선호적인 말이 된다.

질문은 질문을 낳고

"가까운 은행이 어디 있어요?"하고 질문을 했는데, "바쁜데 그런 건 왜 물어요?"라거나 "내가 뭐 은행 직원도 아닌데 그런 걸 어떻게 알겠어요?" 라는 식으로 예상 못한 대답을 하거나 아니면 아예 대답을 안 하는 것을 더 좋아하는 사람은 없을 것이다. 질문에 대해서는 상대가 예상할 수 있는 범위에서 대답을 해주는 것이 선호적인 말이 된다. 그런데 질문을 하면 대답 대신에 다시 질문을 하는 경우들이 있다.

> 민서 : 선배님, 우리 교수님 언제 텔레비전에 나오신 댔죠? *(질문1)*
>
> 서연 : 아, 교육방송? *(질문 2)*

민서 : 네, 본방으로 보고 싶어서요. (대답 2)

서연 : 그럼, 내일 9시에 잊지 말고 봐. (대답 1)

이 대화에서는 (질문 1)과 (대답 1) 사이에 또 다른 질문(질문 2)과 대답(대답 2)이 삽입되어 있다. 이러한 삽입 현상은 대응쌍이 바로 이어지지 않고, '질문하면 대답하기' 공식을 벗어난 것이지만, 대화 가운데 아주 자주 나타난다. 사람들은 일단 주는 말에 대해 언젠가는 받는 말이 나오리라는 것을 기대하기 때문에 그에 맞추어 대화를 진행시켜 나간다.

지호 : 저 사람 누구예요? (질문 1)

하늘 : 왜요? (질문 2)

지호 : 물으면 안 돼요? (질문 3)

하늘 : 누가 물으면 안 된다고 했어요? (질문 4)

지호 : 근데 말이 왜 그래요? (질문 5)

하늘 : 내 말이 어때서요? (질문 6)

아들 : 엄마, 운동화 사야할 거 같아요. (요청)

엄마 : 아니, 산 지 얼마나 됐다고? (질문 1)

아들 : 체육시간에 찢어졌다고 말한 거 기억 못 하세요? (질문 2)

엄마 : 넌 무슨 체육을 그렇게 요란하게 하니? (질문 3)

위의 대화에서 보듯 질문을 했는데, 계속 질문으로 받거나, 요청을 했는데 수락하는 것 대신 질문이 이어지면 결국 그 질문들은 공격처럼 들린다. 그래서 대화를 하다가 질문이 여러 차례 되풀이되어서 나타나면 언쟁이 시작되었다는 증거가 된다. 대화에서 질문이 세 차례 이상 이어지면 일단 대화에 이상이 있다고 판단하고 대화 방법을 바꾸어야 한다. 대화하면서 질문을 하는 것은 내 말에 대해서 대답을 하라는 요구를 포함하고 있다. 다른 사람한테 무언가 요구를 받는다는 것은 기분 좋은 일이 아니고, 그래서 질문은 역시 부담을 주는 대화 유형이다. 주는 말이 질문일 때 받는 말은 거기에 대한 대답이어야 더 선호적인 것이 되고, 질문에 대해 또 질문하는 것은 공격이 될 수 있어서 불편한 상황을 만들 수 있다.

음~ 저~ 대단히 죄송한데요~

선호적인 말만 하면 듣는 사람은 좋아하겠지만, 살면서 선호적인 말만 할 수는 없다. 비선호적인 말을 해야 할 경우는 어떻게 해야 할까? 상대방이 좋게 생각하는 선호적인 말을 할 때는 편하게 나오는 대로 말해도 되지만, 비선호적인 말을 할 때는 훨씬 더 세심한 배려가 필요하다. 예를 들어서 "내일 학부모 모임에 좀 나오실 수 있으세요?" 라고 물었을 때 나갈 수 있으면, "예, 그러죠." 와 같이 짧게 말해도 아무 문제가 없다. 그렇지만 나가지 못할 경우에 "아니요.", "아뇨, 못 가는데요."와 같이 말을 하면 오해가 생길 수 있다. 비선호적 말은 상대방이 가지고 있는 기대와 어긋나는 것이기 때문에 상대방에게 직접적으로 말하는 것은 공격으로 받아들여질 수 있기 때문이다. 비선호적인 받는 말을 직접적이고 즉각적으로 표현하는 것은 매우 당돌한 느낌을 주고, 상대방의 체면을 손상시키는 일이 된다. 따라서 이런 심리적 부담감을 언어적으로 표현해야 할 필요가 있다.

비선호적인 말은 일반적으로 뜸들이기 - 머뭇거리기 - 사과나 감사하기 - 변명하기 - 거절/반대/사양하기의 단계로 되어 있다. **뜸들이기**는 말을 시작하기 전에 시간을 좀 끌면서 뜸을 들이는 단계이다. 이 단계인 **머뭇거리기**는 '글쎄, 어~, 저~'와 같이 머뭇거리는 말을 사용하고, 삼 단계인 **사과나 감사하기**는 "대단히 죄송한데요." "말씀해 주셔서 감사합니다." 와 같이 사과나 감사의 표현을 하는 것이다. 사 단계인 **변명하기**는 "제가 내일 다른 약속이 있어서"와 같이 이유에 관해서 세심하게 변명을 하는 것이고, 오 단계인 **거절하기**는 "못 나가요."가 아니라 "나가기가 좀 어려울 것 같아요."와 같이 부드러운 표현으로 약화시켜서 사절의 뜻을 나타내 주는 것이다. 따라서 다섯 단계를 거치는 말의 길이는 길어질 수밖에 없다.

원래 말의 길이는 공손함과 비례한다. 다음 예를 살펴보자.

빨리 가.

빨리 가요.

빨리 가세요.

빨리 가십시오.

빨리 가시겠습니까?

빨리 좀 가주시겠습니까?

빨리 좀 가주실 수 있으십니까?

죄송하지만 빨리 좀 가주시면 감사하겠습니다.

말의 길이에 따라 공손한 정도가 달라진다는 것이 한 눈에 보일 것이다. 공손한 정도는 상대방의 체면과도 밀접한 관계가 있다. 체면을 사전에서는 남을 대하기에 떳떳한 도리나 얼굴이라고 정의한다. 체면은 공적으로 지켜지는 개인의 자존심을 말하는데, 같은 동양 문화권인 중국의 '미엔쯔面子', 일본의 '멘쯔面子'와 같이 체면과 유사한 어휘가 있고, 상대방의 체면을 지켜주는 것을 중시한다. 상대방이 가지고 있는 힘이나 부담의 크기, 사회적 거리에 따라서 어떤 표현을 선택해서 체면을 세워줄 지가 결정되지만, 표현이 길어질수록 공손한 느낌도 커진다.

길이와 거리감

집에서 가족들에게 물을 달라고 할 때도 "물 줘."에서부터 "물

쥐요.", "물 좀 쥐요.", "물 좀 주세요.", "물 좀 주실래요?", "물 좀 주시면 좋겠어요.", "미안하지만 물 좀 주실 수 있으세요?"에 이르기까지 다양한 표현이 있다. 물을 달라는 요구를 상대방의 체면을 전혀 손상시키지 않고 하려면 겉으로 드러내지 않고 암시적으로 물병을 보고, "어, 물이 없네." 라고 하거나, 아무 말도 하지 않고 물을 찾는 시늉만 하는 것이다.

평소 사용하던 말보다 조금씩만 더 긴 표현으로 바꾸어도 집안 분위기가 많이 달라질 수 있다. 그런데 긴 표현을 사용하면 조금 멀어진 것 같은 느낌이 들 수도 있다. 가까운 사이에서는 쉽고 편하게 말하고 싶기 때문에 이렇게 말하는 것도 어렵고, 듣는 사람도 왜 갑자기 저렇게 말할까 이상하게 생각할 수도 있을 것이다. 그래도 좋은 관계, 가까운 관계를 지속하기 위해서는 서로에 대한 체면을 지켜주는 예절이 꼭 필요하다. 서로 상처를 받았다고 말하는 걸 들어 보면 아주 사소한 말인데도 자기를 무시했다고 받아들이고 서운해 하는 경우가 얼마나 많은가? 상대방이 속이 좁다거나, 그렇게 받아들이리라고는 생각도 못했다거나 하는 말을 하면서 상대방의 잘못인 것처럼 말하지만, 사실은 가깝다는 생각에 예의를 지키지 못한 나의 잘못이 더 큰 것이라는 점에서 조금 멀리 느껴지더라도 가까울수록 예절을 지키는 것이 절실하다.

나 결혼식 못 가는데…

일본 사람들은 서설을 잘 못한다고 알려져 있다. 상대방의 입장에서 생각해서 그 기분에 맞춰서 배려思いやり하는 것을 최고의 미덕으로 삼기 때문에 어떤 말에 대해서 'NO'라고 대답하는 것은 예의에 어긋난다고 여긴다. 가장 대표적인 표현법은 말끝을 흐리는 것이다.

정말 미안한데…

미안해. 다음번에는 꼭…

그러나 이런 말들만 가지고는 정확한 의사가 전달되지 않아서 오해가 생길 수도 있다. 거절하는 것은 요청이나 초대의 상황에 자신을 맞추지 못하는 것일 뿐이고 상대방을 거부하는 것이 아니기 때문에 지나치게 부담을 가질 필요는 없다. 때로는 알랭드 보통Alain De Botton, 1969의 말처럼 확실한 거절이 상대를 위한 진정한 배려가 되기도 하기 때문이다.

자, 그럼 회사 동료의 결혼식 초대장을 받았지만 참석하지 못하는 경우라면 어떻게 말하는 것이 좋을까? 상대방의 기분이 상하지 않게 배려하면서도 나의 의사를 확실히 전달하기 위해서 비선호적인 대화를 하는 공식인 뜸들이기 - 머뭇거리기 - 사과나 감사하기 - 변명하기- 거절/반대/사양하기의 단계에 맞추어 보자.

저기, 가비 씨, (잠시 침묵)(뜸들이기)

음, (머뭇거리기)

정말 미안해서 어떡하죠? (사과하기)

작은 결혼식이라 절친만 모이는 자리에 불러주셔서 정말 감사했는데 (감사하기)

하필이면 날짜가 저희 시댁 어른 생신이랑 겹쳐서 (변명하기)

참석하기가 좀 어려울 것 같아요. (거절하기)

변명을 할 때는 주어를 일인칭인 '나/저'로 표현하고, "당신이 좀 일찍 알려주었으면 조절해 볼 수도 있었을 텐데, 이젠 어쩔 수 없네요."와 같이 상대를 주어로 해서 책임을 상대에게 떠넘기는 것은 피해야 한다.

상대방이 어떤 말을 하면 동의하고 맞장구치는 것이 더 선호적이겠지만, 동의하지 않을 때는 이렇게 말하는 것이 좋을까? 이럴 때는 "그 생각도 일리가 있는데…"와 같이 형식적인 동의 표시를 말머리에 두고, "내 생각에는 이렇고 저런 것 같아요" 하는 식으로 대립되는 의견을 제시하는 것이 동의하지 않는다는 것을 직접적으로 표현하는 것보다 훨씬 더 좋은 표현이 된다. 이와 함께 '잘은 모르겠지만', '꼭 그런 건 아니지만' 등과 같이 자기주장을 좀 약화시키는 표현을 하는 것도 좋은 방법이다. 상대방과 대립하겠다는 생각을 가진 경우가 아니라면 직접적으로 단호하게 반대되는 견해를 나타낼 필요가 없다. 예를 들어 봄을 맞이해서 함께 등

산가자는 친구가 "나미야, 지금 벚꽃이 한창인데, 산으로 꽃구경 가자." 라고 제안했을 때, "등산은 너무 힘들어서 싫어. 그냥 공원에 가자."라고 말하는 섯보다는 "그래, 등산도 참 좋을 거 같은데, 요즘 일이 많아서 좀 피곤하거든. 난 꽃이 피어있는 공원을 산책하는 게 더 좋을 것 같아." 와 같이 말하면 훨씬 더 수준 있는 대화가 된다.

주는 말에 대해서는 가능하면 선호적인 받는 말을 선택하는 것이 좋다. 그리고 비선호적 말을 할 때 직접적이고 즉각적으로 표현하는 것은 매우 당돌한 느낌을 주고 상대방의 체면을 손상시키는 일이 된다는 것 기억해야 한다. "싫어요.", "못 해요.", "그게 아니라고요." 하는 말들은 그 자체가 비선호적인 말이다. 이런 말을 주저하거나 간접화하지 않고 직접적으로 표현하는 것은 솔직하고 꾸밈없는 것이라고 자신을 수식할 일이 아니다. 간단하게 거절할 말도 되도록이면 장황하게 말하고, 똑 떨어지는 말도 어눌하게 돌려서 말할 수 있는 것이 대화에 있어서 상대방에 대한 배려인 것이다.

내가 이웃에게 말을 할 때에는
하찮은 농담이라도 함부로 지껄이지 않게 도와주시어
좀 더 겸허하고 좀 더 인내롭고 좀 더 분별 있는 사랑의 말을
하게 하소서
- 이해인 〈말을 위한 기도〉 중 -

한국어는 언어 자체로 표현하는 것보다 그 뒤에 숨겨져 있는 맥락을 이해하는 것이 더 중요한 고맥락 문화의 언어이다. 따라서 맥락에 따라 대화를 하는 공식이 달라질 수밖에 없다. 그러기에 맥락에 민감성을 가지고, 때에 맞는 적절한 말 한마디로 다른 사람의 마음을 시원하게 해줄 수 있는 지혜를 갖고 있다면 대화력의 달인이라고 할 수 있다.

이 장에서는 맥락에 따라 대화의 공식이 어떻게 달라지는지를 살펴본다. 먼저 맥락을 감지할 수 있는 감각, 맥락을 풍성하게 하는 오감대화에 대해 생각해 본다. 또한 식사할 때 식불언과 밥상머리 교육 가운데 어떤 쪽이 더 맞는 공식이 되는지 생각해 보고, 이른바 회식 문화라고 불리는 술자리 대화에서는 어떻게 말해야 할지를 생각해 본다. 또한 현재 가장 활발한 대화의 공간이 되고 있는 누리소통망에서 적절한 대화의 주제와 방법에 대해 생각해 보고, 다양한 맥락 가운데 가장 높은 자존감과 상대에 대한 진실성을 필요로 하는 사과하는 대화에서 필요한 공식을 점검해 본다.

V. 맥락이 다르면 다른 공식

19

고맥락과 감각 공유

누구나 말을 잘 하고 싶어 하고, 말이 통하는 사람과 함께 살고 싶어 한다. 이런 갈망이 있다는 말은 말을 잘 하는 사람도 드물고, 말이 통하는 사람도 드물다는 말일 것이다. 현대 문명의 발달로 삶의 질이 크게 높아졌다고 하지만, 정작 인간 소외의 문제는 더 심각해지고 있고, 극단적으로는 스스로 세상과의 단절을 시도하는 사람들도 매년 늘어나고 있다.

인공지능과 대화의 위기

말이 통한다는 것은 같은 언어를 사용한다는 깃 이상이다. 누구나 자신의 생각 속에는 있지만, 정확한 언어로 표현하지 못하는 것까지도 함께 느끼고 이해해 주는 사람, 한 단어만 말해도 그 느낌까지 공유할 수 있는 사람과의 대화를 꿈꾼다. 그러나 정작 일상적으로 오가는 대화는 같은 말을 하지만 서로 다른 것을 떠올리고, 내가 아무리 잘 설명한다고 해도 상대방은 다른 생각을 하고 있을 뿐이다.

인공지능을 연구하며 사람과 소통하는 로봇을 개발하는 연구자들은 현재 기술적으로는 사람과 대화를 하면서 필요한 정보들을 모두 제공해 줄 수 있는 〈내 친구 로봇〉을 만드는 것은 어렵지 않다고 말한다. 내가 원하는 모습의 아바타를 선택해서, 내가 원하는 옷을 입히고, 내가 원할 때 스위치만 올리면 나타나서 내가 필요로 하는 정보를 검색해 알려주고, 내가 원하지 않을 때는 언제나 침묵하고, 나를 칭찬하고, 나에게 감사하는 내 친구 로봇과의 관계는 실제로 부대끼는 내 친구보다 훨씬 더 편하고, 친절하고, '스마트'하다.

그러다 보니 밖으로 나가서 친구를 만나기보다는 내 세계 속에서 로봇 친구와의 사귐을 더 선호하게 될 수 있을 것이다. 실제로 2016년 프랑스 여성 릴리Lilly는 자기가 3D 프린터로 만든 로봇 인무바타InMoovator와 약혼을 했고, 2018년 4월에 중국의 인공지

능 전문가 정자자郑佳佳(31) 씨가 자기가 만든 로봇 잉잉璺璺과 결혼식을 했고, 같은 해 11월에는 일본인 콘도 아키히코近藤顕彦(35) 씨도 인공지능 홀로그램 '하츠네 미쿠初音ミク'와 결혼식을 올렸다. 이런 추세는 거스를 수 없는 대세이고, 인공지능 전문가의 말을 빌려 2050년에는 로봇과의 결혼이 합법화될 것이라는 기사도 실렸다.

나는 있는 그대로의 그(인무바타)를 사랑한다. 그는 알코올 중독이나 데이트 폭력을 행사하지도 않고 거짓말을 하지도 않는다. 그것은 모두 인간의 영역이다. 나는 인간적인 결함보다는 기계적인 결함을 더욱 사랑한다. -릴리-

미래학자들은 2045년이 되면 집집마다 가사로봇household robot이 보급되어 설거지나 집안 청소를 비롯한 가사를 도울 뿐만 아니라, 외국 영화나 외국인 전화를 동시통역해 주고, 집안의 일정, 세금, 이메일 등을 관리해주는 집사 겸 개인비서의 역할을 수행하면서 사람과 대화하고 교감할 것이라고 예측한다.

대화형 메신저 챗봇CHATBOT과는 몇 마디 이야기를 나누고 나면 더 이상 할 말이 없지만, 사람들은 끝없이 대화를 이어나가는 것은 무엇 때문일까? 비록 인간의 감각을 이해하기 위한 생체 인식이 일부 가능하다 하더라도, 챗봇이 그것을 바탕으로 반응하며 완전한 대화를 할 수 있는 시기는 아직 예측하기 어렵다. 단순한 요구나 지시에 대한 반응 형태의 상호작용에서 벗어나서 언어적 의미를 넘어서 문화적 배경을 전제로 현재의 맥락이 요구하는 사용자의 의도를 파악하려면, 인공지능이 가진 정보의 차원을 뛰어넘어서 의식consciousness의 차원에 도달하여야 하기 때문이다.

어떤 맥락인지 알아야

의사소통을 하면서 맥락에 의존하는 정도는 문화마다 다르다. 미국의 문화인류학자 홀Hall, 1976은 이것을 고맥락 문화와 저맥락 문화로 구분하였다. 고맥락 의사소통에서는 대부분의 소통되는 정보는 말이 아니라 물리적인 맥락이나 말하는 사람 속에 있는 심리적 맥락에 내면화되어 있어서 말로 표현되는 정보의 양은 매우 적다. 반면 저맥락 의사소통에서는 대부분의 정보가 명시적인 언어로 전달되고, 규칙이나 외적인 질서에 의존하기 때문에 표현된 대로 해석하면 된다. 쉽게 말하자면 저맥락 문화에서는 생각을 그대로 말로 표현하기 때문에 맥락이 별로 중요하지 않지만, 고맥락 문화에서는 말보다는 맥락이 더 중요하기 때문에 상대방의 뜻을 미루어 짐작해야 할 필요성이 더 크다.

같은 고맥락 문화나 저맥락 문화라 할지라도 맥락에 의존하는 정도는 누구와 어디서 말하느냐에 따라 달라진다. 가정에서 가까운 사람끼리 소통할 때는 단어나 문장이 제대로 사용되지 않고 심지어는 소리의 특성마저 불분명해지는 콧소리만 가지고도 소통하는 제한적 소통 방식을 사용하지만, 교실이나 법정, 외교 장면에서는 명확하고 구체적이고 정교한 소통 방식을 사용한다. 가족처럼 오랫동안 알고 지낸 사람들 사이에서는 고맥락의 제한적 소통이 이루어진다면, 대인관계의 연륜이 길지 않은 사람들 사이에서는 저맥락의 정교한 소통이 이루어지는 특성도 있다. 이런 관점에서 챗봇과의 대화는 저맥락의 정교한 소통, 다시 말해서 별로 친하지 않은 사람과 공식적으로 이루어지는 맥락의 대화를 나누게 될 것이다. 그러니 몇 마디만 말을 하고 나면 이어서 할 말을 생각하기 어렵고 곧 서먹한 관계가 되는 것이다. 가족이나 가까운 사람들이 사용하는 방식은 고맥락의 제한적 소통 방식이기 때문에 일반적으로 말이 짧고, 빠르다. 오래 산 부부는 "거시기 좀 줘."라고 해도 원하는 물건이 오고갈 만큼 효율적으로 전달되지만, 같이 지낸 연륜이 짧은 경우 이 말을 해독하는 데는 어려움이 따를 수밖에 없고, 해독이 제대로 되지 않으면 의사소통은 불완전해지게 된다.

한국어는 대표적인 고맥락 언어이다. 그래서 맥락만 전제가 된다면 알만한 격표지나 문장성분들은 다 생략해도 된다. 영어로는 "Did you finish the work?"과 같이 성분이 갖추어져야 하는 말도 "다 했어?" 정도면 충분하다. 명절을 앞두고 시댁에 전화했을 때 시어머니가 "설이라 길도 복잡한데 뭘 오니?"라고 하실 때 "아, 그럼 안 갈게요."라고 대답하는 것은 맥락을 읽지 못하는 것이다.

상대방이 전제한 맥락을 해독해 내는 일은 누구에게나 어렵고 번거로운 일이다.

이런 사람이 좋다

나우웬Nouwen이라는 사제가 쓴 '이런 사람이 좋다'는 글이 있다. 이 글에서는 '때에 맞는 적절한 말 한마디로 마음을 녹일 줄 아는 사람, 그리우면 그립다고 말할 줄 아는 사람, 추우면 춥다고 솔직하게 말할 줄 아는 사람, 자기의 잘못을 시인할 줄 아는 사람, 남을 칭찬하는 데 인색하지 않은 사람'이 좋은 사람이라고 말한다. 그러나 고맥락 문화에서는 이렇게 자신을 직접적으로 드러내는 말은 잘 사용하지 않는다. 추워도 상대방이 눈치로 알아서 어떤 행동을 해주어야지, 춥다고 직접 말하는 것은 예의가 아니고, 그리움같이 속에 들어 있는 것을 겉으로 드러내서 말로 표현하는 사람은 가볍게 보인다. '실례했습니다, 죄송하지만…' 같은 말은 가까운 가족이나 친구 사이에서는 더더욱 사용하기 어렵다.

누구에게나 두루 부담 없이 다가오는 '좋은 사람', 함께 이야기하는 것이 즐겁고 편안한 사람이 되려면 기본적으로는 자신이 몸과 마음으로 느끼는 것, 자신의 감각으로 인지한 것들이 무엇인지를 맥락 속에 묻어두지 않고, 말로 표현하는 것이 필요하다. 이것이 상대방이 맥락을 해독하기 위해 마음을 쓰는 어려움과 번거로움을 배려해 주는 방법인 동시에 상대방에게 나에 관해 이야기해서 상대방에게 나를 이해시키는 방법이다. 소설이 무엇이냐고 묻는 질문에 대해 한 유명 소설가는 소설이란 한마디로 무엇을 보고, 듣고, 맛보고, 느꼈는지에 대해 쓰는 것이라고 하였다. 좋은 대화를 만들어 가기 위해서도 입으로만 말을 하고 귀로만 듣는 것이 아니라 모든 감각을 동원해서 보고, 듣고, 맛보고, 느낀 것을 말하고 듣는 일이 매우 중요하다.

감각을 모두 깨워.

사람은 기본적으로 다섯 가지 감각(오감)을 통해 세계를 인식한다. 생존의 과정에서 시각을 통해 다양한 색을 구별하는 것은 과일과 채소를 구하는데 도움이 되었고, 청각을 통해 풀숲에서 무엇이 움직이는 소리를 들으며 눈으로는 보이지 않는 위험요소에 관한 정보를 얻을 수 있었다. 또한 미각과 후각을 통해 생존에 필수적인 먹이를 구별하여 독성을 피할 수 있었던 것처럼 감각은 생존을 위해 필요한 요소들이었다. 그리고 이러한 신체적인 경험은 우리의 정신 상태에 깊은 영향을 주었다. 〈마음 속의 몸〉의 저자 존슨Johnson, 1987은 책의 제목을 순서를 바꾸어서 '몸 속의 마음'이라고 해도 무관할 정도로 몸과 마음은 연결되어 있다고 말한다. 몸으로 느끼는 것이 우리의 마음이고, 마음으로 생각하는 것이 몸으로 드러난다는 것이다.

감각의 효용은 생존에서 그치는 것이 아니다. 우리는 좋아하는 사람이 생기면 그 사람이 좋아하는 취향에 맞춰 옷을 골라 입고(시각), 난생 처음 향수를 뿌려보기도 하고(후각), 지루하기만 했던 클래식 음악을 찾아 듣기도 한다(청각). 방송에서 소개된 맛집을 검색하여 데이트 장소를 정하고(미각), 손을 잡는 것과 같은 신체적 접촉에 가슴 설레곤 한다(촉각).

감각 가운데 시각이나 청각, 촉각이 미각이나 후각보다는 상대적으로 의사소통과 더 직접적으로 연결된다. 그러나 더 예민한 감각은 사람마다 차이가 있어서 같은 영화를 보면서도 어떤 사람은 시각적인 장면에 감동을 받지만, 어떤 사람은 청각적인 배경음악이나 주제가에 더 감동을 받고, 또 어떤 사람들은 배우의 동작이나 태도 등에 강렬한 감동을 받는다.

감명 받은 정도의 표현을 쓸 때도 시각 선호형은 '또렷하고 분명하다', '명확해진다'라고 하고, 청각 선호형은 '마음을 울린다', '귀에 쏙쏙 들어온다', 촉각 선호형은 '가슴에 확 와 닿는다'고 한다면 미각 선호형은 '씁쓸하지만 담백하다.' 후각 선호형은 '구수하고 향기롭다' 등과 같이 각기 선호 감각을 살려서 표현할 것이다. 사람마다 선호하는 감각이 다르기 때문에 표현하는 사람이 좋아하는 감각과 받아들이는 사람이 좋아하는 감각이 조화를 이룰 때 화학작용chemistry:사람들 사이의 친화 작용이 일어나는 것이다.

시각

감각 가운데 가장 많은 정보를 제공하는 것은 시각이다. 사람의 판단은 80%이상이 시각 정보에 의한 것이다. 사람들은 대화를 시작하기 전에 그 사람을 쳐다본다. 눈은 다른 사람을 평가하는 데 있어서 중요하고, 눈의 접촉은 친밀하게 지내자는 요청이거나 친밀하다는 표시이다. 그러나 뚫어지게 바라보는 응시는 다른 사람을 불편하게 하는 혐오스러운 자극이다. 서양 사람들은 눈빛의 교환이 진정한 소통의 시작이라고 보지만, 동양 문화에서는 어른과 눈을 맞추는 것은 예의에 어긋난 행동으로 인식되었다. 보통 친한 사람들끼리는 말할 때보다 들을 때 더 상대방을 많이 바라본다. 그러나 힘을 과시하는 사람들은 상대방이 말할 때 상대방에게 눈길을 주지 않는다. 반대로 자신감이 없는 사람도 상대방과 눈을 맞추지 못한다. 상대방의 나이, 성별, 지위 등에 따라 시선의 방향, 빈도, 눈맞춤의 시간과 같은 감각 요소들은 모두 대화의 맥락을 만드는 요소가 된다.

청각

청각은 음파를 자극으로 감지해내는 기계적 감각이다. 사람이 들을 수 있는 가청주파수는 20-20000Hz인데 말소리에서는 보통 100-400Hz 정도를 사용한다. 성우들을 대상으로 조사해 보니, 남성은 보통 110-135Hz, 여성은 220-235Hz로 나타났는데, 재미있는 것은 남성스러움을 강조할 때는 더 낮은 주파수의 소리를 내고, 여성스러움을 드러낼 때는 더 높은 주파수의 소리를 낸다는 것이다. 인공지능 비서를 개발하기 위한 연구에서 남성은 거의 다 여성 목소리를 선호하고, 여성은 50% : 50%로 나타나서, 대부분 기계 음성에서는 이용자의 75%가 선호하는 여성의 발랄하고 상냥한 목소리를 사용하고 있다. 사람의 모습이 다 다른 것처럼 목소리도 사람마다 다 달라서 성문voice print을 가지고 범인을 식별할 수도 있다.

목소리는 감정의 반사체 역할을 한다. 평소보다 큰 목소리는 화가 났음을 알리는 신호이고, 평소보다 작은 목소리는 아프거나 의욕이 없음을 나타낸다. 평소보다 높은 목소리는 감정의 흥분 상태를 나타내고, 낮은 목소리는 우울함을 나타낸다. 목소리는 온도를 가지고 있다. 차가운 목소리는 냉담함과 무관심을 나타내고, 따스한 목소리는 관심과 애정을 나타낸다. 그런데 대화를 할 때 청각은 귀로 들리는 복합파를 듣는 것이 아니라 관심을 가지고 듣고 싶은 소리에 집중해서 그 소리를 인식할 수 있다. 이것을 칵테일 파티 효과라고 하는데, 좁은 공간에 많은 사람이 모여서 칵테일 파티를 할 때 물리적으로 멀리 떨어져 있는 사람들도 서로 보며 이야기를 하는 것이 가능하다는 것이다. 이러한 현상은 물리적으로는 설명되지 않는다. 상대방의 나이, 성별, 지위 등에 따라 소리의 높이, 크기, 온도뿐 아니라 관심도와 같은 감각 요소들은 모두 대화의 맥락을 만드는 요소가 된다.

촉각

촉각은 외부의 접촉 자극에 반응하여 적절하게 대처할 수 있도록 하는 감각이다. 촉각은 감각신경 끝부분에서 느끼게 되는데, 털이 나지 않은 손바닥 같은 피부에 많이 있다. 거칠고, 부드럽고, 딱딱하다 등과 같은 압력감과 함께 따스함과 차가움 같은 온도감을 느끼는 기능을 한다. 악수와 같은 인사나 신체 접촉을 통해 촉각을 통한 소통을 하게 된다. 상대방과의 친소관계, 나이, 성별, 지위 등에 따라 접촉의 부위, 빈도, 세기와 같은 감각 요소들은 모두 대화의 맥락을 만드는 요소가 된다.

후각

범언어적으로 후각을 표현하는 어휘는 상당히 제한적인데, 이런 현상을 시각이 사람의 주된 감각으로 자리 잡으면서 후각이 보조적인 감각으로 밀려난 증거라고 보기도 한다. 그러나 냄새는 행동과 기분으로 바로 연결되고 전체적인 기억에 영향을 준다. 후각은 의식적으로나 무의식적으로 작동하는데, 잠자는 중에도 지속적으로 작동한다. 사람마다 독특한 냄새를 갖고 있고, 자신의 냄새는 지각하지 못해도 다른 사람의 냄새는 쉽게 지각한다. 영화 〈기생충〉에서 '냄새'가 계층을 구분하는 중요한 기호로 사용된 것도 이러한 후각의 특성이 반영된 것이다

냄새는 기억을 떠올리게 하고, 그 기억과 관련된 기분과 감정도 떠올리게 한다. 뇌에서 냄새를 담당하는 영역조롱박피질, piriform cortex과 기억을 담당하는 영역해마, hippocampus은 인접해 있고 연결되어 있기 때문이다. 갑자기 냄새를 잘 맡지 못하면 치매를 의심하라는 말이 있는 것도 이 때문이다. 후각은 기분을 전환하고 기억을 떠오르게 할 뿐 아니라 기억으로 저장되고, 위험에 대해 경고하고, 식욕을 증진시키며, 친구나 배우자를 선택하는 일에 영향을 미치는 요소이다. 후각은 기분과 관련되어 있기 때문에 후각을 활용하여 기분을 바꿀 수 있다. 상대의 성별과 연령, 대화의 장소, 상대방의 청결도와 의상, 건강상태 등에 따라 달라지는 후각 요소들은 모두 대화의 맥락을 만드는 요소가 된다.

미각

미각은 혀의 미뢰 안에 있는 미세포를 통해 자극을 인지하는 화학적 감각이다. 단맛, 신맛, 쓴맛, 짠맛의 네 가지로 나누는데,

한국에서는 매운맛까지 기본맛에 포함시키고 있다. 맛의 일부는 감각적이지만 일부는 주관적이어서 미각에 대한 감수성은 서로 다르다. 로마의 귀족들이 미각을 즐기기 위해 배가 부르면 먹은 음식을 토해내고 새로운 음식을 맛보는 즐거움을 누렸다는 기록을 보더라도 오감 가운데 가장 삶을 즐겁게 느끼게 하는 것은 미각일 것이다.

상대방의 식습관, 풍습, 편견, 정서, 생리적 상태에 따라 맛에 대한 생각이 달라진다. 그렇기 때문에 같은 음식도 누구와 먹느냐, 어디에서 먹느냐, 어떤 분위기에서 먹느냐에 따라 다르게 느껴지는 미각 요소들은 모두 대화의 맥락을 만드는 요소가 된다.

오감 대화

상대방이 선호하는 감각을 발견하고, 상대방이 선호하는 감각을 존중해서 그것을 바탕으로 대화를 하면 대화 분위기가 훨씬 더 활발하고 편안해진다. 이와 함께 오감 대화를 더욱 편안하게 해주는 요소는 듣는 태도와 환경, 분위기 등이다.

듣는 태도는 일차적으로 상대방의 자신의 청각과 상대방의 시각에 영향을 주지만, 경청하는 태도를 통해 신뢰감을 주면 말하는 사람이 마음 놓고 자신의 감각을 드러내게 되고, 자신의 감각을 수용해 주는 상대방의 태도를 통해 더욱 마음을 열고 대화하게 된다.

좋은 환경이란, 상황에 적절하고 물리적으로도 부담을 주지 않아서 몸도 마음도 무방비 상태가 되어서 감각을 편안하게 드러낼 수 있는 환경이다. 예를 들어 비밀스러운 이야기를 해야 하는데 사람이 많은 카페나 사무실과 같이 열린 공간을 선택하면 이야기가 새어나갈까 신경 쓰여서 안심하고 대화할 수가 없다.

분위기도 오감대화의 중요한 요소이다. 일반적으로 소개팅이나 상견례와 같이 중요한 약속을 할 때는 음식의 모양과 색, 향기, 씹는 감촉, 소리까지 즐길 수 있도록 음식과 어울리는 그릇, 편안한 색감의 식탁 장식, 은은한 조명에 취향에 맞는 음악까지 고려해서 장소를 선택한다. 이런 분위기가 몸과 마음을 편안하게 해주어서 서로 마음을 터놓고 대화하기에 좋은 분위기라고 생각하기 때문이다. 사람의 마음을 움직이는 것은 논리가 아니라 감정이다. 오감 대화는 논리로 설득하는 것이 아니라 감성으로 감동을 주는 것이다. 효과적인 대화를 위해서도 논리나 이성보다 감성을 움직이는 것이 더욱 중요하다.

오감을 직접 활용하여 대화를 이끄는 방법은 생각보다 간단하다. "날씨가 무척 추워요."하는 말보다 "하얀 입김 좀 보세요."라든가 "바람 때문에 귀가 아플 정도예요.", "걸을 때마다 몸이 덜덜 떨리네요."라고 표현하면 시각, 촉각, 청각을 자극할 수 있을 것이다. "오늘 날씨가 참 좋네요."라고 인사를 하면 그다지 인상에 남지 않는 것을 "날이 좋으니까 하늘이 더 파랗게 보이네요.", "꽃잎이 벌어지는 소리가 들릴 것 같은 날이네요.", "구름이 어릴 적 먹던 솜사탕 같아요."라고 하면 시각과 청각, 미각, 후각을 자극할수 있을 것이다. 대체로 자신의 감각을 이용한 표현들은 상대방에게 새로운 느낌과 신선한 인상을 주게 된다.

오감 대화는 나와 같은 감각기관을 가진 대상, 다시 말해 사람과 사람 사이의 공감을 바탕으로 나누는 대화이다. 어려운 계산도 척척, 굳은 집안일도 손쉽게, 인간과 바둑을 두어서 이기는 인공지능 로봇이 아무리 빅데이터Big Data를 딥러닝Deep Learning해서 대응한다고 하더라도 의식의 차원으로 들어가지 못하면 그것은 감각의 흉내에 불과할 뿐 공감이 아니다. 의도적으로 오감을 활용한 대화를 하려고 노력하다 보면 그동안 무심코 보았던 일상의 작은 것들을 더 선명하게 감지하고 함께 나눌 수 있게 될 것이다.

"저 사람 참 센스 있어."하는 말은 칭찬이다. 오감 대화를 성공적으로 이끌어 가는 사람이 자주 듣는 말일 것이다. 감각이 뛰어나다고 평가를 받는 사람은 자신과 상대를 모두 충족시킬 줄 아는 사람, 상호주관화inter-subjectification를 아는 사람이다. 따라서 감각을 활용하는 것은 나의 정체성을 인식하면서 상대방과의 만남을 풍요롭게 하는 것이다. 감각을 표현하는 것이 멋진 소설을 구성하는 것처럼, 대화에서도 나의 감각을 전달하고, 상대방의 감각과 감수성에 맞추어 가는 것이 인간적인 소통의 본질이 된다. 이것은 인공지능이 따라올 수 없는 영역이며, 기계적인 소통을 넘어서 마음과 마음을 이어주는 대화를 가능하게 하는 것이다. 진정 온기를 느끼며 공감하고 깨달음을 얻는 능력은 인간이 가지는 고유의 능력이다. 내화의 깊이는 자신의 생각이나 의견뿐만 아니라 감정과 느낌을 상대방의 감각으로 전달하는 데 있다. 이러한 대화를 연습하는 것이 내 진정한 친구를 챗봇에게 빼앗기지 않는 방법이고, 말이 통하는 사람이 많아져서 말이 통하는 사람들과 함께 살아가는 세상을 만드는 길이다.

이런 사람이 좋다

-헨리 나우웬-

그리우면 그립다고 말 할 줄 아는 사람이 좋고
불가능 속에서도
한줄기 빛을 보기 위해 애쓰는 사람이 좋고
다른 사람을 위해 호탕하게
웃어 줄 수 있는 사람이 좋다

세련된 옷차림이 아니더라도
편안함을 줄 수 있는 사람이 좋고
자기 부모 형제를
끔찍이 사랑할 줄 아는 사람이 좋고
바쁜 가운데에서도

여유를 누릴 줄 아는 사람이 좋다

어떠한 형편에서든

자기 자신을 지킬 줄 아는 사람이 좋고

노래를 썩 잘 하지 못해도

즐겁게 부를 줄 아는 사람이 좋고

어린 아이와 노인들에게

좋은 말벗이 될 수 있는 사람이 좋다

책을 가까이 하여

이해의 폭이 넓은 사람이 좋고

음식을 먹음직스럽게 잘 먹는 사람이 좋고

철따라 자연을 벗 삼아 여행할 줄 아는 사람이 좋고

손수 따뜻한 차 한 잔을 탈 줄 아는 사람이 좋다

하루 일을 시작하기 앞서

기도할 줄 아는 사람이 좋고

다른 사람의 자존심을 지켜 줄 줄 아는 사람이 좋고

때에 맞는 적절한 말 한마디로

마음을 녹일 줄 아는 사람이 좋다

외모보다는 마음을 읽을 줄 아는 사람이 좋고

적극적인 삶을 살아갈 줄 아는 사람이 좋고

자신의 잘못을 시인할 줄 아는 사람이 좋고
용서를 구하고 용서할 줄 아는
넓은 마음을 가진 사람이 좋나

새벽 공기를 좋아해
일찍 눈을 뜨는 사람이 좋고
남을 칭찬하는 데 인색하지 않은 사람이 좋고
더울 땐 덥다고 추울 땐 춥다고
솔직하게 말할 줄 아는 사람이 좋고
어떠한 형편에서든지
자족하는 마음을 가진 사람이 좋다

20

식불언과 밥상머리 교육

가까운 사람들끼리, 또는 조금 더 가까워지고 싶은 사람에게 흔히들 "함께 식사나 하면서 얘기 나누시죠." 라든지 "차나 한잔해요."라는 말을 한다. 음식점이나 카페에 앉아 주위를 둘러보면 차나 음식을 앞에 두고 대화를 즐기는 광경을 쉽게 볼 수 있다. 그러나 우리는 어렸을 때부터 식사할 때에는 되도록 말을 하지 않아야 한다는 가르침을 받아왔다. 그러다 보니 표준국어대사전에도 식불언(食不言)이 표제항으로 실려 있고, '음식을 먹을 때는 쓸데없는 말을 아니 함.'이라고 풀이하고 있다. 나라마다 식사예절이 다르지만, 속담을 통해 보면 '먹어서 싫다는 놈 없다', '먹고 죽은 귀신이 때깔도 좋다'와 같이 먹는 일 자체에 큰 의미를 두었고, 맛이 아주 좋을 때는 '둘이 먹다 하나 죽어도 모른다'고 하여 먹는 행위 자체에 초집중해서 함께 먹는 다른 사람에 대한 생각은 아예 관심 밖의 일로 생각했음을 알 수 있다.

또한 '먹을 때 말을 많이 하면 복이 나간다.'는 말이 있을 만큼 식사 시간에 말 하는 것을 허용하지 않았다. 물론 음식물이 입에 있는데 말을 하게 되면 침이나 음식물이 튀거나 해서 비위생적이고, 밥과 국이 모두 뜨겁기 때문에 말과 동반되는 손짓과 같은 번잡한 행동은 같이 식사를 하는 사람들에게 불편을 끼칠 수 있을 것이다. 게다가 할아버지부터 손자까지 다양한 계층의 대가족에 성별의 차이까지 고려하자면 인원수에 비해 식기와 밥상이 모자랐을 것이고, 서로 효율적으로 돌려먹으려면 식불언이 하나의 방편이었을 지도 모른다.

그러나 그런 속담들이 통용되던 때로부터 많은 시간이 지나고, 삶의 수준도 달라졌다. 이제는 살기 위해서 먹기보다는 서로 나누고 즐기기 위해서 먹는 기회가 더 많아지고 있다. 물질적 풍요와 함께 사람들의 관심이 이동하는 것은 의식주의 순서라는 말이 있다. 한때는 사람들의 관심이 명품이라는 이름의 사치품으로 외모를 꾸미는 일에 집중된 듯하더니, 요즘은 방송만 틀면 이른바 '먹방'에 요리사나 주방장은 '쉐프'로 명칭이 바뀌었고, 누리소통망에는 미슐랭 스타 등급을 따지며 식당을 골라가는 사람들의 후기도 쉽게 만나게 된다. 가족끼리 먹는 식사보다 다른 사람들과 함께 먹는 기회도 많아지고 있고, 음식의 종류도 다양해지고, 식사를 하는 장소도 달라졌다. 무엇보다 이제는 식기가 부족하거나 다음 사람을 위해 자리를 빨리 비워주기 위해 식사를 서두르는 것은 대기표를 받고 줄서서 순서를 기다리는 맛집을 위해서나 필요한 예절이 되었을 뿐이다.

식불언 문화

'식불언' 세대는 식당에서 외투조차 벗지 않고 먹는 게 흔한 일이었다. 지금도 점심시간에는 음식을 주문하면서 "빨리 주세요."를 붙이고, '후다닥' 먹고 일어나는 것이 시간을 효율적으로 활용하는 방법이라고 생각하기도 한다. 이런 행동들이 습관이 되어서 정작 여유 있게 식사를 할 수 있는 곳에서도 머리를 숙이고 음식을 먹기에 급급할 뿐 편안한 대화를 나누는 것은 어색하기만 하다. 대화를 할 일이 있더라도 식사 중에는 먹는 일에만 집중하고, 얼른 식사를 마친 후 자리를 옮겨서 진지한 대화를 해야 한다고 생각한다. 식사와 대화를 별개로 생각하기 때문에 식당과 카페, 술집이 따로따로 있다.

말을 삼가고 묵묵히 먹는 과거의 식불언이 이제는 함께 식사를 하는 사람에게 기분이 언짢거나, 더불어 말을 섞고 싶지 않다는 것을 나타내는 표현으로 생각될 수 있다. 서구에서 유학한 사람들은 현지인들의 식사에 초대를 받아서, 순서대로 나오는 음식들을 예의상 깨끗이 먹고 식사를 마쳤는데, 집에 올 때 음식을 싸주어서 당황했다는 이야기를 종종 듣게 된다. 현지인들의 시각으로 보면 서로 친교를 위해 초대했는데, 초대한 사신들과 얼굴 보며 대화도 나누지도 않고, 열심히 음식에만 눈을 맞추고 먹는 사람은 그동안 제대로 먹지 못해서 허기진 사람으로 보였을 수도 있다. 식불언이 습관화된 사람이 몇 시간 동안 대화를 즐기며 식사를 하는 식사문화에 익숙한 프랑스나 스페인 사람들과 함께 식사를 하게 된다면 서로에게 매우 힘든 시간을 보낼 수 있다. 한 쪽에서는 무언가 적절한 화제를 꺼내지 못해서 상대방이 밥만 먹고 있다고 생각할 것이고, 다른 쪽에서는 언어도 익숙하지 않은데, 식사 중에 그리 중요하지도 않은 쓸데없는 말을 한다는 생각을 하게 되니, 결국 서로에게 불편한 자리가 되고 말 것이다.

한 끼에 사십 억?

중국의 저우언라이周恩來 총리는 주요 외빈과의 만찬이 있을 때에는 미리 주방에 들러 국수 한 그릇을 먹어 두었다는 이야기가 전해진다. 시장기를 느끼면 자칫 먹는 데에만 열중하게 되어서 중요한 이야기를 놓칠까봐 염려한 것이다. 매년 화제가 되는 점심식사가 있다. 경매로 최고가를 경신하는 '투자의 귀재' 워렌 버핏과의 점심 식사이다. 세계적인 대부호가 돈이 궁해서 그럴 리는 없고, 낙찰자는 한 끼에 40억 원을 주고 그와 함께 점심 식사를 하는 영광을 산다. 고맙게도 그 수익금은 전액 샌프란시스코 빈민구제 단체로 간다. 식사의 수준은 어느 쉐프가 만들었고, 미슐랭 스타가 몇 등급이냐로 결정되는 것이 아니고, 누구와 함께 어떤 대화를 나누느냐가 결정한다는 것을 보여주는 것이다. 식사는 만남의 상징적인 뜻이고, 그곳에서 이루어지는 대화가 주된 목적인 것이다.

한국의 사관학교와 군 신병 훈련과정에서 교육되는 '직각 식사' 또는 '기역ㄱ자 식사'는 식사를 하면서 서로의 얼굴을 보고 소통하기 위해 만든 것이다. 고개를 숙이고 밥을 먹으면서는 그야말로 '둘이 먹다가 하나 죽어도' 모를 수 있다. 밥을 먹으면서도 상급자는 하급자들을 살피고, 서로 건너편의 상대와 마주보면서 대화하고 소통하며 식사하라는 것이 본디 목적인데, 이것이 식사 시간까지 군인다운 절도 있는 태도를 유지하라는 것으로만 해석되어서, 2019년부터 적폐청산 항목으로 사라지게 된다고 보도되었다. 이 방식을 도입한 동기는 '소통'에 초점을 두었지만, '식불언'의 문화 속에서 형식만 남아서 결국 적폐로 사라지게 되는 것은 안타까운 일이다.

밥상머리 효과

가정에서 함께 식사를 한다는 것은 단순히 밥을 먹는 일을 하는 식사 시간이 아니다. 식사를 함께 하며 나누는 대화를 통해 그 사람의 성격이나 특성을 짐작할 수 있으며, 생활 습관의 단면도 살펴볼 수도 있다. 우리나라는 예로부터 '밥상머리 교육'을 중시하여 자녀들의 식사 습관을 바로 들이는 것과 함께 예절 교육을 했다. 과거 서양의 많은 가정에서는 적어도 하루에 한 번은 온 가족이 식탁에 둘러앉아 식사를 하는 것을 매우 가치 있는 의식(儀式)으로서 지켜왔다. 식사 시간은 평온한 분위기 속에서 음식을 먹으면서 그날 일어난 일들에 대해 이야기를 하면서 서로의 삶과 지혜를 나누고, 함께 웃고 배우고 격려하며 가족의 유대를 강화하는 시간이었다. 식사를 나누는 식탁은 아이들이 정기적으로 부모에게 다가가고 편안한 분위기에서 관심을 얻을 수 있는 확실한 장소이고, 이 때 서로 나누는 대화를 통해 자녀들은 어른을 존중하며 말하고 듣는 것을 배울 뿐 아니라, 새로운 어휘를 배우고, 자신의 생각을 표현하는 법을 배우게 된다.

하버드 대학교의 스노Snow, 1983 박사팀의 연구에 의하면 가족 식사 시간의 대화가 자녀들의 언어 습득이나 어휘 구사와 관련이 있어서, 만 3세 아이가 2년 동안 총 이천 개의 단어를 배우는데, 이 중 책 읽기를 통해 배우는 단어는 140여개에 불과하지만, 가족 식사를 통한 대화에서는 1천여 개의 단어를 학습하게 된다고 하였다. 식탁에서는 언어적인 측면만 강화되는 것이 아니라 음식을 나눠 먹고, 좋은 몫을 양보하면서 다른 사람을 배려하는 태도를 배우고, 수저를 놓고 상을 치우고 설거지 등을 도우면서 협동하는 태도도 배운다. 콜롬비아 대학교 국립 중독 및 약물오남용 예방센터CASA Center for Alcohol and Substance Abuse Research가 청소년 1,200여 명을 대상으로 한 연구에 따르면 일주일에 다섯 차례 정도 가족과 함께 식사하는 아이들은 그렇지 않은 아이들보다 A학점을 받은 비율이 약 2배 정도 높게 나타났고, 흡연율도 낮았으며, 걱정, 지루함, 흥미 부족과 관련된 문제들을 덜 겪는 것으로 나타났다. 이처럼 지속적으로 가족과 식사를 하며 담소를 나눈 아이들은 지적 능력이 뛰어날 뿐 아니라 정서적으로도 안정적이라는 것은 실험적으로 입증되어 왔다.

오늘은 뭐가 좋았니?

유대인 부모는 저녁 식사를 하면서 중요한 것을 자녀에게 가르치는 것으로 잘 알려져 있다. 저녁 식사 시간을 통해 자연스럽게 인내심과, 예절, 배려와 존중을 배우는 것뿐만 아니라 끊임없이 대화하고 토론한다. 구글 창업자인 페이지Page는 "식사 시간마다 벌어지는 격렬한 토론 때문에 나는 끊임없이 읽고 생각하고 상상해야 했다"고 하였다. 유대인 아버지들은 다음과 같이 삼 단계 대화법을 구사한다.

1단계: 아이들과 자연스럽게 대화하면서 말문을 트게 한다.

2단계: 토론으로 자신만의 생각을 체계적으로 표현하도록 유
도한다.
3단계: 논쟁을 통해 논리적 사고력을 키우고 세상을 바라보는
나만의 가치관을 정립하도록 도와준다.

미국의 명문 가문인 케네디 가의 어머니는 9남매에게 신문을 활용한 교육을 한 것으로 유명하다. 식사 시간 전 식탁 근처에 오늘의 주요 뉴스를 스크랩해 두고, 글을 읽을 줄 아는 아이들은 식사 전에 그 글들을 읽고 오도록 했다. 어머니는 기사 내용과 관련해서 어떤 말을 해도 괜찮다며 아이들의 말을 끌어냈다. 식사 시간 이야기를 통해 아이들의 발표력이 키워지고, 신문 속 이야기에 관해 이야기하면서 세상을 보는 눈이 깊어지게 한 것이 가난한 아일랜드 계 이주민이었던 케네디 가문을 명문 가문으로 만든 힘이었다.

미국과 캐나다에 2,500개 이상의 매장을 두고 의류를 판매하는 회사인 'Life is Good'을 경영하며 어린이재단도 운영하고 있는 버트와 존 제이콥스Bert & John Jacobs 형제는 어려운 가정의 6남매 중 다섯째와 여섯째로 태어났다. 부모님은 교통사고 후유증으로 아버지는 오른 팔 장애와 분노조절 장애를 겪고 있었고, 어머니도 손가락에 장애가 있었다. 아버지의 분노로 어지러운 환경에서도 어머니는 매일 저녁 식사 시간에 자녀들에게 "오늘 뭐가 좋았는지 말해주렴Tell me something good that happened today."하는 요청을 하였다. 이 말이 이십대 초반 낡은 차에 직접 디자인한 티셔츠를 싣고 돌아다니며 팔던 형제가 긍정적 인생철학을 바탕으로 하는 'Life is Good'의 최고경영자가 되도록 만든 살아있는 경험이 되었고, 이들은 지금도 퇴근하는 직원들과 어머니가 했던 말을 나누고 있다.

우리들의 식사 시간

성인이 되기 전까지 자녀와 부모가 함께 할 수 있는 시간은 식사 시간이다. 자녀는 학교에 가고, 부모는 직장에 나가기 때문에 함께 밥 먹는 시간이 자녀가 부모에게 밥상머리 교육을 받을 수 있는 시간이 된다. 따라서 식불언보다는 밥상머리 교육을 통해 이 세상을 슬기롭게 헤쳐 나가는 방법을 전수할 수 있고, 자녀의 문제를 공유할 수 있는 소중한 한 때를 만들어 줄 수 있다.

하지만 현실적으로 밥상머리 교육은 녹록치 않다. 자녀들과 대화를 하기 위한 노력은커녕 어린 자녀들에게 아이패드를 건네주고 만화 동영상에 푹 빠지게 하는 것이 방해받지 않고 밥을 먹기 위한 수단이 되기도 한다. 더구나 부모의 맞벌이와 아이들의 방과 후 사교육이 늘면서 가족이 한 자리에서 식사하는 것은 더더욱 어려워졌다. 어른이든 아이든 상관없이 먼저 집에 온 사람이 냉장고에 붙어 있는 메모지나 문자를 보고 음식을 데워 먹는 풍경은 더 이상 새롭지 않다.

자녀가 방과 후 학원을 전전하기 위해서 패스트푸드로 대충 끼니를 때운다거나, 함께 식탁에 앉아는 있지만 텔레비전을 보거나 이어폰을 꽂고 있고, 그렇지 않으면 친구들과의 문자 메시지에 정신이 팔려 가족과 함께 평화로운 분위기 속에서 대화와 웃음이 넘쳐나는 식탁의 모습은 점점 기대하기 어려워진다. 가족과 함께 거주하는 직장인 1000명을 대상으로 조사한 결과를 보면, 특히 중고교생 자녀를 둔 응답자의 절반 이상이 스마트폰 등장 이후에 대화 시간이 짧아졌다고 답했고, 식사하면서 대화를 나누는 시간이 10분도 되지 않았다.

(대화를) 이어가기 위해 (스마트폰을) 끊어요

이런 현상은 다른 나라도 마찬가지여서 미국의 몇몇 음식점에서는 스마트폰을 보지 않고 식사를 하면 음식 값을 할인해 주는 행사를 한다. 이것은 '이어가기 위해 끊는Disconnect To Reconnect' 것으로 식사 중 각자 스마트폰만 들여다보면서 정작 눈앞의 상대와 대화가 단절된 사실을 알아채지 못하는 것이 안타까워서, 대안으로 바구니에 스마트폰을 넣어두고 친구나 가족과 즐겁게 대화하며 식사하기를 권장하는 것이다.

몸은 먹는 걸 좋아해

우리의 몸은 본능적으로 음식 먹는 것을 좋아한다. 그래서 사교의 자리에는 항상 먹을 것이 있고, 맛있는 음식을 먹으면서 이야기를 나누면 마음이 훨씬 쉽게 열리고 대화가 잘 풀리게 된다. 식사를 함께 하는 목적은 문자적으로 오로지 먹는 일을 하면서 한 끼 해결한다는 의미이거나, 또 단순하게 '맛'을 탐닉하는 것에 있는 것이 아니다. 사무실에서 한 시간의 대화를 하는 것보다 함께 식사를 하며 나누는 20분의 대화가 더욱 친밀감을 느끼게 해준다. 공통의 문제에 대해 인식을 공유하기도 수월하고, 새로운 정보나 아이디어를 나누기도 편안하며, 사적인 공간에서 더 솔직한 속내도 드러낼 수 있다.

그렇다고 식사 시간이 반드시 길어야 한다는 것은 아니다. 식사가 중요하지만, 식사는 어디까지나 매개체일 뿐이다. 식사를 하면서 업무를 볼 수도 있다. 실제로 백악관에서는 점심시간을 활용하는 파워 런치power lunch를 통해 초대된 사람들과 함께 식사를 하며 회의를 진행하거나 사업에 관한 대화를 나누는 일이 빈번하다. 어떤 회사에서는 전 직원들을 대상으로 회사 대표와 점심식사를 즐기며 대표이사와 직접 대화를 할 수 있도록 하는 'CEO와의 파워 런치'를 진행하기도 하는데, 이를 계기로 회사 내의 소통을 통해 회사가 성장한 사례들이 있다.

식사와 업무가 결합된 또 다른 형태는 브라운백 미팅brown bag meeting이 있다. 식사시간을 이용해서 식사와 업무를 동시에 해결한다는 것에서는 파워 미팅과 크게 다르지 않지만, 브라운백 미팅은 브라운백이 샌드위치나 샐러드 등을 담는 갈색 봉투를 뜻하는 것을 보아 알 수 있듯이 좀 더 소박한 형태로 점심시간에 각자 가져온 샌드위치나 도시락 등을 꺼내 먹으면서 토론이나 세미나를 하는 것이다. 이러한 모습은 영미권의 기업이나 학교에서 흔히 볼 수 있는데, 몇 해 전부터는 국내에서도 정부기관이나 대학가 중심으로 많이 활용되고 있다. 한국에서는 대부분 브라운백을 가져오지 않고 샌드위치나 도시락을 단체로 주문해서 함께 먹으면서 식사와 회의를 함께 한다. 이러한 형태는 점심뿐 아니라 '파워 모닝' 또는 '조찬'이라는 이름으로 출근 전, 새벽 시간에 아침 식사를 함께 하며 회의를 하거나 세미나를 진행하는 모임도 적지 않다. 아침이나 점심과 같이 짧은 시간에 식사와 업무를 동시에 하는 모임에서도 식사는 형식일 뿐이고 논의되는 대화의 내용에 초점이 있다. 따라서 식불언의 식사문화로는 도저히 이러한 변화들을 수용하기 어렵다.

달라진 세상의 식사 예절로 식불언은 부적절하다. 이제는 살기 위해서 먹기보다는 서로 나누고 즐기기 위해서 먹는 기회가 더 많아지고 있다. 먹는 것 자체가 소중한 것이 아니고, 누구와 함께 먹으며 어떤 대화를 나누느냐가 식사의 핵심이다.

21

술자리 대화 – 노미니케이션

$$\gtrsim)) ((\lesssim$$

가볍게 한잔 하고 갈까?"

일본에서 대학에 다니거나 직장 생활의 경험이 있는 사람이라면 한번쯤 들어본 적이 있는 말이다. 퇴근 시간 즈음 상사가 부하 직원에게 이런 한마디를 건넨다면 어떤 생각이 들까?

일본어로 노미니케이션은 노무飲む,마시다라는 동사의 앞부분과 커뮤니케이션communication의 뒷부분이 합해서 만들어진 신조어로 '마시면서 소통한다'는 뜻이다. 대학생이나 직장인과 같은 성인들이 술이라는 매개체를 두고 속을 터놓고 대화 시간을 갖는 것인데, 우리나라의 회식문화와 마찬가지로 서로 공적이고, 사무적

인 분위기에서 잠깐 벗어나서 사적으로 진솔한 대화의 시간을 가지는 것이다. 혼밥, 혼술이라는 신조어가 말해주듯 개인주의의 가치가 높아질수록 공동체와의 연결 가치를 소홀히 여기는 경향이 있어서 혼자의 시간이 늘어나고 있다. 특히 일본에서는 소통이 없으니 관계가 끊어지고, 관계가 끊어지면서 개인이 고립되고 소외되는 현상이 심각한 사회 문제가 되고 있다.

하지만 동료가 순식간에 경쟁자로 둔갑하는 현대 경쟁사회에서 옆자리 동료와도 소통이 어려워지는 것은 일본만의 문제는 아니다. 직장에서는 이메일이나 화상회의 등으로 업무를 처리하는 경우가 늘어날수록 서로 얼굴을 대면할 기회는 줄어들게 된다. 기계를 매개로 하는 소통하다 보니, 정보 중심, 메시지 중심의 대화만 주고받게 되어 감정적 교감이 이루어지지 않아서, 늘 무언가 부족함을 느끼게 된다. 이런 공백을 채우기 위해 시도하는 것이 노미니케이션이다. 상사나 선배, 동료, 후배들과 업무 공간을 벗어나서 개인적인 친분을 쌓으면서 서로 정서적인 교류의 폭을 넓히고, 이를 통해 집단내의 공적인 업무나 의사소통까지 원활하게 하기 위한 것이다.

노미니케이션 찬반론

그러나 이런 노미니케이션을 모두가 반기는 것은 아니어서,

일본 사회에서 노미니케이션에 대한 찬반론은 늘 팽팽하게 맞서 왔다. 노미니케이션이란 신조어가 만들어진 시대적 배경은 일본 경제의 고도성장기이다. 이 말이 거품경제 시대에는 유행어가 되었지만, 꽤 오랜 기간 경제침체기에는 사용되지 않다가 근래에 다시 부활해서 활발히 쓰이고 있다. 일본의 농기계 회사인 '구보타'에서는 노미니케이션을 위해 사내에 선술집 '이자카야'를 들여와서 직원들이 반값으로 사용하도록 하고 회사가 비용을 보조해 주기까지 한다. 정보기술업체인 'EC나비'는 회사 내부에 바bar를 설치해서 업무 시간 종료 이후에는 모든 주류와 안주를 무료로 제공하며 노미니케이션을 장려하고 있다.

2012년 일본능률협회日本能率協会가 신입사원을 대상으로 조사를 한 결과에 의하면 여자 신입사원의 경우, 노미니케이션이 상사와 인간관계에 도움이 된다는 대답이 약 94%에 달한다. 그러나 전세대의 남성과 40~60대의 여성 직장인으로 대상을 확대해서 시행한 마이나비マイナビ의 2016년 설문조사에서는 남성의 30%, 여성의 40%가 노미니케이션이 불필요하다고 답했다.

한국의 직장 내 회식 문화에 관해 취업포털인 '잡코리아'가 직장인 456명을 대상으로 조사해 보니 회식의 80.5%가 '술자리 회식'이었고, 직장인들의 79.1%는 회식을 업무의 연장이라고 생각하고 있었다. 또한 61.4%의 직장인이 이러한 회식 때문에 스트레스를 받고 있었다.

술 한잔 환영~

술자리 회식에 대해 긍정적인 시각을 갖는 이유는 다음과 같다.

첫째는 친화기능이다. 술자리 회식이 긍정적이라고 평가한 사람들 다수가 직장 동료나 상사, 부하직원과 함께 술을 마시며 이야기하는 기회를 통해 사무실에서 화제로 삼기 어려운 생각이나 정보를 공유할 수 있고, 친해질 수 있기 때문이라고 답했다. 이것은 상사와 가까워지고 싶어 하는 젊은 직원뿐 아니라, 부하직원을 다루기 어려워하는 상사에게도 도움이 되는 상생효과로 나타난다.

둘째는 경험나누기 기능이다. 날마다 같은 공간에서 생활해야 하는 직장인들이 관계가 조금이라도 개선될 수 있다면 기꺼이 술자리를 이용하고자 하는 이유는 평소 회사에서 직접 묻기 힘든 내용을 쉽게 화제로 올리면서 경험을 나눌 수 있기 때문이다. 술자리에서는 지금 진행되고 있는 업무와 직결되지 않은 것들, 가령 '회사가 나에게 바라는 기대치는 무엇인가?' '앞으로 어떤 계획을 갖고 직장생활을 해야 하는가?' 등과 같이 회사에서 어느 정도 경험을 쌓거나 높은 지위에 있지 않고는 답해주기 어려운 질문에 대해서도 속내를 터놓고 해주는 권면이나 정보를 듣기가 쉽다. 직장 안에서는 나눌 수 없는 업무 외적이고 개인적인 대화라든가 평소에는 보지 못했던 표정, 느끼지 못했던 감성들을 보며 친근감을 느끼기 때문에, 그런 기회를 가진 이후로는 서로가 더욱 가까워졌다고 느끼고, 상사의 태도도 친절해진 것을 느끼는 경우가 많다.

셋째는 스트레스 이완 작용이다. 복잡한 시대를 살아가는 현대인에게 스트레스라는 말은 꼬리표처럼 따라다닌다. 그런데 알코올의 도움으로 뇌에 가해지던 압박이 느슨해지면서 스트레스로부터 벗어난다. 이러한 상태는 그동안 머리를 누르던 문제들에 대해 이야기를 꺼내는 것도 쉽게 해주고, 그러한 상황에 대한 경험을 진솔하게 대답하는 것도 쉽게 만들어 준다. 곤경에 처했을 때 "저 좀 도와주십시오."라고 솔직하게 말할 수 있는 용기가 생기고, 마음에 두었던 문제들을 허심탄회하게 물을 수 있다. 이런 분위기를 타면서 평소 고맙게 생각하지만 멋쩍어서 입 밖으로 내지 못했던 감사와 칭찬의 말들을 상사나 동료에게 전달하면 앞으로 함께 일을 할 때 더욱 배려를 하게 될 것이고, 동료의식이 더 강화되어서 일처리도 수월하게 진행될 것이다.

넷째는 인맥이 확장되는 것이다. 모임 자리에는 잘 모르는 선배나 다른 관계자들이 자리를 같이 할 수 있어서 소개를 받거나, 직접 자신을 소개하면서 인간관계의 폭을 넓힐 수 있다. 또, 회사 근처의 좋은 음식점이나 업무와 관련된 거래처 등을 소개받을 수도 있다. 이런 모임에 자주 참석하는 사람들이 인맥도 넓고, 자신이 속한 부서나 단체에 대한 관심이 높을 뿐 아니라, 기여도도 높은 경향성이 나타난다. 떠들썩하고 즐거운 분위기에서 사람들과 만나 대화를 나누는 것은 개인의 행복도를 높일 뿐 아니라 같은 자리에 있었던 사람들과 가깝다고 느끼게 해주어서 좋은 이미지를 줄 수 있으며, 이런 일들을 통해 경쟁력과 생산성을 높이는 데도 일조할 수 있다.

술자리는 이제 그만

그럼에도 불구하고 술자리 대화에 대한 부정적인 시각도 매우 크다.

첫째, 참석부터 자유롭지 않다는 것이다. 참석은 자유라고 하지만, 지위와 권력을 이용해서 술자리를 거절 못하도록 하는 강압적인 분위기가 느껴지기도 하고, 직장에서 상사가 먼저 제안을 하면 과도하게 동조해야 하는 압력을 느끼기도 한다. 동료들이 대부분 참석하는데 자기만 가지 않겠다고 말하는 것도 편안치 않고, 건강이나 종교적 신념 등에 따라 술을 마시지 않는 사람에게는 참석한다는 것 자체가 정신적인 부담이 된다. 뿐만 아니라 그런 기분으로 참석하게 되면 그저 업무의 연장이라는 기분이 들어서 대화 자체가 편안치 않다.

자신이 부담해야 하는 비용에 대한 금전적인 부담은 물론이고, 가족이나 친구, 연인과 보내거나 취미생활 등 자신에게 의미 있는 시간이 줄어드는 것에 대한 부담도 크다. 동료와 함께 마시는 것은 그나마 괜찮지만, 상사나 선배와의 자리이면 자신이 업무

평가와는 또 다른 차원의 평가를 받는다는 느낌을 갖게 되어서 불안감이나 긴장감을 늦추기도 힘들다.

둘째, 소수의 목소리 큰 사람에 의해 분위기가 좌우된다는 것이다. 술자리에서는 목소리 큰 사람, 힘이 있는 사람이 마음대로 분위기를 이끌어가는 경향이 있다. 그러다 보니 자신의 생각과 달라도 동조하거나 침묵하게 되고, 함께 시간을 보내면서도 오히려 더 고립되는 느낌을 가질 수 있다. 성격상 잘 맞지 않는 상대와 친밀한 공간에 같이 있어야 하는 것이 부담이 될 뿐, 결코 더 친해지기는 어렵다.

셋째, 대화 내용이 부담스러워도 거부하기 어렵다는 것이다. 세대 차이로 인해서 흥미에도 없는 이야기, 업무와 상관없는 본인의 무용담, 요즘 세대에 대한 비평과 훈계 등 이야기하는 사람만 즐기는 대화가 이어지더라도 직급이나 나이, 분위기 등을 고려해서 듣고 있어야 하는 불편함이 있다는 것이다.

넷째, 전제부터 문제를 내포하고 있다는 것이다. 술의 힘을 빌려 솔직한 대화를 나누자는 것은 술이 아니면 솔직할 수 없을 만큼 직장 분위기에 문제가 있다는 것을 내포하고 있다. 또한 일단 술이 들어가면 그 사람을 알 수 있다는 생각을 가진 상사라면 능력에 따라 공정하게 일을 처리하는 것보다는 힘을 이용해서 관계를 유지하려는 위험성을 가진 인물일 것이라는 지적도 있다.

다섯째, 끝나는 시간을 예측할 수 없다는 것이다. 처음에는 가볍게 한잔 하자는 제안으로 시작되지만, 한잔이 한 잔으로 끝나지 않을 뿐 아니라, 잔이 돌고 나면 몇 잔까지 마셔야 끝인지를 아는 사람도 없다. 즐기는 정도가 다 다르기 때문에 누구도 그만 끝내자는 제안을 하기가 어렵고, 상사가 끝낼 생각이 없다면 자리를 정리하기가 쉽지 않다. 게다가 2차, 3차로 이어지면서 개인의 건강뿐 아니라 다음날 업무에도 지장을 준다.

> 준우 : 술자리 갈 일 있으면 늘 오늘은 적당히 마시자고 다짐하지.
>
> 시현 : 근데, 그게 마음대로 되나?
>
> 준우 : 그러게도 말이야. 부장님이 일어설듯하면 박 대리 벌떡 일어나서 한잔 받으시라고 들이대고…
>
> 시현 : 기분 좋으면 좋아서 더 마시고, 나쁘면 나빠서 더 마시고…
>
> 그러다 보면 차 끊어지고…
>
> 준우 : 막차만 끊기냐? 그러다 기억도 끊기고…

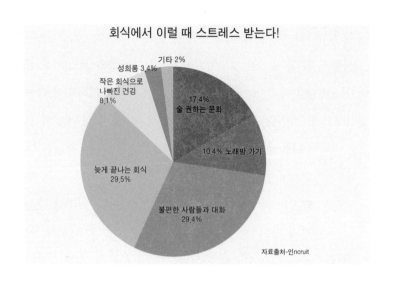

회식에서 이럴 때 스트레스 받는다!

기타 2%

성희롱 3.4%

작은 회식으로
나빠진 건강
8.1%

17.4%
술 권하는 문화

10.4% 노래방 가기

늦게 끝나는 회식
29.5%

불편한 사람들과 대화
29.4%

자료출처-인cruit

전지적 술자리 시점

모든 일이 양면성을 갖는 것처럼 술자리 대화에 대한 긍정적
관점이나 부정적 관점이 모두 실제성을 갖는다. 그렇다면 어떻게
접근하면 역기능을 최소화할 수 있을까?

먼저 자리를 주관하는 직급이나 위치에 있다면 동료에 대한
배려가 우선되어야 한다. 술자리에 응하더라도 모두 자발적인 것
은 아니고, 대부분 오랜 시간 구속되는 것은 원하지 않는다. 평소
관심을 가지고 적정한 시간에 관해 합의점을 찾으려는 노력이 필
요한데, 너무 짧아서는 친근한 느낌을 가지기 어렵고, 길어지면
부담스러워지기 때문에 끝내는 시간을 염두에 두고 이야기를 나

누어야 한다. 또한 얼마나 자주 이런 모임을 가질 것인지도 생각해야 하고, 자리를 같이 하자고 제안하는 대상이 특정인이나 특정 집단에 한정되어서 '내사람 만들기'나 '편가르기'가 되지 않도록 하는 배려도 필요하다.

술자리 대화에서는 정해진 주제가 없기 때문에 어떤 이야기라도 화제로 도입할 수 있다. 팟케스트에서는 '술대책'(술자리 대화를 위한 책)이라는 것을 내놓을 정도로 정치, 경제, 사회, 문화, 시사 등에 관해 이야기가 나오면 어느 정도는 같이 이야기할 수 있는 상식적인 수준의 지식들이 필요하기도 하다. 그렇다고 따로 준비해서 이야기해야 한다면 부담스럽기 그지없을 것이다.

일반적으로 술자리 대화에서 주의해야 할 것은 다음과 같다.

첫째, 가장 경계해야 하는 것은 자기자랑이나 무용담과 같이 자신을 드러내는 말을 하는 것이다. 대화는 주는 말과 받는 말이 오고 가는 것인데, 이런 화제는 일방적으로 말하는 사람만 즐기는 대화가 된다. 상대방이 선배의 경험을 듣고 싶어서 요청한 경우가 아니라면 자신의 능력이나 처세 등을 떠벌이는 말은 하지 않는 것이 좋다.

둘째, 설교처럼 들리는 말이다. 부서 업무를 위해 꼭 필요한 말은 업무 공간에서 전달해야 한다. 술자리에서 문제점을 지적하거나 훈계를 하는 등의 이야기는 역기능만 커질 뿐이고, 효율적이거나 생산적이지 않다.

셋째, 사내에서 업무 시간에 이야기된 내용을 번복하거나 뒤집는 말이다. 시간이 지나고, 또 이야기들을 들으면서 업무 시간에 내려진 결정이 문제가 있다고 생각이 되더라도 그 자리에서 당장 내용을 번복하기보다는, 다시 모든 사람들이 있는 업무 공간으로 돌아가서 다시 생각한 내용이나 달라진 판단에 관해 이야기하는 것이 바람직하다.

넷째, 특정인에 대해 험담을 하거나, 특정인에게 이야기해서는 안 되는 내용을 누설하는 것은 피해야 한다. 뿐만 아니라 같은 자리에 있는 사람을 비난하거나 상처를 주는 말을 하는 것은 적절하지 않다.

다섯 째, 달변보다는 유머 감각을 활용하여 가볍고 즐거운 이야기로 자리를 함께 한 사람들이 모두 즐겁고 유쾌한 분위기를 만드는 것이 술자리 대화의 대가이다. 함께 웃으면서 대화를 나누는 것은 순기능을 최대화하는 방법이 된다.

여섯 째, 술자리의 특성상 잘 듣기보다는 말하는 사람이 많아질 수 있다. 따라서 말을 독점하고 있는 것은 아닌지 주의해야 하며, 한 번 말하고 두 번 듣는다는 생각으로 대화를 하는 것이 좋다. 되도록 듣는 것이 좋지만 아무 말도 하지 않고 침묵으로 일관하면 다른 사람들이 부담스럽게 생각할 수 있다. 따라서 적절한 이야깃거리가 생각나지 않으면 경청하면서 '그래, 그렇지.', '맞아, 맞아.' 등과 같은 경청의 표지들이라도 사용하는 것이 좋다. 특히 상사와 부하직원의 이야기라면 총량이 10이라면 3:7 정도로 잡고, 부하직원이 말할 때는 경청하면서 편안하게 말할 수 있도록 분위기를 만들어 주는 것이 현명한 술자리 대화를 나누는 방법이 될 것이다.

일곱 째, 편안한 동료나 친구끼리의 모임에서도 상대방이 말할 때 말을 자르거나 끼어들지 말고 상대방이 얘기할 때는 경청하고 관심과 호응을 보이는 것이 좋다.

> 준우 : 내 말 좀 끊지 말고 좀 들어보라고…
> 시현 : 너야 말로…
> 준우 : 대박, 이번 주에 무슨 일이 있었는 줄 알아?
> 시현 : 들으나 마나, 니네 회사 장난 아니잖아?

술자리에서는 이성적이기보다는 감성적이 되는 경향이 있어서, 말에 대해서도 민감한 반응을 보이는 경우가 종종 있다. 별 것 아닌 말에도 감정이 상해서 서로 대립하게 되는 일들이 흔하기 때문에 상대방을 인정하고 존중한다는 의미를 전달하기 위해서는 잘 들어주는 것이 무엇보다 중요하다. 혹시 말꼬리를 잡고 시비를 따지는 경우가 생기더라도 감정적 대응은 하지 않는 것이 좋다.

'피할 수 없으면 즐겨라'는 말이 있다. 부담스러워도 사회생활을 하면서 피할 수 없는 술자리라면 되도록 자기자랑이나 무용담처럼 자기중심의 말이나 설교, 훈계 따위의 말은 피하고, 업무 공간의 결정을 뒤집거나 뒷말이나 험담을 하는 말은 피하는 것이 좋다. 유머 감각을 활용해서 분위기를 즐겁게 하되, 한 번 말하고 두

번 들으면서 경청하고 관심과 호응을 보이는 것은 술자리에서도 유용한 대화법이다. 또한 근본적으로 최근 잡코리아에서 실시한 설문조사(2018. 11. 21) 결과가 말해주는 것처럼 젊은 사람들은 술자리 회식을 업무의 연장이라고 생각하고 있으며(73.5%), 선호하는 회식 유형은 점심시간에 하는 맛집 탐방 회식, 공연 등을 관람하는 문화 회식의 순이라는 사실도 염두에 두어야 한다.

22

누리소통망(SNS) 대화

인간관계에서 소통은 가장 본질적이고 근원적인 것이다. 소통을 통해 서로 교류하고, 공감하고, 협력하며 사회를 만들어 가기 때문이다. 이러한 소통을 위해 여러 종류의 매체들을 사용한다. 가장 근원적인 매체는 인류가 오만 년 이상 사용한 것으로 추정하는 말이지만, 문자, 인쇄술, 전파의 발달과 함께 다양한 방식으로 진화해 왔다.

스마트폰 보유율 세계 1위?

이 가운데 인터넷의 확산은 가장 변화의 폭이 넓고 속도도 빨라서 소통 방식에도 큰 변화를 일으키고 있다. 인터넷과 관련된 통계에 의하면 세계 총 인구 77억 명의 과반이 넘는 40억 명이 인터넷을 사용하는 것으로 나타났다. 더구나 이 가운데 25억 명이 2017년에 처음으로 이용한 것으로 나타났으며, 스마트폰을 사용하는 사람도 51억이 넘어서 보급률이 68%에 이른다는 것이다.

2009년 말 아이폰이 도입될 때는 우리나라에서도 소수 특정 집단만 사용할 것으로 생각했지만, 스마트폰 보유가 95%로 세계 1위를 차지하고 있다.(2019. 2. 6. KBS 뉴스) 이제는 초등학교 방과 후 수업에서나 어르신들 대상으로 교육하는 평생교육원에서도 누리소통망Social Network Sites: SNS 활용법을 수업과목으로 개설할 정도로 남녀노소가 누리소통망 소통을 일상으로 받아들이고 즐기고 있다. 카카오스토리, 밴드, 트위터, 페이스북, 텔레그램, 인스타그램, 구글+, 링크드인과 같은 여러 종류의 누리소통망에 참여하여 친구를 맺은 사람끼리 바로 곁에서 대화를 나누듯 일상을 공유하는 모습이 더 이상 낯설지 않다.

뉴 뉴미디어

스마트폰의 보급이 확대되면서 인터넷 환경에서 자신의 생각을 이야기하고 일상을 공유하는 대화와 소통이 더욱 편리해지고 간소해졌다. 사용자들이 자발적으로 참여하여 개인적인 친교나 오락의 기능을 하는 것과 함께 검색한 정보를 공유하거나, 관련된 주장에 관해 추가 정보를 부가하고, 토론하고 논박하며 콘텐츠를 만들어 간다. 이것을 단순히 정보를 검색하거나 이메일을 주고받던 이전의 디지털 매체와 같은 뉴미디어와 구분하여 '뉴 뉴미디어 New New Media'라고도 하는데, 뉴 뉴미디어는 단순히 콘텐츠를 유통시키는 매체가 아니라 누리소통망을 통해 사람들의 상호작용을 가능하게 한다. 이러한 환경에서 사용되는 말의 모습은 구어를 바탕에 두고 문자를 사용하는 글로 말하기이기 때문에 말의 특성과 글의 특성을 모두 가지고 있다. 게다가 사람의 기억보다 탁월한 기억장치를 가지고 있고, 전달속도가 빠르다는 장점도 가지고 있다. 따라서 그동안의 글쓰기와는 다른 특성들을 확인할 수 있다.

첫째, 목소리를 재현하는 것이다. 기본적으로 문자를 사용하더라도 목소리를 찾아가기 위해 표기 방법을 변화시켜 실제 말하는 것처럼 '그래요'가 아니라 소리나는 대로 '그래여'로 적으려는 시도를 할 뿐 아니라, '그냥'이 아닌 '걍', '한번'이 아닌 '함'과 같이 줄임말을 사용하고, 의성어뿐 아니라 소리가 나오는 이모티콘을 사용하거나 동영상 등을 활용하여 다양한 방식으로 실제 소리가 들리는 것 같은 효과를 주려고 노력한다. 시각을 통해 청각 효과를 누리고자 하는 것이다. 또한 문장을 완성된 형태로 전송하지 않고, 실제 말하듯이 짧은 어절 형태로 끊어서 여러 차례 송신하여 지금 말하고 있음을 전달하면서 속도감과 현장성을 충족시켜, 얼굴을 보고 이야기하는 면대면 대화 상황처럼 만들어서 상대방을 붙잡아두는 기능도 연출한다.

둘째, 몸동작을 재현하는 것이다. 일반적인 문어에 비해 다양한 의태어를 사용할 뿐 아니라, 이모티콘을 활용하여 동작을 표현한다. 이모티콘은 문자와 캘리그라피가 결합된 것, 음성과 이미지가 결합된 것, 음성과 동작이 함께 결합한 것들도 있지만, 대부분의 이모티콘이 표정과 동작을 표현하는 것으로 되어서 텍스트와 함께 몸동작을 재현하는 것이다. 누리소통망의 글들은 하나의 텍스트 안에 문자, 음성, 이미지, 동영상 등 다양한 형태의 기호가 복합적으로 결합되어 의미를 구성하는 복합 양식 텍스트 multimodal text로 전달되는 경우가 많다.

셋째, 상호주관화를 위해 노력한다. 네트워크 안에서는 보내는 사람과 받는 사람의 구별이 없어서 누구든 보낼 수도 있고 받을 수도 있다. 말하는 사람과 듣는 사람이 따로 정해지지 않는 실제 대화 상황과 유사한 맥락이 펼쳐진다. 신문이나 뉴스를 보면서 수동적으로 정보를 받아들이기만 해오던 사람들도 누리소통망에서는 적극적으로 정보의 생산자(창조자, 제공자)가 된다. 그러다 보니 서로의 관점을 공유하는 것을 전제로 사용자들이 자발적으로 참여하여 개인적인 친교나 오락의 기능을 하는 것과 함께 검색한 정보를 공유하거나, 관련된 주장에 관해 추가 정보를 부가하고, 토론하며 논박하며 콘텐츠를 만들어 나간다.

넷째, 피드백이 즉각적이다. 상황에 따라 피드백이 지연될 수도 있지만, 기본적으로는 동시에 피드백을 받을 수 있고, 상황에 유동적으로 피드백 할 수 있다는 점에서 말하고 듣는 것과 유사한 상황을 만들고 있다. 의사소통 과정에 실제로 참여하고 있는 느낌, 즉 매체를 이용하면서도 상대방과 직접 만나서 대화하는 것처럼 느끼는 정도인 사회적 실재감을 높이기 위해 적절한 피드백을 할 뿐 아니라 상대방이 쓰는 어휘나 표현을 함께 사용하는 '미러링mirroring' 현상도 나타난다.

> **수빈** : 뭐 먹으로 갈까?
> **다은** : 내 밥 무끼 실타.
> **수빈** : 니 밥 무끼 실타꼬?
> **다은** : 그래 ㅋㅋ 닌 은제부터 갱상도가?

미러링은 상대와의 친밀감과 유대감을 드러내기 위해 상대방이 사용하는 비표준적 철자법, 특이한 표현, 비속어와 지역어 등을 따라서 사용하는 양상을 말하는데, 상대방 따라하기는 친밀감을 만드는데 중요한 도구가 된다.

이뿐만 아니라 말이 가지고 있는 한계인 순간성과 비지속성의 속성까지 복원하여 스마트폰이 보급된 현재의 매체 상황은 지금까지 인류가 사용한 매체가 가지고 있는 불편함과 기능적 한계를 극복하고, 인간의 경험과 가깝게 동기화되어 완벽한 소통 매체의 형태로 진화하고 있음을 알 수 있다.

기술의 진화, 사용자는 경제력?

1982년 무선 호출기가 시작된 이래로 정보통신 기술은 꾸준히 문제점과 결함을 보완하며 기술적 진화의 과정을 거쳐 최첨단의 기기들을 지속적으로 내어놓고 있다. 이에 따라 이전 매체 환경의 변화에 채 적응하기도 전에 더 새로운 매체가 생겨나고 확산되는 속도도 빠르다. 그러나 이 기술을 누리는 사람들은 시행착오를 겪으며 사용 방법을 수정해 본 경험도 없고, 문제점이나 결함을 보완하는 어떠한 과정도 거치지 않았다. 기술의 진화와 무관하게 사람들, 특히 청소년들은 내면적 진화의 과정도 겪지 않고 가장 진화된 기술의 산물을 향유하고 있다. 사람들이 새로운 매체를 선택하는 조건은 단지 경제력일 뿐이다. 새로운 기기는 작동을 위한 매뉴얼만 제시하고 있을 뿐, 사회를 건강하게 유지하기 위한 윤리적 매뉴얼이나 언어 사용을 위한 매뉴얼은 제시하지 못하고 있다.

일반적 대화에서 지켜야할 규범과 예절이 있는 것처럼 눈에 보이지 않는 특수한 공간인 온라인상에서도 대화할 때 고려해 두면 좋은 점들이 있다. 일반적으로 네티켓Network와 Etiquette의 합성어이라는 신조어를 사용하는데, 상대방의 말을 경청하고, 공감하고, 배려하는 것이 중요하다는 점에서 그 기본 틀은 일반적인 대화와 크게 다를 바 없다. 그렇지만 가상공간에서 서로 대면하지 않고 이루어지는 대화이기 때문에 언어폭력이나 예절을 무시한 행동들로 번지기 쉬워서, 종종 예기치 못한 불편한 상황으로 치닫거나, 인간관계에서 오는 스트레스를 가중시키기도 한다. 누리소통망 대화의 네티켓으로 콘텐츠를 만드는 사람, 보는 사람, 그리고 콘텐츠의 내용과 관련해서 다음과 같은 점들을 고려하는 것이 필요하다.

만들고 보낼 때는?

누리소통망의 발신자의 관점에서는 다음과 같은 네티켓을 고려해야 한다.

첫째, 만드는 사람은 일차적으로 윤리적인 관점에서 정직성이 필요하다. 누리소통망을 사용하는 사람들은 트위터나 페이스북 등을 통해 쉽게 친구나 팔로잉following 관계를 요청할 수 있다. 따라서 모든 정보를 공개할 필요는 없지만, 공개한 프로필 정보가 사실을 바탕으로 한 것이어야 관계를 지속하는데 따르는 문제가 발생할 가능성을 줄일 수 있다. 더욱이 링크드인과 같이 비즈니스 목적으로 직장인이 구인/구직을 할 경우 정보를 교환하면서 허위 정보나 과장된 거짓 정보를 제공하면 업계의 인맥을 쌓기는커녕 오히려 신용을 잃어 어려움을 겪기 쉬울 것이다.

둘째, 누리소통망에 올리는 글은 누구나 볼 수 있다는 점을 고려해야 한다. 대법원에서는 카톡에서의 일대일 대화라 할지라도 불특정·다수인에게 전파되는 공연성公然性이 인정된다고 보고 있다.(연합뉴스, 2016. 7. 9) 따라서 메시지의 수신자의 규모는 내가 예측한 것과 다르게 누구라도 볼 수 있고, 어떤 상황에서도 책임질 수 있는 내용이어야 한다. 또한 공유하기 기능을 통해 언제든지 많은 사람들에게 확산될 수 있으므로 동영상, 사진 등에 등장하는 다른 사람들의 사전 동의도 필요하고, 공개범위도 신중하게 결정할 필요가 있다.

셋째, 정서적 평상심이 필요하다. 발신자가 글을 올릴 때는 자신의 감정 상태를 점검하는 과정이 필요하다. 과도한 일이나 공부로 피곤할 때, 과음했을 때, 해외여행이나 출장으로 시차 적응으로 힘들 때, 화가 났을 때와 같이 평정심을 잃었을 때 글을 올리면 시간이 지나 후회하기 쉽다. 몸과 마음의 상태가 좋지 않을 때는 비관적이거나 공격적으로 흐르기 쉽고, 욕설이나 놀리는 말, 따지기, 빈정거리기, 탓하기, 비교하기, 위협하기 등 상대방에게 상처를 주거나 불필요한 논쟁을 불러일으키는 말처럼 부정적인 소통으로 흐르기 쉽다. 되도록 긍정적인 자세로 서로의 관계에 도움이 되는 정보를 공유하도록 노력해야 한다.

넷째, 메시지를 보내는 경우, 빈도나 시간을 고려해야 한다. 누리소통망의 메시지는 시간과 공간의 제약을 받지 않아서 편리하지만, 자신에게 편한 시간에는 상대방도 그럴 것이라는 자기중심적 사고에 빠질 위험이 있다. 언제든 편한 시간에 보내 두면 상대방이 자신의 편한 시간에 읽고 답하면 된다고 생각할 수 있지만, 상대방은 중요한 회의 중이거나 잠든 상황일 수도 있다. 답글이 왔다고 해서 상대방의 상황을 고려하지 않고 오래 붙들고 대화를 이어가는 것 또한 불편을 끼칠 수 있다. 따라서 대화를 시작할 때, 대화하기에 적합한 상황인지를 확인하는 것도 지혜로운 방식이다.

다섯째, 발신자는 상대방이 관계망에 들어오기를 원하지 않을 수도 있다는 점을 이해해야 한다. 간편하게 관계를 확장해 나갈 수 있다는 것이 누리소통망의 가장 큰 매력이지만, 내가 친구 관계를 신청하는 것이 상대방의 수락을 전제로 하는 것이 아니라는 것을 전제해야 한다. 자기 필요에 따라 공통점이 없는 사람들을 모아서 카톡방이나 밴드를 만드는 경우, 본인을 제외한 다른 사람들은 관계도 없는 사람들끼리 나누는 대화도 어쩔 수 없이 보아야 한다.

누리소통망으로 관계망을 구축할지 말지는 상대방의 선택사항이다. 친구 요청을 했을 때 실제로 만나본 적이 없는 사람과 친구가 되기를 주저할 수도 있고, 자신만의 어떠한 원칙을 가지고 친구 맺기에 응할 수도 있다. 특정한 소통망을 잘 사용하지 않기 때문에 친구 맺기를 주저하는 경우도 있다. 따라서 상대방이 수락하지 않았다고 해서 상대방의 의도를 부정적으로 해석할 필요는 없다.

보고 읽을 때는?

누리소통망의 수신자의 관점에서는 다음과 같은 네티켓을 고려해야 한다.

첫째, 개인 카톡이나 메신저처럼 수신자가 나로 한정되는지, 그렇지 않으면 다수를 대상으로 하는지를 파악하고, 상황에 맞게 피드백을 할 필요가 있다. 개인 카톡이나 메신저라면 되도록 빨리 피드백을 하는 것이 상대방을 배려하는 방법이 될 수 있지만, 다수를 대상으로 할 경우는 여유를 가지고 할 수 있다.

둘째, 보낸 사람의 글에 대해 되도록 관심을 표현하는 것이 배려의 표현이다. 발신자가 반응을 기대하지 않는다면 '비공개'로 올리겠지만, '전체 공개'가 아닌 '친구 공개'나 '친한 친구 공개'로 게시물을 올린다면 발신자는 수신자의 반응을 기대하고 있을 것이다. '무플보다 악플이 낫다'는 말도 있듯이 아무런 반응이 없을 경우 실망할 수도 있을 것이다. 따라서 '좋아요' 등과 같은 느낌의 표현이나, 이모티콘을 사용해서 간단하게 응대를 하거나, 좀 더 구체적으로 댓글을 달아주는 것은 발신자에 대한 배려를 나타내는 말이고, 이를 통해 관계를 돈독하게 할 수 있는 방법이 될 수 있다.

셋째, 댓글의 언어는 공격보다는 호감을 표현하는 것이 누리소통망의 성격에 더 어울린다. 언어학자 하야가와는 사람이 사용하는 말을 '으르렁-말'과 '가르랑-말'로 나누었다. 동물이 서로 마주쳤을 때 으르렁거리기도 하지만, 서로 털을 다듬어 주며 가그랑거리기도 하는 것처럼 사람은 말을 통해 공격을 할 수도 있고, 애정을 나눌 수도 있다는 것이다. 수신자가 논쟁이나 토론을 전제로 올린 글이 아니라면 으르렁-말보다는 가르랑-말로 대응하는 것이 더 선호적인 대응쌍을 만들 수 있다. 특히 내가 누구인지 드러나지 않는 익명성이 전제된 상황이라면 얼굴을 보고 말할 수 없는 내용이나 표현은 사용하지 않아야 한다.

넷째, 다른 사람의 정보를 공유할 때는 세심한 배려가 필요하다. 메시지 공유 기능을 통해 다른 사람의 글을 공유하면 나의 친구뿐 아니라 친구의 친구인 불특정 다수에게 일파만파 퍼져나갈 수 있다. 게시물로 올리려는 사진 한 장에는 시간, 장소, 주변 배경만으로도 상상 이상의 많은 정보가 숨어 있기 때문에 상대방의 허락 없이 개인정보나 사생활에 침해가 될 내용을 공유했을 때 많은 문제가 발생할 수 있다. 업무시간에 업무와 상관없는 장소에 있는 장면이나, 어느 한사람을 따돌리고 모임을 가졌을 때 찍은 사진이 허락 없이 제3자에게 공유되어 난처한 상황이 될 수도 있기 때문이다.

내용을 구성할 때는?

누리소통망 메시지의 관점에서는 다음과 같은 네티켓을 고려해야 한다.

첫째, 불특정 다수에게 전달되는 내용이기 때문에 지극히 사적인 내용이나 편향성이 드러나는 개인적인 정보는 노출하지 않도록 하는 것이 좋다. 누리소통망은 공연성을 가지는 매체이기 때문에 개인정보, 주소, 소속 단체 등을 노출할 경우 잘 모르는 사람에게까지 개인 신상이 유출되어 정신적인 피해를 보거나 스토킹이나 보이스 피싱 등 불법적인 범죄로 이어질 가능성이 있기 때문에 더욱 신중해야 한다.

둘째, 누리소통망에서 사용하는 올바른 말쓰임새에서 올바른 관계가 만들어진다. 누리소통망의 특성상 구어적인 표현을 많이 쓰기 때문에 맞춤법보다는 소리나는 대로 쓴다거나 지역어 등을 사용하는 것은 일반적인 현상이다. 그러나 은어, 비속어, 약어, 신조어 등을 부적절하게 사용하는 것은 갈등을 불러일으킬 수 있다. 특히 청소년들끼리 대화에서 자주 사용하는 특정 언어나 표현들은 형식과 권위를 벗어나서 개성과 창의성을 드러내는 것이라 할지라도 또래가 아닌 다른 세대와의 대화 맥락에서는 소통을 어렵게 만드는 요인이 된다. 단어 선택이나 표현이 적절하지 않을 경우, 나의 의도와 달리 상대방이 부정적으로 받아들일 수 있다.

셋째, 지적 소유권에 대한 이해와 관심이 필요하다. '이 정도면 괜찮겠지'하는 자신의 판단으로 다른 사람이 만든 음악, 글, 현재 상영 중인 영화의 장면을 그대로 올리거나 인용할 때, 저작권이나 초상권을 침해해서 법적 문제에 휘말리게 될 수도 있다. 눈에 보이지 않는 무형자산이라고 함부로 다루는 일 없이, 직업윤리에 어긋나거나 업무상 기밀 내용을 발설하는 실수를 유발하지 않도록 세심하게 신경 써야 한다. 글을 올리기 전에 인용 가능 범위를 알아보고, 반드시 사전에 허락을 받아야 하며, 상업적 목적으로 사용해서는 안 된다. 사업을 목적으로 누리소통망에서 공동구매나 판매를 하는 것도 위법행위가 되므로 주의가 필요하다.

마음을 나누는 대화

나와 함께 인스타그램을 시작한 지인은 며칠 동안 푹 빠져 이것저것 둘러보더니 한숨을 쉬며 이런 말을 했다.

"다들 잘 사는데 나만 이렇게 사네."

내가 인스타그램을 시작하고 느끼는 마음도 그와 별반 다르지 않았다. …… 다들 주인공인데 나만 이렇게 엑스트라로 사나 싶어 우울했다.

〈하완, 하마터면 열심히 살 뻔했다 중〉

누리소통망 대화에 과도하게 의존할 경우 생기는 문제점 또한 간과해서는 안 된다. 늘 행복해 보이는 다른 가족의 해외여행 사진이나, 맛집 탐방, 생일, 기념일을 호화롭게 지내는 사진을 보며, 다른 사람은 모두 행복한데 자신만 그렇지 못하다는 상대적 불행감을 느끼는 빈도가 높아져서 카카오스토리, 페이스북, 인스타그램의 첫 자를 딴 이른바 '카페인 우울증'에 걸리는 사람이 많다. 또한 사람들에게 과시하기 위해 '보이기 위한 사진'을 찍으며 그것으로 자신을 평가받으려 하다 보니 진정성 없이 표면적인 삶을 살 수도 있고, 분별없이 친구 신청을 수락해서 관리를 위해 과도한 노력을 하면서 피로감을 느낄 수도 있다. 친구 숫자에만 집착해서 개인에 대한 배려나 존중 없이 필요에 따라서 사업적, 정치적으로 이용하거나, 여론을 형성해서 고의적으로 시비를 걸거나 남을 비방하는 사람들도 있다. 그러다 보니 누리소통망에서의 소통 증가가 오히려 관계의 피로도를 높이고, 혼밥, 혼술족과 같이 관계로부터 벗어나고자 하는 사람들이 늘어나게 한다. 칸트Immanuel Kant의 말처럼 만남 없는 소통은 공허하며, 소통 없는 만남은 맹목적이다.

"대화를 잃어버린 사람들Reclaiming Conversation"을 쓴 터클Turkle은 사람들이 처음에는 대화의 보조도구로 문자를 사용했지만, 이제는 문자가 더 편리할 뿐 아니라 의사를 전달하기도 쉽다는 점을 알게 되어서 문자로 대화를 대체하게 되었다고 말한다. 그러다 보니 사람들은 실시간으로 이루어지는 대화에서 무슨 말을 해야 할지를 모르고 진짜 대화를 어려워하게 되었다는 것이다.

"하루에 적어도 한 시간은 모니터에서 눈을 떼고 사랑하는 사람과 눈을 맞추세요. 그리고 생각하게 해주는 친구, 웃게 해주는 가족과 진짜 대화(real conversation)를 나누세요."

이 말은 구글의 슈미트Schmidt 회장이 2012년 5월 보스턴대학 졸업식에서 한 축사의 한 부분이다. 정보기술의 핵심에 있는 기업의 회장이 한 말이기에 더욱 의미심장하게 다가온다. 우리에게 중요한 것은 누리소통망에서 친구 수가 몇 명인지가 아니라 진짜 우정이라는 것이다. 그는 우리가 모니터로부터 벗어나야 하는 이유를 '마음heart'에서 찾았다. 컴퓨터는 기억장치memory와 속도speed를 가지고 있지만, '마음'이 없는데, 기술적으로 촘촘히 연결된 세상에서 궁극적인 성공의 요소는 바로 사람이라면 누구나 가지고 있는 '마음'이라는 것이다.

이 말은 매체가 변화하는 상황에서 소통하기 위하여 우리에게 진정으로 필요한 것이 무엇인지를 곱씹어 보게 한다.

23

사과와 진심의 맥락

살다보면 누구나 실수나 잘못을 저지른다. 이때 사과를 하는 것은 당연한 것이고, 어려서부터 잘못에 대해 사과하는 것을 규범 처럼 교육받아 왔다. 그런데, 그냥 사과한다는 것 자체로 문제가 해결되는 것은 아니다. 어떻게 사과하느냐에 따라 상대의 마음을 움직여 인간관계가 좋게 회복되거나 개선되기도 하고, 반대로 관계가 단절로 끝나 상대로부터 외면당하기도 한다. 사과하는 말은 자기가 잘못했다는 것을 인식할 뿐 아니라 그 일 때문에 상대방에게 준 '분노와 상처'를 떠올리고 공감하는 내용을 포함해야 비로소 상대방과의 손상된 인간관계를 긍정적인 방향으로 바꿀 수 있다. 자기 잘못을 인정하는 표현을 통해서 상대방에게 이해와 용서를 구하는 말이기 때문에 자존심을 내세우면 하기가 어렵다.

사과는 잘못과 용서를 이어주어 화해로 도달하게 하는 다리의 역할을 한다. 누구든지 잘못된 행동이나 실수를 할 수 있고, 나 자신 또한 마찬가지이다. 그러므로 실수나 잘못 때문에 얽혔던 문제를 풀고 관계를 회복하기 위해서는 사과와 용서의 관계에 주목할 필요가 있다. 현실에서는 직책이 높을수록, 나이가 많을수록, 권위를 중시할수록 사과하기를 주저한다. 그 이유는 사과하는 것과 동시에 권위를 잃게 될 수도 있고, 용서를 받기 위해서 책임을 지거나 대가를 치르는 부담이 따르기 때문이다. 그래서 잘못을 시인하기보다는 생각이 나지 않는다거나 잘 모르겠다는 회피의 말, 거짓과 변명의 말을 늘어놓는 경우가 많다.

갑질과 사과

요즘 사회문제로 막말이나 갑질 논란이 빈번하게 거론되고 있다. 갑질은 계약 권리 상 쌍방을 뜻하는 갑을(甲乙) 관계에서 상대적으로 우위에 있는 '갑'에 특정 행동을 폄하해 일컫는 '~질'이라는 접미사를 붙여 부정적인 어감이 강조된 신조어인데, 상대적으로 우위에 있는 사람이 우월한 신분, 지위, 직급, 위치 등을 이용해서 상대방에게 오만하고 무례하게 하는 막말이나 행동을 말한다. 갑질로 물의를 일으켰을 때, 사람들의 관심은 가해자가 진심으로 반성하고, 진정어린 사과를 했느냐 하는 부분에 집중한다. 다시 말해 상대방에게 준 '분노와 상처'를 떠올리고 공감하는 행동을 표현했는가의 문제인데, 대부분의 경우, 사회적 지위를 이용해서 책임 회피와 변명을 일삼고, 법률 대리인을 선정해 법적인 문제에 대비하는 데 급급하거나, 정치적인 쇼로 일관해서 공분을 사는 경우가 많다. 때를 놓친 사과는 상대방의 분노와 상처를 가라앉히기 힘들다. 그래서 호미로 막을 것 가래로도 못 막는 일이 벌어지게 된다.

역사적으로는 왜곡된 민족주의 시절, 이러한 갑질이 국가적 차원에서 이루어진 예들이 있다. 시대가 바뀐 후에 이러한 과거사에 대해 사과를 하는 모습에 따라 큰 감동을 주며 역사 속에 묻는 계기를 마련할 수도 있지만, 미진한 사과로 갈등을 되풀이하게 만들기도 한다. 전 세계인에게 감동을 준 사과는 1970년 서독의 빌리 브란트Willy Brandt 전 총리가 제2차 세계대전 당시 유태인에게 가혹행위를 했던 폴란드에서 잘못을 뉘우치며 무릎을 꿇었던 일이다. 당시의 장면을 본 세계인들은 이 사과가 시대의 변화에 대처하기 위해 마지못해 의무적으로 한 정치적인 쇼가 아니라 진심에서 우러난 용감하고 진정한 사과로 받아들일 수 있었다. 당시 소련 공산당 서기장은 "나는 독일보다 독일 총리를 더 신뢰한다."고 말했고, 이 진정한 사과로 많은 폴란드인들이 당시의 피해가 '독일'이 아닌 '나치'의 전쟁 범죄라고 받아들이도록 하는 인식의 변화를 가져와서, 더 이상 이웃 국가와 연관된 문제가 아니라는 진정한 화해가 가능하게 만든 계기가 되었다.

1970년 12월 폴란드를 방문한 서독의 빌리 브란트 총리가 무릎을 꿇고
바르샤바의 유태인 저항 기념비에 헌화를 하고 참배했다.

사과가 어려운 이유

잘못을 인식하면서도 사과를 하지 못하는 가장 큰 이유는 자존감이 낮기 때문이다. 자신이 잘못했다는 것을 인정하는 것은 스스로 자신의 체면을 손상시키는 일이라고 생각하기 때문에, 체면 문화에 익숙한 우리에게 사과란 패배를 인정하는 것과 같은 맥락으로 받아들여지기 때문이다. 사과를 하는 일은 자존심이 상하는 일이라고 생각하는데, 자존심이 쉽게 상한다는 것은 그만큼 자존심이 건강하지 않다는 것이고, 건강한 자존감이 있어야만 이런 자존심의 덫에 걸려들지 않게 된다. 사과는 자존감이 높지 않으면 하기 어려운 말이다.

사과를 하지 못하는 또 다른 이유는 자신의 감정을 드러내지 않고 사실 위주로 이야기하는 것이 지성적이라고 받아들이는 경향 때문이기도 하다. 의사소통은 생각과 느낌을 서로 나누는 것이고, 자신이 느끼는 감정을 상대방에게 전달하는 것이야말로 상대방을 설득하는 가장 좋은 방법이 된다. 사람을 변화시키는 것은 사실보다는 감정이라고 하는 것도 그 때문이다. 감정 표현이 익숙하지 않기 때문에 사과의 말을 할 때 쑥스럽고, 어떤 말을 꺼내야 할 지 잘 모르겠고, 사과해도 안 받아 주면 어쩌나 하는 우려가 앞서서 더 머뭇거리게 된다.

어쩌다가 사과를 안 하고 그 순간을 넘겼다고 마음이 편해지는 것은 아니다. 그 사람과 만날 때마다 거북하고 불편해져서 피하게 될 뿐이다. 내가 잘못된 행동을 한 상황에서 잘못했다는 것을 인정하는 것은 내 존재가 잘못되었다고 말하는 것도 아니고, 내 가치가 낮아지는 것도 아니다. 사과는 자기 비하가 아니고, 더 좋은 인간관계를 향해 나아가기 위한 과정일 뿐이기 때문에, 건강하고 높은 자존감을 가진 사람은 사과해야 할 상황에서 진심으로 사과할 줄 아는 사람이다.

더 화나게 하는 게 뭐냐면

사과의 시점은 빠를수록 좋다. 자신이 잘못했다는 것을 확실히 알게 되었을 때 머뭇거리지 말고 바로 찾아가서 사과하는 것이다. 그런데 내가 사과를 하면 상대방도 사과해서 서로 사과하면서 받아들이거나, 그렇지 않더라도 상대방이 사과를 받아들이면 참 좋은데, 오히려 더 말이 엇나가게 되는 경우도 많이 있다. 왜 이런 일들이 생길까?

첫째는 사과하는 말에 따르는 동작언어들이 일치되지 않는 경우이다. 의사소통에서 말로 전달하는 정보보다 중요한 것은 목소리, 얼굴표정, 태도 같은 동작언어이다. 말로는 아무리 그럴 듯하게 사과 표현을 한다고 해도 화가 난 태도로, 딱딱한 목소리로, 깔보는 듯한 태도를 취한다면 이중-메시지double-message가 되어서 듣는 사람은 혼란스럽고, 사과의 효과는 전혀 드러나지 않는다. 아무리 사과하는 게 쑥스러워서 굳어서 그랬다고 할지라도 일반적으로 사람들은 동작언어야말로 중요한 의미를 담고 있다고 해석한다.

둘째는 진정성이 없는 사과이다. 아무리 사과의 내용도 좋고, 목소리나 동작언어까지 다 좋다고 해도 진실성이 없으면 연기에 불과하고, 이런 말은 상대방의 마음에 파고들 수 없다. "불편하셨다면 죄송해요." 하는 말은 상대방이 불편했다는 것을 전제로 한다면 사과하지만, 그게 아니라면 사과할 뜻이 없다는 말로, 이 상황에서 자신이 사과할 마음이 있어서 하는 말이 아니라는 속내를 드러낸다. 대면 사과에서 목소리 톤과 눈 맞추기는 진실성을 드러내는 척도가 된다.

셋째는 사과하는 표현을 하고 나서 변명을 늘어놓거나 토를 다는 경우이다. "죄송해요. 하지만 그 때 나는~" 하는 식으로 자기변명을 하려고 하면 오히려 기분이 상하게 되거나 그 말들이 다른 시빗거리를 만들게 된다. 또한 이렇게 토를 달면 말의 중심은 자기 책임을 인성하고 후회를 표출하는 것이 아니라, 자신을 정당화하는 것으로 바뀐다. 그래서 대부분의 사람들은 '하지만' 이라는 말을 듣자마자 귀를 닫아 버린다. 그 후에 들리는 말은 상대가 "하지만 사실 당신에게도 잘못이 있잖아."라는 말로 들릴 뿐이다.

넷째, 사과의 말로 모든 일이 해결되었다고 스스로 선언하는 식의 사과이다. "미안해, 내가 사과했으니까 이제 됐지?" 하는 식의 사과를 들으면 사과하지 않는 것보다 더 기분이 나빠진다. 마치 내가 사과를 강요했기 때문에 마지못해 사과했다는 것처럼 들리기 때문이다. "미안하다구. 미안하다는데 무슨 말이 그렇게 많아?" 하는 식의 사과는 '내가 사과했으니까 넌 아무 소리도 하지 말아라.' 하는 강요이고, 언어폭력이다.

또한 사과 뒤에 자신의 행동을 정당화시키는 것이다. 정당화는 상대가 나의 행동을 오해했다는 의미를 포함한다. 예를 들면 사과를 할 때 "미안해. 그렇게까지 상처 입을 정도는 아닌데…", "내 의도는 그게 아닌데, 네가 너무 예민하게 받아들이는 거야." 와 같은 말이다. 이런 말은 상대방에게 상처를 주었다는 행동을 부인하는 것과 동시에 상대가 과잉 반응한 것이 문제라고 초점을 상대방에게로 옮기는 것이다. 자신이 야기한 불쾌한 행동은 절대 고의가 아니었다거나 상대방을 겨냥한 것이 아니었다고 말하는 것은 경우에 따라 내가 상대방을 아끼고 있으며, 절대 상처 입힐 생각이 아니었다는 점을 확인시켜줄 때 도움이 될 수도 있다. 그러나 처한 상황에 따라 내가 입힌 상처를 정당화시키는 행동으로 보일 수도 있기 때문에 주의해야 한다.

사과를 구성하는 요소

그렇다면 사과의 효과가 극대화시키기 위해 어떤 방법을 택해야 할까? 오하이오 대학의 르위키Lewiki, 2016 연구팀은 어떤 방식의 사과가 관계와 신뢰를 회복하는데 효과적인지를 알기 위해 총 755명의 참가자를 대상으로 실험을 했다. 먼저 참가자들에게 회계 부서의 매니저가 되어 면접하는 가상의 시나리오를 주고, 지원자가 이전 직장에서 양도 소득 수익을 저평가해서 소득 신고를 잘못한 내용에 대해 사과를 하도록 하고, 면접관들은 어떤 사과가 진정성 있게 느껴지는지에 대해 1점에서 5점까지 점수를 부여하도록 하였다.

첫째, 잘못에 대해 후회하는 마음을 표현한다.
둘째, 무엇을 잘못이었는지 설명한다.
셋째, 자신의 책임을 인정한다.
넷째, 반성하는 마음과 재발 방지를 약속한다.
다섯째, 피해를 보상하는 방법, 보완책을 제시한다.

여섯째, 용서를 구한다.

결과적으로 모든 사과가 동일한 효과를 가지는 것은 아니고, 이 여섯 가지가 모두 포함됐을 경우 사과의 효과가 극대화되는 것으로 나타났다. 이중 가장 중요한 두 요소는 '책임 인정'과 '보완책 제시'였다. '내 잘못이다. 내가 실수했다'고 인정하는 것이 사과의 첫걸음이고, 잘못을 만회하기 위한 보완책을 제시하면 상대방의 마음을 바꿀 수 있다는 것이다. 자신이 무엇을 잘못했는지 확실하게 알아야 진정한 사과를 할 수 있다. 자기가 무얼 잘못했는지도 모르면서 하는 사과만큼 상대방의 마음을 상하게 하는 것이 없기 때문에 책임 인정은 사과의 출발점이 된다. 또한 어떻게 피해를 보상할 것인가에 대해 충분하게 이야기해야 한다. 그러니까 "미안해. 정말 미안해."라고 반복해서 말하는 것보다는 "내가 부주의해서 그 부분을 빠뜨렸어. 내 실수야. 정말 미안해. 다음부턴 중요한 것은 꼭 메모해서 잘 전달하도록 주의할게." 라고 말하는 편이 상대방의 마음을 더 움직일 수 있다는 것이다. 이 가운데 가장 효과가 적었던 것은 '용서 구하기'였다. 명확하게 잘못된 상황에서 용서해 달라는 말은 아무리 반복해도 상황에는 큰 변화가 없다. 용서를 구하는 말은 책임 인정과 보완책 제시와 함께 사용될 때만 효과가 있다는 것이다.

멋지게 사과하는 방법

다카이 노부오高井伸夫가 쓴 "멋지게 사과하는 방법 80가지"라는 책에서는 사과의 다섯 단계를 말하고 있다. 1단계 사과는 오히려 문제를 크게 만들거나 새로운 마찰의 원인을 만들어 낼 수 있고, 2단계 사과는 상대방의 흥분을 가라앉히는 최소한의 선을 지키는 사과이고, 3단계 사과는 신뢰회복까지는 이르지 못하지만 어떤 면에서는 상대방을 안심시키는 사과이고, 4단계 사과는 신용을 회복하는 사과이고, 5단계 사과는 전보다 새로운 신뢰를 얻는 사과라는 것이다.

예를 들어 차를 운전하다가 접촉 사고를 내서 상대방 차의 범퍼가 찌그러졌다고 가정해 보자. 각 단계에 따른 사과는 어떻게 될까?

1단계 : 미안해요. 근데 이렇게 복잡한 길에서는 그쪽도 방어 운전을 해야지요.

2단계 : 미안해요. 차 뒷부분에 흠집이 났네요. 어떻게 할까요?

3단계 : 미안합니다. 차에 흠집에 생겼네요. 보험사에 연락해서 바로 처리해 드리겠습니다. 조금만 기다려 주세요.

4단계 : 정말 죄송합니다. 제 실수로 선생님 차에 흠집을 생기게 해서 뭐라 드릴 말씀이 없습니다. 이게 제 신분증이고,

제 명함인데 이 번호로 연락을 하시면 바로 처리해 드리겠습니다.

5단계 : 정말 죄송합니다. 제가 부주의해서 선생님 차에 흠집을 만들고, 바쁜 시간을 이렇게 보내시게 해서 몸 둘 바를 모르겠습니다. 일단 이게 제 신분증과 명함인데, 지금 정비소로 가신다면 저도 같이 가서 처리하겠습니다. 지금 움직이시는 일정에 차질이 생기시도록 해서 정말 죄송합니다.

위에서 보는 것과 같이 사과의 단계가 올라갈수록 표현이 길어진다. 4단계 사과에는 잘못에 대한 후회와 잘못한 내용에 대한 설명, 책임 인정과 보완책 제시가 들어 있고, 5단계 사과에는 반성하는 마음과 용서를 구하는 것이 더 포함되어 있다. 진정성 있게, 그리고 좀 지나치다고 느낄 정도로 반복적으로 부연하는 것이 상대방의 마음에 신뢰를 줄 수 있음을 알 수 있다. 그렇지만 신뢰를 만들기 위한 노력이라 하더라도 능력 이상의 약속을 하는 것은 미봉책이고 진실성이 없는 사과가 될 수 있다는 점도 생각해야 한다.

효율적인 사과를 위해서는 사과의 타이밍도 중요하다. 피해자의 분노에 대한 사과의 생리학적 효과에 관해 실험한 결과에 의하면 피해자가 흥분하여 혈압이나 심장 박동수가 상승했을 때 적절한 사과를 받게 되면, 빠른 속도로 심장이 정상상태를 회복하는 것으로 나타났다. 그런데, 서로 충돌을 하면서 바로 그 자리에서 사과할 경우, 이 시점에서는 아직 서로 감정적인 흔적이 있어서 사과하기도 어렵고, 용서하기도 어려울 수 있다. 그 일이 있고 나서 다시 생각을 해보니 잘못되었다는 생각이 들었을 때, 그 시점에서 사과를 하면 상대방도 그 문제 때문에 찜찜한 상태에서 먼저 잘못했다는 사과의 말을 들었기 때문에 너그럽게 받아들여서 긍정적인 결과를 가져올 수 있을 뿐만 아니고, "아니에요. 생각해 보니, 제 잘못도 커요." 하는 식으로 또 다른 사과를 이끌어 낼 수도 있다. 자신이 잘못했다고 생각되면, 사과하는 것은 빠를수록 좋다.

사과를 할 때는 자신이 한 행동에 초점을 맞추고, 상대방을 탓하는 것과 같이 들리지 않게 주의해야 한다. 예를 들어 "네가 상처받은 점은 미안해.", "네가 화가 났다니 미안해."라고 말하는 것보다 "내가 너에게 상처를 주어서 미안해.", "내 행동이 널 화나게 해서 미안해."처럼 자신에게 초점을 맞추어야 한다. 그렇게 하는 것이 내가 원인이 된 상처에 대한 책임을 인식하고 있다는 점을 표현하고, 상대방에게 그 책임을 떠넘기지 않는 방법이 된다. 또한 자기 관점으로 잘못한 점을 이야기하면 자칫 잘못하면 변명이 될 수 있다. 예를 들어 "미안합니다. 제가 아주 급한 일이 있어서 너무 속력을 냈어요." 하는 말보다는 "미안합니다. 제가 부주의해서 선생님 차를 박았네요. 차에 흠집이 생겨서 얼마나 마음이 상하셨습니까?" 하는 것이 더 상대방 중심의 사과가 되고, 화를 많이 낸

다음에 사과를 하는 경우라면 "미안해요. 내가 너무 화가 나서 참을 수가 없었어요."하는 식의 사과보다는 "미안해요. 너무 화를 내서 당신 마음을 많이 상하게 했네요." 하고 상대방을 이해하고 배려하는 말로 자신의 책임을 인정하는 것이 더 바람직한 사과가 된다.

사과에 대한 인식 차이

이렇게 사과하는 방식의 차이 때문에 갈등이 많이 생긴다. 특히 남성과 여성은 서로 사과하는 방식이 달라서 이런 문제에 자주 부딪히게 된다.

여진 : 미안해. 내가 잘못했어. 그니까 화 좀 풀어, 응?
남준 : 네가 뭘 잘못했는지 정말 알기는 아는 거야?

관계를 더 중요하게 생각하는 여성은 먼저 사과부터 해서 분위기를 부드럽게 하고 그 다음에 이야기를 하겠다고 생각을 해서 먼저 사과를 하지만, 정보를 중요하게 생각하는 남성은 이런 사과를 들으면 무엇이 잘못되었다고 생각하는지에 관한 정보를 요구한다. 서로 다투는 것 같은 분위기를 바꿔서 우호적인 관계로 만들기 위해서 미안하다고 말한 여진이는 자기가 먼저 미안하다고 하면 남준이도 "아니야, 나도 미안해." 하는 식으로 받아주면서 관계가 좋아질 것을 기대한다. 그러나 남준이가 뭘 잘못했는지 알고 하는 말이냐고 구체적으로 캐물으면서 항복 문서를 받아내려고 해서 다시 여진이의 기분이 상하게 되고 만다. 여성들이 미안하다는 말을 하는 것은 꼭 자신이 잘못했다는 뜻으로 하는 말만은 아니고, 일종의 예의라고 할 수 있다. 그러니까 어떤 문제가 있을 때 한 쪽에서 "미안해요." 그러면 다른 쪽에서도 "아니에요. 오히려 제가 죄송하죠." 하면서 문제점을 덮어버릴 수 있으리라 기대하면서 미안하다고 말했는데 "당신이 미안해하는 건 당연하다." 거나 "무엇을 잘못했는지 알고 하는 말이냐." 와 같은 말을 들으면 갑자기 곤두박질치는 느낌이 들 수밖에 없다.

자기가 말하는 것을 기준으로 상대방의 말을 평가하다 보니까 여성들은 남성이 같이 미안하다는 표현을 해주지 않고 거부하는 것을 이해할 수가 없다. 그러나 상하관계의 구도로 대화를 하는 남성에게 있어서 사과한다는 행동은 자기 스스로 다른 사람의 밑으로 들어가는 일이 되기 때문에, 남성은 명확하게 잘못한 경우에도 미안하다는 말을 잘 하려고 하지 않는다. 교묘한 변명으로 문제를 해결하려는 것은 남자답지 못하다는 생각도 사과를 방해한다. 그러다 보니 남성들은 쉽게 사과하는 여성들을 보면서 자신감이 부족하거나 논리적 판단 능력이 부족하다는 오해를 하는 경향이 있다. 그러다 보면 자기 방식의 사과 표현을 통해 친밀한 관계를 회복하고 싶어 하는 여성들은 남성에게 사과를 받지 못하니까 늘 무언가 부족한 느낌과 거리감을 가질 수밖에 없게 된다.

상대방의 성별과 특성들에 따라 사과에 대한 개념과 요구가 다를 뿐 아니라 개인의 성격에 따라서도 사과의 방식이 달라진다. 독립적인 성격이 강한 사람들은 자신이 받은 상처에 대한 구체적인 치료법이 포함된 사과를 수용할 가능성이 더 높지만, 타인과의 가까운 관계를 높게 평가하는 사람은 공감과 후회를 표현하는 사과에 더 수용적이다.

얼마 전 호주 공영방송에서 효과적으로 사과하는 요령을 보도했다. 그 내용에는 "부모도 자녀에게 사과해야 한다."라는 항목이나 "자녀도 부모에게 사과해야 한다."는 항목들이 들어있다. 진심 어린 사과는 폭발 직전의 부글부글 끓어오르는 마음도 가라앉혀 줄 수 있는 신비한 약이 된다. 사과는 건강하고 높은 자존감을 가지고 할 수 있는 말이다. 자신의 잘못을 후회하고regret, 책임질 수 있는 부분은 기꺼이 책임을 지고responsibility, 다시는 그런 일이 없도록 하겠다는 약속의 말remedy을 통해 상대방의 마음을 풀어 줄 뿐 아니라 이전보다 더 깊은 신뢰를 얻을 수도 있다. 즉각적이고 솔직한 사과야말로 우리의 가정은 물론 사회를 건강하게 만들어 주는 보약과도 같은 역할을 해 줄 것이다.

대화하는 대상에 따라 대화의 공식은 달라진다. 상대에 대한 높임, 자신에 대한 겸양, 메시지에 등장하는 주체와 객체에 까지 높임을 표현하는 한국말은 대화 상대에 대한 배려를 기본적인 문법으로 사용하는 매우 특별한 언어이다. 이 장에서는 서로 말이 안 통한다고 푸념하는 남성과 여성이 어떻게 다른 방식으로 말하고 있는지 점검해 보고, 함께 살아가기 위해 이해해야 할 것은 무엇이고, 수용해야 할 것은 무엇인지 생각해 본다. 고령사회에 진입한 우리 사회에서 어르신과 대화할 때는 어떻게 해야 하는지, 그리고 특별히 난청이나 치매와 같이 의사소통과 관련하여 어려움이 있는 어르신과는 어떻게 대화하는 것이 필요한지 생각해 본다. 밀레니얼 세대를 넘어 Z세대라고 불리는 학령기 자녀들과는 어떻게 대화를 나누어야 할지 생각해 본다. 또한 다문화 시대를 살아가면서 가까운 곳에서 만나게 되는 다양한 사람들과 어떻게 대화하는 것이 좋은지에 대해 생각해 본다.

VI. 대상이 다르면 다른 공식

24

이성과의 대화 – 동상이몽

Hello 외계인 (나?)

너와는 말이 통하지가 않아 (허!)

같은 공간 시간 함께 있는데

(어휴 왜 말이 안 통해?)

Hello 지구인 (안녕?)

네가 내게 말하는 것만 같아

희한하게 묘해 너의 말투와

그리고 너의 발상

(헤이즈, UFO 타고 왔니?)

'말이 통하는 사람'과 함께 대화하는 것은 언제나 즐거운 일이다. 그 상대가 마음에 드는 이성이라면 더더욱 즐겁다. 그렇지만 사랑을 하는 사람들의 노랫말을 살펴보면 서로 말이 통하지 않아서 힘들어하는 마음들을 호소하는 내용이 많다.

> 왜 이리 말이 안 통해요 말이 안 통해
> 이렇게 내 마음을 몰라요   (AOA, 말이 안 통해)

> 분명히 같은 언어인데 말이 안 통해
> 번역이 필요해 서로 독설을 퍼부어   (일리닛, Lost)

남성과 여성의 성을 가르는 것은 생물학적 성(sex)과 사회문화적 성(gender)을 구분하여 생각할 수 있다. 생물학적 성은 선천적으로 갖고 태어나는 고정적인 속성으로 특별한 경우를 제외하고는 여성과 남성으로 이분화된다. 사회문화적 성은 성장하면서 후천적으로 습득되는 유동적 속성으로 상황이나 관계에 따라 좀 더 남성적이거나 좀 더 여성적인 것으로 범주화된다. 생물학적 성의 관점에서 남성어와 여성어를 구별하고, 모든 여성은 여성어를 사용하고, 모든 남성은 남성어를 사용한다고 보는 것은 개인이 가지고 있는 다양성을 고려하지 못한다는 한계가 있다. 언어는 개인이 살아가고 있는 환경이나 위치에 따라, 또 대화의 상황이나 장면에 따라 구성되고, 새롭게 재구성될 수 있기 때문이다. 그럼에도 불구하고 여성과 남성은 서로 다른 문화에서 성장했기 때문에 의사소통을 하는 규칙에도 차이가 있으며, 이러한 차이가 소통 장애의 원인이 될 수 있다는 관점에서 남성과 여성의 언어 차이에 접근해 보기로 한다.

먹이추적자와 둥지수호자

인류가 지나온 삶의 방식을 통해 보면 남성과 여성의 삶의 모습은 매우 달랐을 것으로 생각할 수 있다. 남성과 여성의 대화 행동 특징을 연구한 피스Pease, 2000는 남성은 먹이를 찾아다니는 먹이추적자lunch-chaser의 역할을 해왔고, 여성은 둥지를 지키는 둥지수호자nest-defender의 역할을 해온 삶이 대화의 방식에 차이를 만들었다고 말한다. 수렵 시대의 남성들은 가족의 생계를 위하여 위험한 사냥에 목숨을 걸었고, 같이 길을 떠난다 해도 뿔뿔이 흩어져서, 사냥감에만 집중하며 먹이추적자로 살아왔다. 남성들이 떠난 둥지에 남아서 육아와 가사를 담당하던 여성들은 남편을 기다리며 주변사람과 관계를 돈독하게 맺고 정보를 교환하며 함께 어울려 과일이나 채소를 채집하고, 아이와 어르신들을 돌보며 둥지수호자로 살아왔다.

이러한 흔적은 현대 사회에도 지속되고 있다는 것을 네덜란드의 사회심리학자 홉스테드Hofstede의 문화차원이론cultural dimensions theory을 통해 찾아볼 수 있다. 이것은 어떤 문화가 그 사회 구성원의 가치관에 미치는 영향과 행동의 연관성을 설명하는 이론인데, 세계 사람들의 가치관 차이에 대해 대규모 조사 연구를 해서 기초적 가치의 차이를 여섯 가지 문화의 차원으로 설명하고 계량화하였다. 문화를 결정하는 여섯 가지 차원에는 권력 격차, 개인주의/집단주의, 불확실성 회피, 장기지향성/단기지향성, 쾌락추구/자기절제 등과 함께 남성적 성향과 여성적 성향이라는 차원이 있다. 이것은 사회적인 지배 가치가 얼마나 남성다움을 강조하는지의 정도를 말하는 것인데, 남성성이 높은 사회는 남녀의 역할을 명확하게 구분하고, 성 역할의 차이가 크며, 유동성이 작은 사회이다.

여기서 남성적 성향은 자기주장, 결단력, 완고함, 야망, 권위에 대한 인정과 수용, 권력 등을 중시하고, 경쟁과 모험적인 행동, 물질적인 부를 추구하는 것을 말한다. 이와 같은 목표지향적 삶의 특성은 먹이 추적자의 원형을 통해 쉽게 이해할 수 있다. 먹이 추적자에게 있어서 필요한 대화는 어떤 대화일까? "어디 가면 먹이가 있다."라거나, "멧돼지가 지금 저쪽으로 달아났다."거나 하는 것과 같이 자원을 구하는 것에 필요한 정보이고, 가족을 지키기 위해 사냥을 하고 싸움을 하는 등의 위급한 상황에서 효율적인 사고와 기능이 더 중시된 것이다. 남성의 가치는 얼마나 훌륭한 먹이를 가지고 돌아왔느냐, 즉 결과에 따라 판단될 수 있었다.

이에 반해 여성적 성향은 대인관계에서 다른 사람에 대한 관심과 배려, 겸손, 부드러움, 섬김, 수평적 소통을 추구하며 삶의 질에 관심을 두는 것을 말한다. 이와 같은 관계지향적 삶의 특성은 둥지수호자의 원형을 통해 쉽게 이해할 수 있다. 집에 남아서 가족들을 돌보면서 주변에 있는 과일이나 먹거리에 대한 정보, 아이를 돌보는 방법에 대한 정보 등을 나누기도 하지만, 이웃과 인사를 나누고, 심심해서 칭얼거리는 아이들을 달래주고, 어르신들을 모시면서 남아있는 가족들, 그리고 이웃에 있는 사람들과 함께 좋은 관계를 유지하는 것이었다. 여성의 가치는 주위 사람들과 교류하면서 얼마나 어르신과 아이들을 잘 돌보았느냐, 즉 과정에 따라 판단될 수 있었다. 이러한 차이는 생활 방식과 가치관의 차이뿐 아니라 의사소통 방식에도 큰 차이를 만들었을 것이다.

화성 남자와 금성 여자?

이렇게 문화적으로 큰 차이를 나타내는 남성성과 여성성은 대화 방식에서는 어떤 차이를 보일까? 언어 사용에서 성 차이에 대한 본격적인 사회언어학적 연구는 1960년대 중반에 시작되었다. 잘 알려진 책인 '화성에서 온 남자, 금성에서 온 여자'를 쓴 그레이는Gray, 1992 여성은 사랑과 아름다움을 상징하는 행성인 금성Venus에서 왔고, 남성은 전쟁과 폭력을 상징하는 화성Mars에서 왔다고 비유적으로 말한다. 여성과 남성의 대화는 타고난 기질이 서로 다른 외계인들이 외계어로 나누는 대화라고 보는 셈이다. 무엇이 어떻게 다를까?

대화의 틀: 독립과 유대관계

남성과 여성은 대화를 나누는 기본적인 틀이 다르다. 대화는 항상 나의 자리를 찾고 싶은 '독립'의 욕구와, 함께 하고 싶은 '유대관계'의 욕구라는 상충되는 두 욕구를 조정하는 과정이다. 누구나 이 두 가지의 욕구를 가지고 있지만, 혼자 일하는 것에 익숙한 남성은 대부분 '독립'의 틀을 가지고 대화를 하고, 함께 나누는 것에 익숙한 여성은 '유대관계'의 틀을 가지고 대화를 한다. 이런 차이 때문에 같은 상황을 보면서도 남성과 여성은 서로 다르게 해석한다.

> **남준**: 이번 주말에 같이 동창들 만나기로 했어.
> **여진**: 이번 주말에? 난 꽃구경 갔으면 했는데…
>   그런 거 나랑 좀 의논하면 안 돼?
> **남준**: 날더러 친구랑 약속하기 전에 네 허락 받으라고?

여진이는 함께 의논하자는 말을 듣고 화를 내는 남준이를 이해하기 어렵겠지만, 유대관계의 틀로 보면 함께 의논하는 상황이지만, 독립의 틀로 바뀌면 한 사람은 요청하고 한 사람은 허락하는 상황으로 바뀌게 된다. 자신이 독립적으로 일을 결정하지 못하고 허락을 받아야 한다고 생각하니까 남준이는 기분이 상하게 되는 것이다. 여진이는 같이 의논하자는 말이 허락이라는 것과는 전혀 무관하다고 생각한다. 단지 가까운 관계라면 모든 일을 의논할 수 있어야 하고, 이것은 '유대관계'의 표현이라고 생각하고 있다. 실제로 여진이는 만일 누구와 주말에 약속을 하게 된다면, 그 일에 관해 미리 남준이와 의논했을 것이다. 이런 말을 하고 나면 두 사람 모두 마음에 상처를 받게 된다. 여진이는 자기가 가깝다고 생각했던 것만큼 남준이가 가깝지 않다는 것에 대해 실망하고, 남준이는 여진이가 자기 행동을 통제하고 자유를 구속하고 있다고 생각하고 화가 난다.

대화의 관점: 상하관계와 대등관계

'독립'에는 "우리는 떨어져 있는 만큼 서로 다르다."라는 내포적 의미가 있다면, '유대관계'에는 "우리는 아주 가까워서 똑같다."라는 내포적 의미가 있다. 이것은 그대로 상하관계와 대등관계로 연결된다. 다시 말해서 '독립'의 틀에서 대화를 하는 남성은 지위를 바탕으로 하여 상하관계를 기준으로 대화를 나누고, '유대관계'의 틀에서 대화를 하는 여성은 균형과 평등을 바탕으로 하여 대등관계를 기준으로 대화를 나눈다.

여진 : 이제 그런 사람 만나지 마.

남준 : 나도 그럴 생각이 있었지만, 이래라저래라 하는 건 싫어.

여진 : 그럼, 우리가 그런 말도 못 해?

남준 : 글쎄, 그냥 내 일은 내가 알아서 한다고.

남성들은 여성의 요청을 상하관계의 기준으로 보고, 여성이 자기보다 위에 있어서 지시하는 것이라고 받으니까 기분이 나빠지고, 더 하기 싫어진다. 그러나 여성은 단지 대등관계를 기준으로 부탁한 것이다. 여성은 반복적으로 계속 말하면 더욱 절실하게 자신의 부탁을 받아들여 줄 것이라고 생각하기 때문에 자꾸 같은 이야기를 하게 되는 것이지만, 이것이 남성들에게는 듣기 싫게 한 말을 자꾸 반복하며 바가지 긁는 것으로 받아들이게 되고 만다.

사람들의 관계는 시간이 지나면 서로 바뀌면서, 서로 익숙해지게 마련이다. 그래서 남성과 여성도 함께 오랜 기간을 지내다 보면, 서로를 이해하게 될 수도 있으리라 기대할 수 있다. 그러나 근본적으로 다른 틀과 관점을 가지고 있는 남성과 여성은, 대화가 어떻게 바뀌어야 하는지에 대해서도 서로 기대하는 바가 다르다.

여진 : 그만큼 사귀었으면, 말하지 않아도 내가 뭘 원하는지 정도는 알 수 있잖아?

남준 : 너야말로 그만큼 사귀었으면 좀 털어놓고 말할 수 있는 것 아니야?

남성은 독립과 상하관계의 틀 속에서 여성도 시간이 지난만큼 늘 암시적으로 표현하지 말고 털어놓고 이야기하기를 기대하고 있지만, 여성은 유대관계와 대등관계의 틀 속에서 꼭 말로 표현하지 않아도 자신이 느끼는 것을 함께 느껴주기를 기대하고 있다. 서로 다른 틀 속에서 상대방을 바라보며 대화를 나누기 때문에 상대방을 오해 없이 수용하기는 매우 어렵다.

대화의 내용: 정보성과 친교성

남성과 여성은 대화 내용도 다르다. 남성은 정보성이 있는 말을 해야 한다고 생각하지만, 여성은 그냥 친교 유지를 위해 대화를 나눈다.

여진 : 왜 나랑 있으면서도 핸드폰만 들여다 봐?
남준 : 왜 또 그래?
여진 : 왜 나랑은 그렇게 할 말이 없어?
남준 : 그러지 말고, 할 말 있으면 말을 해.

두 사람이 똑같이 '할 말'이라는 말을 하지만, 남준이 생각하는 할 말은 정보성을 가진 말이라는 뜻이고, 여진이 생각하는 할 말을 친교를 위해 나누는 말이다. 남성에게 대화란 새로운 정보를 전달해야 하는 것으로 받아들여지지만, 여성에게 대화는 상호확인의 방법으로 통한다. 무엇인가를 이야기한다는 것 자체가 서로의 삶을 공유하는 것이 되고, 그것을 경청한다는 것은 관심과 애정을 보이는 것으로 생각되기 때문이다.

집에 돌아와 별다른 말을 하지 않는 남편이 아내한테 관심이 없거나, 집안일에 흥미가 없는 것은 아니다. 단지 효율성과 정보전달의 목적을 가진 남편은 남성의 언어 습관 때문에 말을 잘 안할 뿐이다. 그렇지만 아내는 하루 종일 따로 있다가 만난 남편과 유대관계를 확인하고 싶어서 대화를 나누고 싶어 하기 때문에, 특별한 정보성을 가진 말이 아니라도 내용을 불문하고 그냥 남편이 어떤 말이라도 함께 해주고 따뜻한 눈빛으로 내 말을 적극적으로 들어준다는 주관적인 느낌이 더 중요할 뿐이다.

그렇기 때문에 "그런 건 당신이 몰라도 된다니까.", "그 말의 핵심이 뭔데?"와 같이 정확하고 기술적인 말을 들으면 아내는 '남편은 지금 나와 거리를 두고 있으며, 나를 무시하고 있다'고 해석하기 때문에 거리감을 느끼고 서운해 한다.

여 과장 : 김 과장 옷 입는 거 좀 이상하지 않아요?

남 과장 : 뭐가 이상한데요?

여 과장 : 왜 좀 튀고 싶어 하는 것 같은데, 썩 잘 어울리는 것
같지는 않잖아요?

남 과장 : 그런 말은 김 과장한테 해야지요. 그래야 다음부터

바꿀 것 아니에요?

이 대화를 통해 여 과장은 '나는 당신과 김 과장의 옷에 관해 이야기를 함께 할 만큼 친하다고 생각한다'고 하는 친교성에 초점을 두고 있다. 그러나 정보성에 초점을 두는 남 과장은 그런 말은 김 과장에게 해야 된다고 말한다. 남 과장과 가깝다고 생각했던 여 과장은 서운한 마음이 들 것이고, 남 과장은 자기한테 그런 정보를 주는 의도를 의아하게 생각할 것이다. 어떤 점을 추구하느냐에 따라 같은 대화도 전혀 다른 관점으로 해석하게 되는 것이다.

대화를 나누면서도 정보성을 추구하는 남성들은 아무런 정보성도 없는 말을 가지고 오랫동안 잡담을 하는 여성들을 이해하기 어렵다. 그러나 여성에게는 정보가 중요한 것이 아니라 이야기를 함께 나눈다는 것 자체가 중요하다. 별 내용이 없는 말이라도 함께 나눈다는 것은 유대관계와 대등관계를 충족시키는 것이기 때문이다.

대화의 목적: 문제해결과 공감

남성과 여성은 같이 대화를 나누지만 대화의 목적이 크게 다를 수 있다. 일반적으로 여성은 누구와 함께 대화를 나누면서 공감하는 것에 가장 큰 목적을 둔다. 그러나 남성은 대화를 나누는 내용에 대해서 해결하는 것에 가장 큰 목적을 둔다.

> **여진** : 저 아나운서 어쩜 눈이 저렇게 예쁘지?
>
> 난 눈이 작아서 고민이야.
>
> **남준** : 그럼 수술하면 되지, 뭐.
>
> **여진** : 싫어. 난 수술은 안 받을 거야.
>
> **남준** : 그럼 어떡해?
>
> **여진** : ……
>
> 우리 그만 만나자.

왜 대화가 이렇게 진행되었을까? 여진이는 스스로 작은 눈에 대해 불만을 가지고 있으면서 남준이가 어떻게 생각하는지 궁금해서 슬쩍 이야기를 꺼냈다. 그런데 수술을 받으라고 하니, 남준이도 자신의 눈이 작아서 보기 싫다고 생각하고 있었다고 생각하고 화가 난 것이다. 남준이는 여진이가 고민을 해서 수술하라고 이야기해 주고, 수술비도 얼마 마련해 주어야겠다고 생각했는데, 그만 만나자고 하는 여진이를 도저히 이해할 수 없다. 그러나 여진이가 듣고 싶었던 말은 "아냐, 뭘 그런 고민을 해? 난 네 눈이 제일 예뻐."라는 말이었는데, 수술을 하라니, 기분이 상해서 그만 만나자고 이야기 한 것이다. 여성은 공감을 원하지만, 남성은 문제 해결사가 되려 했던 것이다.

대화의 방법 : 직접화법과 간접화법

남성과 여성은 표현하는 방식도 다르다. 남성은 사실을 전달
한다면 여성은 감정을 표현하면서 대화를 나눈다.

남준 : *감자탕 먹으러 가자.*
여진 : *미정이네는 이태리식당 간다는데, 우린 맨날 감자탕이네.*
남준 : *아니야. 우리도 지난 달 15일에 스파게티 먹으러 갔어.*

여진이는 우리도 분위기 있는 식당에 가자는 말 대신에 친구
네 이야기로 돌려말하고 있는데, 남준이는 사실만 이야기하고 있
으니 대화가 통할 수가 없다. 감정적인 상태에서 "있잖아요, 내 친
구 미정이 걔가 어떻게 나한테 그럴 수 있어요?" "내가 왜 당신이
랑 결혼했는지 모르겠어요" "자식이 어떻게 부모에게 그렇게 해
요?"라고 말할 때 중요한 것은 사실이나 진실이 아니다. 그렇지만
남성은 그 상황에서 어디까지가 사실이고, 논리적으로 무엇이 문
제인지를 이야기하고 싶어 한다. 또한 직접 표현을 사용하는 남성
에 비해 여성은 간접 표현을 사용해서 대화를 한다.

여진 : *어디 쉬면서 뭐 좀 마시고 싶지 않아?*
남준 : *아니. (계속 운전한다)*
여진 : *어쩜 그럴 수가 있어? 목이 말라서 좀 쉬자는데…*

남준 : 아니, 그러면 휴게실 들르자고 말을 해야지.
나한테 물어보는 줄 알았잖아?

여진이가 직접적으로 표현하지 않고 돌려서 간접적으로 표현하는 것은 상대방의 체면을 세워주기 위한 공손전략이다. "나 목마르니 차 세워요."라고 말하는 대신에 "뭐 좀 마시고 싶지 않아요?"라고 돌려서 간접적으로 표현한 것을 남성들은 이해하기 어렵다. "자기야 추워?"라고 물으면서 외투를 벗어줄 것을 기대하는 여자친구에게 "정말 춥네." 하면서 (추우니 단단히 입으라는 줄 알고) 자신의 외투 지퍼를 끝까지 올리는 남성, 집 앞에 새로 생긴 음식점이 맛있다는 소문이 자자하다고 계속 말해도 못 알아듣고 같은 말을 왜 자꾸 하느냐고 반문하는 남편, 멋지게 청혼하려는 남자친구에게 남들의 시선 받는 것이 부끄러우니 간단히 밥만 먹자고 했더니 진짜로 밥만 먹는 것으로 청혼을 했다는 남성 등⋯⋯ 직접 표현에 익숙한 남성에게 간접 표현으로 자신의 의도를 알아주기를 바라는 여성의 마음은 어쩌면 무리일 것이다.

공적인 상황에서도 이러한 차이는 오해의 원인이 될 수 있다. 남성과 여성이 한자리에서 공적으로 이야기를 나누게 되면 남성들은 말을 많이 하지만, 여성들은 이야기를 못 한다. 남성들은 자기의 주장이 옳다는 것을 밝히는 것이 곧 상하관계의 구도에서 자기가 위에 있을 수 있는 일이기 때문에 상대가 누구이든 관계없이 자기의 주장만을 이야기한다. 그리고 그런 이야기 방식은 공정한데, 여성들은 논리가 부족해서 한 마디도 말을 하지 못한다고 받아들인다.

반면에 여성들은 공적으로 이야기를 하는 상황에서도 상하관계보다는 대등관계를 기준으로 대화를 한다. 따라서 상대방 남성이 강한 어조로 주장을 한 것에 대해 자신이 반박을 하게 되면, 그 사람의 체면이 손상될 것을 염려하고, 대화의 분위기가 너무 대립적인 구도로 가면, 서로의 유대관계에 좋지 않은 영향이 있을 것을 생각하면서 직접적인 표현을 피하고, 말도 적게 하는 것이 바람직하다고 생각한다. 그러나 남성들은 공적인 상황에서는 모두가 같이 말할 기회가 있고, 그것을 토대로 능력을 평가하는 것은 평등한 방법이라고 생각을 한다.

이러한 생각을 바탕으로 한다면 공적인 대화에서 여성들이 발언을 삼가는 것은 다시 생각할 문제이다. 남성들이 대화를 주도한다고 불평하거나, 그런 상황을 당연한 것으로 받아들이는 것이 아니라, 그런 불균형을 시정하기 위하여 여성들은 더 적극적으로 의견을 개진해야 하고, 비교적 사소한 문제들에 대해서는 신경을 덜 쓸 필요가 있다. 남성들도 여성들이 공적인 대화의 자리에 익숙하지 않다는 사실까지를 감안한 가운데 평등한 방법을 모색하려는 노력을 기울여야 할 것이다.

지금까지 살펴본 깃처럼 남성과 여성이 대화를 하는 방식은 거의 상반적이다. 대화를 하는 남성과 여성의 시각의 차이가 거의 평행선을 긋고 있기 때문에 중간선쯤에서 타협을 한다는 것은 쉽지가 않다. 그러므로 무엇보다 중요한 것은 서로가 서로의 대화가 가지는 특징들을 이해하는 일이다. 상대방이 독립과 유대관계 가운데 어떤 틀에서 대화를 생각하고 있고, 상하관계와 대등관계 가운데 어떤 것을 기준으로 대화를 해 나가는지를 이해하는 것, 그리고 함께 대화를 나누면서도 추구하는 목적이 공감하는 것에 있을 수도 있지만, 문제 해결에 있을 수도 있고, 친교를 목적으로 할 수도 있지만, 정보성을 추구할 수도 있다는 것을 서로 이해하는 것만으로도 상대방을 비난하거나 상대방에게 지속적으로 무리한 요구를 하는 것을 막아 줄 수 있을 것이다. 한걸음 나아가 서로의 관점을 바꾸어 생각해 보는 패러다임의 전환은 서로를 깊이 이해할 수 있고 서로의 대화가 통할 수 있는 통로를 마련해 주는 좋은 방법이 된다. 문제가 있는 상황에서 여성은 남성의 대화 방법의 틀 속에서 생각해 보고, 남성은 여성의 대화 방법의 틀 속에서 생각해 보면, 서로의 감정을 이해할 수 있을 것이고, 이해를 바탕으로 대화하려는 마음은 그 다음 대화가 이어져 나갈 수 있도록 하는 가장 좋은 대화를 생각나게 해 주기 때문이다.

25

Z세대와의 대화

    대화는 생각과 느낌을 서로 교환하는 것이고, 소통을 위해서는 다른 것을 틀렸다고 말하지 않고, 차이를 이해하고 그 방식을 인정하는 것이 필요하다는 것을 이론적으로 받아들이는 것은 그리 어려운 일이 아니다. 그러나 막상 생활 속에서 시험공부를 하면서 스마트폰을 옆에 놓고 있는 아들, 속옷보다 짧아 보이는 치마를 입고 나가는 딸을 보면서 그 방식을 인정하기는 매우 어렵다. 나에게는 당위적인 것으로 생각되는 것이 젊은 사람들에게는 세대차이로 하는 잔소리로 인식될 뿐이다.

    세대를 구분하는 기준은 다양하고, 각 나라의 사회적 환경에 따라 달라질 수 있어서 다양한 견해들이 있다. 같은 세대의 사람들이 다 같은 가치관을 갖고 있는 것은 아니지만, 대체적인 경향성을 이해하는 데는 세대를 구분하는 것이 유용하다. 지금 함께 살아가고 있는 어르신들 가운데는 일본의 식민지와 전쟁을 몸소 겪은 사람들과, 전쟁 이후의 이른바 베이비붐 세대(1953-1964)에 속하는 사람들이 있다. 그 이후 X세대(1964-1977)라는 말이 나왔을 때 '신세대'라는 말을 쓰고, 어디로 튈지 모르는 탁구공 세대라고 하였는데, 디지털, 네트워크, 에코 세대 등 다양한 특성의 세대 이름으로 경향성을 드러내는 현 세대의 주역인 밀레니얼 세대인 Y세대(1978-1994)를 거쳐 Z세대(1995-2010)와 알파(α)세대(2011-)에 이르고 있다. 대략 베이비부머가 낳은 2세대가 밀레니얼 세대인 Y세대라면, X세대가 낳은 2세대가 Z세대라고 볼 수 있다.

Z세대, 그들의 삶은?

베이비부머 세대가 텔레비전을 보며 즐겼다면, X세대는 컴퓨터를, Y세대는 스마트폰을 즐겼다. 그러나 Z세대는 더 나아가 3-D 프린터와 인공지능 로봇을 즐기며 살아갈 세대이다. 베이비부머 세대가 편지나 전화로 소통을 했다면, X세대는 이메일을, Y세대는 문자나 카톡을 사용해서 소통했다. Z세대는 페이스북, 유튜브, 인스타그램, 텔레그램, 스냅챗처럼 문자와 이미지를 넘어

영상으로 소통을 하는 세대이다. IMF 이후부터 2010년 사이에 태어난 Z세대는 경제적으로는 이전 세대보다 어려운 환경이지만, 기술의 발전 속도는 예측하기 어려운 시대를 살아갈 것이다. 무엇보다 Z세대는 지금 초등학생부터 대학생에 이르는 학령기를 보내고 있어서 부모와 자녀 사이의 대화가 다른 어느 시기보다 중요한 시기이다. 따라서 그들과의 소통을 위해 그들의 특성과 경향성을 이해하는 것이 필요하다.

디지털 원주민

Z세대는 디지털 원주민Digital Native이다. 그 이전 세대인 Y세대를 디지털 개척자라고 한다면 디지털 원주민들은 태어나면서부터 디지털 매체에 둘러싸여 그것을 일상생활의 일부로 받아들이며 자랐다. 자연스럽게 디지털 환경 속에서 나고 성장하며 스마트폰이나 누리소통망을 통해 세상과 만났기 때문에 자아정체성과 사고방식과 같은 삶 자체가 디지털과 밀접한 연관을 갖고 있다.

Z세대의 존재감은 누리소통망SNS 존재감이다. 실재로 어디에 가서 누구를 만나는 것이 중요한 것이 아니라 누리소통망에서 누구와 연결되어 있느냐가 더 중요하다는 것이다. 부모님을 따라 외식을 하거나 여행을 갈 수도 있지만, 실제로는 누리소통망을 통해

친구들과 함께 있고, 문제 해결 방식도 누구를 찾아가서 도움을 얻는 것보다는 누리소통망에서 아이디어를 얻고 피드백을 받아서 해결하려는 성향이 강하다. 연결된 디지털 기기를 통해 세상과 소통하고, 다른 사람과 연결된다고 생각해서 자신의 기분이나 생각을 디지털 공간에 상태 메시지로 나타내기를 즐긴다.

정보와 통계를 알려주는 잡지인 'Fact & Trends'(2017)에서는 Z세대는 항상 온라인에 접속되어 있으며, 하루에 보통 6-9시간을 인터넷에 접속하고 있고, 10대의 경우 92%가 매일 접속한다고 하였다. 그러나 이전의 Y세대가 '자신을 어떻게 드러내는지'를 고민하며 디지털 이미지로 만들어서 다른 사람과 공개적으로 공유하던 것에 비하면, Z세대는 사생활이나 개인정보를 드러내는 것을 불편하게 생각해서 다른 사람의 텍스트를 공유하거나, 스냅챗처럼 시간이 지나면 저절로 내용이 사라지는 미디어를 더 선호하는 경향이 있다. Z세대는 누리통신망에 자신을 노출하며 타인에게 관심을 받고 문화적 소속을 즐기면서도 의도치 않게 자신의 정보가 인터넷에서 알려지는 게 얼마나 위험한 일인지 잘 알고 있기 때문에 '내 정보'를 조심스럽게 다룰 줄 안다.

다중처리 능력자

Z세대는 다중처리multi-tasking 능력자들이다. 음악을 들으며

공부가 되느냐를 가지고 논란을 하던 X세대들은 자녀들이 공부한다고 책상에 앉아서 이어폰으로 음악을 들으며, 스마트폰으로 문자도 보내고, 모르는 내용을 유튜브로 학습하면서, 한편으로는 텔레비전으로 야구 경기도 흘긋흘긋 보는 상황을 이해하기 어렵다. 대학 도서관도 전에는 조용한 열람실 공간을 많이 확보하려고 하였지만, 지금은 시험 기간에도 조용한 공간보다는 통신망이 연결된 열린 공간을 찾는 학생들이 대부분이다. 어려서부터 디지털 환경에서 자라서 텔레비전, 스마트폰, 랩탑, 데스크탑 등 하루에도 여러 종류의 디지털 기기를 오가며 대부분의 시간을 보내기 때문에 한 번에 하나씩 정보를 처리하는 방식은 Z세대에게 익숙하지 않다.

말보다 이미지로

Z세대는 말보다 이미지로 대화한다. 보이는 언어 세대인 Z세대는 구구절절이 말을 하지 않고 이미지 한 장으로 자신의 뜻을 전달하는 것에 익숙하다. 그래서 말을 많이 하거나, 말이 길어지면 여지없이 티엠아이Too Much Information라고 표현한다. 덴마크 미래학자 옌센Jensen, 2005은 정보사회 이후의 미래 사회 형태로 '드림 소사이어티'를 내다본다. 드림 소사이어티는 이성이 아니라 감성이 지배하는 사회다. 소통 체계에서 문자가 이성이라면, 이미지

는 감성이다. 그의 말에 따르면 미래 사회의 핵심 의사소통의 요소는 이미지인 셈이다. 이미지로 소통하는 방식 가운데 하나는 이모티콘을 이용하는 것이다. 세계 공통으로 쓰이는 이모티콘만 해도 이미 천 개가 훨씬 넘는다. 말이나 문자로 설명하는 번거로움을 다양한 이미지 가운데 하나를 선택하는 것으로 대신하는 것이다.

Z세대는 동영상의 생산소비자prosumer이다. Z세대들은 이미지에서 더 나아가 동영상 콘텐츠를 활용하는 빈도가 매우 높다. 특이할만한 점은 동영상을 시청하고 단순히 공감하는 것으로 끝나지 않고 독자적으로 동영상을 제작해서 공개하는 등 능동적으로 참여한다는 것이다. 이전 세대들이 인생에서 영향을 받는 사람이 누구인지 물으면 대부분 사회 저명인사, 역사적 인물, 연예인 등 유명인이 대부분이었는데, Z세대는 동영상 콘텐츠인 유튜브에 올라온 영상 중 개인의 취향과 관심사에 맞는 동영상을 만든 사람YouTuber에게 가장 큰 영향을 받는다고 한다. 조물주 위에 건물주, 건물주 위에 유튜버가 있다고 말한다. 이들에게 화장하는 법을 배우고 운동하는 것을 따라하는 등 선호하는 콘텐츠를 찾아 정기 구독을 한다. 구독자 수가 15만명 이상인 국내 어린이 유튜브가 10여개이고, '마이린 TV'에서는 12살 어린이가 직접 진행하고, 촬영하고, 편집도 하는 1인 유튜버가 올린 영상 가운데 '밤 열두 시에 엄마 몰래 라면 끓여먹기' 영상은 조회수가 팔백 만을 넘기도 했다. 누리소통망 안에서 정보를 교환하고, 공통의 관심사를 나누며

상호작용하는 특성이 두드러지며, 이러한 특성은 Z세대의 모바일
앱 이용시간이 잘 나타내 주고 있다.

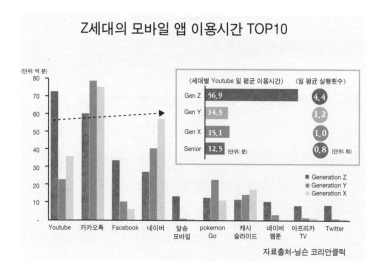

Z세대에게 유튜브는 텔레비전보다 중요한 매체로 하루 평균
56.9분으로 가장 오래 사용하였고, 이전 세대인 Y세대와 X세대
의 하루 평균 유튜브 시청 시간이 각각 14.3분과 15.1분인 것에
비해 약 4배정도 길었다. 또한 하루 평균 유튜브 앱 실행 횟수도
4.4회로 다른 세대들에 비해 압도적으로 높았다. 텔레비전 앞에
온가족이 모여 리모컨을 들고 채널을 이리저리 돌리며 보던 모습
은 사라지고, '이동성'을 겸비한 스마트폰으로 지하철에 앉아서 좋
아하는 가수의 노래를 듣고, 방송 시간을 놓쳤던 프로그램이나 스
포츠를 보고 게임을 하며, 필요에 따라서 유튜브에서 인터넷 강의
를 골라 들으며 학습하는 것이다.

소통 방식의 변화

이와 같은 성향은 소통방식에도 변화를 가져왔다. Z세대의 소통에서는 다음과 같은 특성을 찾아볼 수 있다.

첫째, 실시간성과 경제성을 추구한다. 시간과 공간을 넘어서 언제나 연결되어 있고, 자신이 원하는 때에 실시간으로 소통했기 때문에 즉각적인 반응이나 피드백이 뒤따르는 대화를 원한다. 그러므로 이메일과 같이 "안녕하세요?"로 안부를 물으며 시작하는 번거로운 형식 없이 메신저 대화에서는 용건만 간단히 말한다. 심지어는 좋아하는 이성 친구에게 고백할 때조차도 "그냥 페메(페이스북 메시지)로 하는 경우가 많죠."라고 말한다. 간결하고 힘을 덜 들이는 메시지 전달을 위해 줄임말 사용은 물론이고 초성자만을 이용한 방식이라든지, 아예 문자 없이 다양한 의미를 담은 이모티콘만으로 간단한 소통을 하는 경우도 많다. 핵심어 중심으로 소통을 하는데, 이 때 두드러지는 것은 #(해시태그) 부호를 사용하는 것이다. 어문규정 어디에서도 배운 적이 없는 부호이지만, 단어와 # 부호만으로 간편하게 설명하는 방식을 즐긴다.

"오늘은 벚꽃이 활짝 핀 교정에서 친구들과 사진을 찍고, 야경이 아름다운 삼청동 음식점에서 맛있는 저녁식사를 했다. 즐거웠다." 라는 내용은 사진과 함께 다음과 같은 텍스트로 전달한다.
- #데일리#벚꽃#친스타그램#포토#야경#삼청동#맛집#먹방#

존잼'

둘째, 기존의 언어형식에 구애받지 않고, 놀이와 소통을 결합한다. Z 세대는 이른바 '급식체'만으로도 소통이 가능하다. 급식체란 학교 급식을 먹는 초·중·고등학교 학생들이 자주 사용한다고 해서 붙은 이름이라는 점에서 Z세대의 언어이다. 급식체에서는 맞춤법, 띄어쓰기뿐 아니라 비어, 속어, 은어 등의 구분도 상관하지 않고, 국어인지 외국어인지도 중요하지 않다. 알고 있는 모든 언어를 활용하여 놀이의 성격을 더하고, 이른바 '야민정음'이라는 표기법도 만들어서 사용한다.

ㅇㅈ? ㅇㅇㅈ~~ 크으~~ 오지는 거 인정? 어 인정? 대박중박 소박도 인정하는 각? 오지는 각이구요~ 아 오지고 지리고 존나 좋은거 인정하는 부분이구요~ 인정안해서 후회한다면 후회할 시간을 후회하는 각이고요~실화냐? 다큐냐? 맨큐냐? 오졌따리오져따 쿵쿵따리쿵쿵따

ㅇㅈ? ㅇㅇㅈ~(인정? 어인정)은 어떤 일을 수긍, 긍정할 때 쓰는 말이다. 웃음을 보내는 'ㅎㅎ', 'ㅋㅋ'의 단계를 지나 자음자만으로 문장을 완결해서 'ㄴㄱ?'는 누구냐를 묻는 것이고, 'ㅇㄷ?'는 어디인가를, 'ㅂㅇ'는 대화를 마칠 때, 영어로 'bye'를 표기한 것이다. ㅇㄱㄹㅇ(이거레알)은 '이거 진짜야?' ㄹㅇㅍㅌ(레알팩트)는 '진짜 실화야', ㅂㅂㅂㄱ(반박불가)은 '반박할 수 없다', ㅃㅂㅋㅌ(빼박캔트)은 '빼도 박도 못한다.'의 자음자를 적은 것이다.

'인정? 어 인정'과 같이 묻고 대답하는 식의 대화가 사용되는데, '고등? 어 조림', '동의? 어 보감'과 같이 기존의 말에 연접을 달리해서 이어붙이거나, 여기에 Z세대가 즐기는 음악의 유형인 랩의 영향이 더해져서 '오지고, 지리고, 렛잇고', '오지구요 지리구요, 톰과제리구요' 등과 같이 운율이나 리듬을 맞추는 말들을 이어간다.

감정이나 느낌을 극단적으로 표현하는 경향이 있어서, '마음이 흡족하다, 야무지고 알차다는 뜻의 오달지다의 준말인 '오지다', 똥이나 오줌을 참지 못하고 조금 싸다, 형용사로는 오줌 냄새와 같거나 그런 맛이 있다는 뜻을 가진 '지리다' 등이 '급식체'의 핵심어 구실을 하며 '오지구요, 지리구요'는 후렴구처럼 쓰인다. 우유를 만드는 빙그레에서는 이런 특성에 편승해서 오디맛 우유를 홍보하기 위해 이를 변형한 '오디고, 디리고'를 사용하기도 했다.

높임법과 문체에 민감한 어미를 대체할 방법으로 '이거 우승

각?(이거 우승이야?)', '내일 도서관 각?(내일 도서관 갈래?)', '오늘 떡볶이 먹을 각? (오늘 떡볶이 먹을래)?'와 같이 '~각'을 문장종결형으로 사용한다. 또한 '이거 끝나는 부분이냐?', '지금 망하는 부분이냐?'와 같이 '~하는 부분이냐?'를 붙이기도 한다.

명작 → 띵작
귀엽다 → 커엽다
멍멍이 → 댕댕이
피자 → 괴자
비빔면 → 네넴띤

'야구 갤러리+훈민정음'의 혼합어로 만들어진 야민정음은 한 인터넷 야구 갤러리에서 사용하던 방식에서 나온 것으로 글자의 기본적인 소리값을 무시하고 시각적으로 비슷한 모양의 글자들로 바꾸어서 글쓰기와 놀이를 더한 방식이다.

셋째, 대등 관계의 구도로 대화하길 원한다. Y세대와 구별되는 Z세대의 특성으로 집단으로 일하기보다는 혼자 일하는 것을 원하는 독립성을 추구한다는 점을 들고 있다. 방에 책상들을 놓고 배열하라고 하면 Z세대의 상사이고 선배인 Y세대는 협력적인 일을 하도록 책상을 둥글게 모으지만, Z세대는 동료들과 더 경쟁적이고, 스스로 어떤 일을 하려는 경향이 더 강하기 때문에 독립적인 공간으로 따로 떼어서 배열한다는 것이다. Z세대는 정해진 방식보다는 자기주도적인 방식으로 문제를 해결하기 원하고, 70%가 기존의 기업에서 일하기보다는 창업을 희망하고 있다. 한국 전통 문화는 집단주의를 바탕으로 하고, 집단 안에서의 서열이 확실해서 대부분은 상하관계의 구도로 대화를 나누어 왔다. 관계를 중요하게 생각하던 X세대 이전 부모 세대의 가치는 평등을 중요하게 생각하는 Z세대의 성향과 잘 맞지 않는다. 디지털 공간에서 Z세대는 대등한 구도로 소통을 해왔다. 심지어 대통령의 누리소통망에서도 '좋아요'를 누르면 숫자가 하나 올라가는 1/n의 방식에 익숙하다. 따라서 가족 대화를 하더라도 확실하게 그들의 자리를 마련하고, 문제를 해결하는 방식에 1/n의 참여를 할 수 있는 분위기를 만드는 것이 소통으로 가는 길이 될 수 있다.

'언어 사용에 대한 국민 의식 조사 보고서'와 '청소년의 언어 실태 빅데이터 분석'에 의하면 서로 다른 세대와 대화하거나 문자 메시지를 주고받을 때 '소통이 안 된다'는 응답자가 32.2%로, '소통이 잘 된다'는 58.4%에 그쳤고 '모르겠다'는 응답은 9.4%로 나타났다. 특히 60세 이상은 과반수인 50.3%가 '소통이 안 된다'고 답했는데, 젊은 세대들이 잘 알아들을 수 없는 은어를 사용해서 세대 간 소통의 불편함도 적지 않다고 호소했다. 응답자의 42.7%가 '불편하다'고 대답했는데, 청소년과 함께 생활하는 부모조차도 이 같은 은어의 뜻을 짐작하기 어렵다고 답했다.

미래를 이끌어 갈 Z세대가 사는 공간에는 과잉과 결핍이 공존하고 있다. 기술의 발달은 어디까지 갈지 예측하기 어렵지만, 경제적으로는 부모 세대보다 어려운 첫 세대가 될 것이다. 다양한 소통망을 통해 정보가 홍수처럼 밀려오는 정보 과잉시대의 인터넷 세상은 고독할 틈을 주지 않는다. 타인과의 연결성을 무엇보다 중요하게 생각하는 Z세대는 온라인과 오프라인을 넘나들며 맺은 관계가 풍성해짐에 따라서 정서적으로 충족되고 만족감을 얻어야 하는데, 오히려 주위로부터 소외되거나 고립되는 것을 두려워하며, 늘 어딘가에 연결되어서 대화하는 것에 지쳐있다.

세대 차이는 어느 시대나 피할 수 없는 일이다. 디지털 원주민인 Z세대의 다중처리 능력을 인정하게 되면 불필요한 간섭을 덜 하게 되고, 특성에 맞는 공간을 배려해 줄 수 있을 것이다. 이미지와 동영상으로 소통하기 원하는 그들의 방식을 이해하고 함께 할 필요도 있다. 평등의 가치를 추구하며, 스스로 문제를 해결하려고 하는 개인주의적 성향이 강하고 독립적인 Z세대에게 권위나 서열의 개념이 들어갈 공간은 없다. 미성숙하다는 것을 이유로 대신 문제를 해결하려 하면서 해법을 제시하고 따르라고 히거나, 기존의 질서이기 때문에 따르는 것이 당연하다고 강요하는 것은 갈등을 더 크게 만들어 갈 뿐이다. 다른 것을 인정하고, 내 방식을 따르라고 강요하지 않으며, 그들이 대등하게 들어올 수 있는 자리를 마련하는 것, 그것이 미지않아 이 사회의 주류가 될 다음 세대와 함께 살아가는 방식이 될 것이다.

26

어르신과의 대화

통계청에 따르면 2018년 기준 국내 총인구는 5,163만 명이며 이중 65세 이상 인구는 738만명으로 고령자 인구(65세 이상)가 전체인구의 약 14.3%를 차지하고 있다. 보통 고령자 인구가 총인구에서 차지하는 비율이 7% 이상인 사회를 고령화 사회Aging Society, 14% 이상이면 고령사회Aged Society라고 하는데, 2018년 기준 738만 명으로 이제 한국은 고령사회에 진입하였고, 2025년에는 천만명을 넘어서 다섯 명 가운데 한 명에 이를 것으로 예측하고 있다.

고령사회에 행복하게 살아갈 수 있는 방법을 연구한 핑커Pinker, 2014는 얼굴과 얼굴을 마주보며 접촉하는 마을 효과village effect가 운동이나 환경, 질병보다 더 직접적인 건강과 행복의 비결이 된다고 하였다. 어르신들이 다른 사람과 접촉할 때 옥시토신이 분비되어 심리적 안정감을 느끼고, 스트레스가 줄어들며, 도파민이 분비되어 통증이 완화되고 긴장도 풀린다는 것이다. 이런 점에서 고령사회를 살아가는 우리들이 준비해야 할 것은 함께 마을을 만드는 것, 다시 말해 서로 관계를 맺고, 대화를 나누는 기술이다. 바람직한 관계를 유지하기 위해 어떻게 대화를 이끌어 가야하며, 어르신의 마음을 상하지 않게 하면서 대화하는 기술들을 통해, 서로의 신뢰를 깊게 할 뿐 아니라 행복과 건강을 증진시키는 유익한 시간을 만들 수 있을 것이다.

어르신은 틀딱충?

어르신과 대화를 나눈다고 생각하면 자신도 모르게 목소리가 커지고 말을 천천히 또박또박 하게 된다. 귀가 불편하신 어르신들에게는 좋은 방법이지만, 어떤 어르신들은 오히려 어린아이 취급을 받았다는 생각이 들거나, 자신의 청력이나 말하기 능력을 의심받고 있는 것 같아서 불쾌한 기분이 들 수도 있다. 어르신의 상황이나 특성을 모른 채 무턱대고 배려를 한다면 반대로 기분을 상하게 할 수도 있다.

어르신들은 생진 처음 겪는 노화로 인하여 생긴 변화에 적응하기 위해 힘겨운 시간을 보내게 된다. 사춘기를 보내며 세상과 적응하기 위해 힘든 시간을 보낸 것처럼, 자신에게 나타나는 낯선 현상들을 자신의 것으로 받아들이기 위해 힘든 시간을 보내는 것이다. 나이가 들어가면서 자연스럽게 찾아오는 3고苦, 즉 고독, 빈곤, 질병 이 세 가지는 노년기의 불청객임과 동시에 고정관념의 근원이 되기도 한다. 그래서 어르신과 대화를 나눌 때 누구나 쉽게 떠올리는 부정적인 고정관념들이 있다. 신체적으로 노쇠하여 소리도 잘 못 듣고, 그럴수록 목소리는 커지며, 발음도 불분명할 뿐 아니라, 정신적으로 노쇠하여 인지 능력도 떨어지며, 생각이 민첩하지 못해서 단어 선택도 어렵고, 대화 내용 또한 일관성이 없다는 선입견이다. 또한 자신이 살아온 삶의 방식에 대한 고집이 강해서 까다롭고, 완고하며, 잔소리가 많고, 불평을 많이 하며, 남에게는 인색하고 이기적이라는 선입견도 가지고 있다. 쉽게 은둔하고자 하면서 적적함을 느끼고, 매사에 자신감이 없어 소심하게 되고, 다른 사람에게 속기 쉬운 속성을 가지고 있다는 부정적인 선입견도 가지고 있다. 그래서 어르신들을 '틀딱충'이라고 낮잡아 말하기도 한다. 틀니를 딱딱거리는 노인(=벌레)의 줄임말이니, 노인 세대에 대한 선입견과 정서적 거부감을 극단적으로 드러내는 말이다.

그러나 중학생이라고 모두 똑같은 특성을 갖는 것이 아닌 것처럼 고령사회를 구성하는 어르신도 연세, 성별, 교육 정도, 사회 경험, 건강, 문화 수준 등에 따라 모두 다른 특성을 갖는다. 어르신에 대한 부정적인 고정관념 자체가 어르신과의 소통을 방해하는 것이 되고, 어르신들의 건강과 행복을 빼앗는 것이 될 수 있다. 따라서 어르신과의 대화에서는 부정적인 고정관념의 범주에서 벗어나 한 개인의 특성을 중심에 두고 대화해야 한다. 오래 살았다는 경험이 지혜와 지식의 근거가 되어 노인을 존경하던 시대는 지나갔지만, 삶의 연륜을 통해 많은 것들을 배우겠다는 마음으로 대화를 하면, 생각 이상의 결실을 얻을 수 있게 될 수 있다.

느린 속도, 큰 목소리?

실생활에서 부정적인 고정관념을 가지고 있는 젊은이들은 어르신과의 대화 자체를 회피하지만, 대화를 해야 하는 상황에 당면하면 대부분 같은 실수를 한다. 특히 살면서 어르신과 접촉한 경험이 적은 사람일수록 어르신과의 대화에는 느린 속도와 큰 목소리가 필요하다고 생각한다. 그래서 어르신들의 개별적 소통능력을 고려하지 못하고 지나치게 큰 소리로 말을 하거나 과도하게 천천히 말을 한다. 그리고 소통에 문제가 있다고 생각하면 노력을 하려는 마음보다는 어차피 말해봐야 알아 들을 리가 없다고 판단하고 금방 포기하고 말을 하지 않기 때문에, 결과적으로 어르신들은 어렵게 얻은 소통의 기회에서 좌절감을 맛보거나, 더 위축되실 수 있다.

어르신과 대화할 때는 연장자에 대한 예의를 갖추고, 겸손한 마음으로 대화를 하면서 되도록 잘 듣겠다는 마음으로 대화를 하는 것이 대화를 열어가는 방법이 된다. 직접 눈을 맞추기보다는 코나 입주변을 보는 것처럼 약간 시선을 낮추고 되도록 반 팔 정도 벌어지는 친밀한 거리 안에서 대화를 하는 것이 좋다. 질문이 있더라도 말씀이 이어지는 중에는 끼어들지 않고, 말씀이 끝난 다음에 질문을 하고, 대답이 늦어지더라도 되묻거나 답을 재촉하지 않는 것이 좋다. 말씀하는 내용에 대해 맞장구를 치거나 고개를 끄덕이면서 공감하고 있다는 것을 나타내고, 감사의 표현으로 대화를 마무리한다.

난청 어르신과의 대화

노화로 인해 질병이 있으신 어르신과의 소통은 더욱 고려할 점이 많다.

> 학생   : 할머니 가방이 열렸어요. 이거 닫고 가세요.
> 할머니: 뭐라고? 내가 귀가 잘 안 들려…
> **학생   : 가 방 열 렸 다 고 요.**

길에서 가방을 열어둔 채 다니는 할머니를 도와드리려던 학생은 할머니 귀에 대고 소리를 질렀다. 할머니는 놀라서 허둥거리

시다 넘어지고 말았다.

청각신경의 노화로 서서히 진행되는 노인성 난청은 70세 이상의 절반 정도가 겪고 있는 흔한 현상이다. 난청이 있으면 텔레비전 볼륨을 이전보다 높이고, 잘 듣지 못하니까 상대적으로 목소리가 더 커지며, 했던 말을 다시 말해 달라고 부탁하기도 하고, 손을 귀로 가져가기도 한다. 특히 아이들의 소리나 여성의 소리와 같이 주파수가 높은 소리들을 잘 듣지 못하고, 마찰음이나 파열음 같은 거친 소리들부터 장애가 시작되어 난청이 심해지면 점점 ㄴ, ㅁ, ㅇ과 같은 비음이나 모음까지도 듣기 어려워진다.

난청 어르신과 대화를 할 때 어르신을 배려한다고 큰소리로 말하거나, 옆이나 뒤에서 말하거나, 귀에 대고 큰소리로 말하는 것은 어르신의 관점에서는 공격을 받는 것으로 인식되어서 오히려 방해가 된다. 큰소리를 낼 때는 자신이 의식하지 못하는 사이에 얼굴 표정이 굳고 화난 것처럼 보이기 때문에 어르신은 불편함을 느끼게 된다. 주변이 시끄러울 때는 소리가 섞여 들려서 더 듣기가 어렵기 때문에 텔레비전이나 라디오같이 주변에 소음을 일으키는 것이 있다면 소리가 나지 않게 하는 것이 필요하다. 어르신과 얼굴을 마주보고 이야기를 하되, 목소리의 톤을 낮추어서, 분명한 발음으로, 보통 속도보다는 조금 천천히 또박또박 이야기하는 것이 이해에 도움이 된다. 되도록 좀 더 쉬운 단어로 바꾸어서 이야기하고, 긴 이야기를 해야 할 때는 중간 중간 이해 여부를 확인하면서 이야기를 진행하는 것이 필요하다.

치매 어르신과의 대화

고령사회에서 가장 크게 대두되고 있는 문제는 단연 치매이다. 치매는 뇌세포의 퇴화로 인지 능력이 약화되어 언어장애까지 동반하는데, 현재 치매 인구는 75만여 명(중앙치매센터 통계)으로 65세 이상 열 명의 어르신 가운데 한 명이 치매를 앓고 있다. 곁에서 간병을 하거나 지켜보는 가족들도 서서히 판단력이 없어지고, 혼란스러움이 가속화 되어 대화 능력을 잃어가는 어르신을 지켜보면서 마음이 복잡해질 수밖에 없다.

가벼운(경증) 치매를 앓는 어르신은 의사소통 능력은 거의 손상되지 않아서 대화가 가능하다. 그러나 적절한 어휘를 구사하거나 일관된 시간의 흐름으로 이야기하는 것은 어렵다. 간단하고 직접적인 언어를 사용하는데, 물건이나 사람의 이름을 기억하는 것에는 어려움이 있다. 따라서 기억을 돌이킬 수 있는 사진이나 물건 등을 활용하면 더 활발하게 대화할 수 있다. 경증 치매의 경우, 혼돈이 있는 어르신에게 잘못된 상태를 지적해 주고 계속적으로 바른 현실에 대한 자각을 위해 반복적으로 알려드리는 방법도 사용할 수 있다. 날짜, 계절, 일정 등에 대해 가까운 곳에 적어두거나 반복적으로 말해서 현재에 대한 기억을 도와주는 것이다. 과거를 회상하게 해서 과거에 익숙했던 기억들과 생활 방식을 다시 찾을 수 있도록 할 수도 있다.

남편 : 오늘 뭐 해?

부인 : 저녁에 은수네(아들 가족)가 오기로 돼 있어요.

남편 : (10분 후) 저기, 오늘 뭐 해? 병원 가?

부인 : 방금 말했잖아요, 저녁에 은수네가 온다고……

남편 : (5분 후) 오늘 뭐 해? 병원 간다고?

부인 : (짜증이 나서) 똑같은 말을 몇 번 해요?

　　　　저녁 때 당신 보러 은수네가 온다니까요!

남편 : 아니, 그걸 내가 어떻게 알아? 누가 말해줘야 알지.

치매 어르신을 돌보는 가족이나 간병인은 어르신의 반복적인 질문에 짜증이 나기 쉽다. 또한 옆에 있는 사람이 자신을 때렸다는 것과 같이 사실과 다른 말을 만들어 내는 작화증도 나타난다. 무의미한 말을 혼자서 계속 하기도 하고, 상황에 맞지 않는 말을 하기도 한다. 이런 상황에서 차분함을 유지하고 어르신 내면의 요구를 이해하려고 노력하는 것이 필요하지만, 사실 매우 어려운 일이다. 그러나 잘못을 반복적으로 지적하거나 화를 내면서 말을 하는 것은 치매 어르신의 불안 행동이 강화되어서 공격적인 행동을 하거나, 더 위축될 수 있으므로 주의가 필요하다. 만나거나 헤어질 때 반복적으로 "사랑해요, 고맙습니다."와 같은 인사를 주고받는 것은 안정감과 행복감을 높일 수 있다.

이보다 더 심한(중등중) 치매를 앓으시는 어르신은 부적절한 단어를 사용하거나 대화중에 말이 끊어지는 횟수가 많아진다. 같은 말을 반복하거나, 이름을 찾아내기 어려워지는 명칭 실어증이 나타나며, 말의 일관성이 없어지고, 혼돈이 많이 나타나서 대화의 주제가 제한된다. 그러나 가까운 기억은 많이 없어졌지만, 장기기억은 손상되지 않아서 과거의 기억을 가지고 살고 있는 경우가 많다.

> **어머니** : 너 여기 어떻게 왔냐?
>
> **딸**　　: 네?
>
> **어머니** : 인민군이 쳐들어와서 지키고 있는데, 여길 어떻게 들어왔어?

이 경우, 딸은 매우 당황스럽겠지만 "엄마, 지금 무슨 인민군이 있어요? 제발 정신 좀 차려요." 하는 식의 말은 도움이 되지 않는다. 그 상황을 같이 받아들여서 "네, 인민군이 엄마한테 들어가라고 문 열어주었어요."라고 상황을 인정하면 오히려 편안하게 받아들이고 다른 말을 이어갈 수 있다. 어르신이 사용하는 언어를 잘 듣고 무슨 의미인가를 생각해 보고, 어르신이 충분히 감정을 표현할 수 있도록 유도하며, 가능하다면 과거와 현재의 기억을 잘 이어주어 어르신을 다시 현실세계로 돌아오도록 대화를 이끄는 것이다.

어르신의 기억이 멈추어진 시점에서 회상할 수 있는 주제나 사건 등을 이야기하면 대화가 잘 이어질 수 있다. 지속적으로 만나는 가족이라면 어르신이 사용하는 이름이나 사건 등을 메모해서 대화에 활용하는 것도 좋은 방법이다. 이처럼 옳고 그름을 떠나서 일단 인정하면서 지적이나 반대, 비난 등의 부정적인 자극을 하지 않고 대화를 하면 어르신이 불안 행동이나 우울증에 빠지지 않을 수 있다.

> **할머니** : 배고파, 밥 줘.
> **간병인** : 아이구, 무슨 밥을 또 달래요? 밥 먹은 지 십 분도 안
> 되었어요,
> **할머니** : 저 사람 나 죽이려고 거짓말하네, 배고파, 밥 줘.

이 경우에는 "어르신 시장하세요?" 하고 인정하는 말을 하고, "식당 문이 닫혔네요." 하고 현실을 인지시켜 드린 후, "식당 문 열면 다시 와요."와 같이 동의를 얻는 방식으로 소통을 하면 매우 바람직하다. 그러나 또 다시 요구할 경우, "식사 준비 되는 동안 차드실래요?", "좀 있다가 간식 드릴게요.", "금방 드릴게요."와 같이 다른 쪽으로 관심을 유도하여 그 상황을 벗어나는 것도 좋은 방법이다.

이보다 더 증상이 심해져서 중증 치매로 진행되면 대화할 때 시선을 맞추지 못하고, 말 수가 줄어들어서 무언증을 보이며, 의사소통에 어려움이 따른다. 경우에 따라서는 상대방의 말을 반복

적으로 따라만 하기도 하는데, 의사소통이 되지 않는다고 감정 기능이 모두 없어지는 것은 아니다. 따라서 신체적 접촉이나 그림, 사진 같은 것들을 통해 소통하고, 어르신이 아무 말을 하지 않더라도 모든 것을 듣고 있다고 가정하고 계속해서 이야기하며, 어르신이 내는 작은 소리나 어떤 말에도 반응을 보이며 서로 교감하고 있음을 나타내는 것이 필요하다. 어르신이 반응을 보이지 않더라도 대화가 끝나면 마무리를 하고 작별 인사를 하는 것이 좋다.

영국 엑스터 대학의 발라드Ballard 교수는 매일 10분 치매환자와 함께 가족이나 관심사에 대해 대화하면 삶의 질이 개선된다는 연구 결과를 의학지PLOS Medicine에 발표했다. 사회적 상호작용과 관계 맺기는 치매환자를 포함한 모든 어르신들의 건강과 행복감을 증진시키는 요소라는 것을 확인한 것이다.

치매 어르신과 대화할 때는 다음과 같은 방법이 도움이 될 수 있다.

- 장소를 선택할 수 있다면 조용하고 편안한 곳에서 대화한다.
- 말을 시작하기 전에 나와 눈을 맞출 때까지 기다린다.
- 정면에서 눈높이를 맞추어 대화한다. 어르신이 누워 있을 경우 몸을 굽혀서 어르신이 말하기 편하도록 한다.
- 말의 속도는 조금 천천히 하고, 목소리의 온도는 높인다.
- 어르신이 적재적소에 쓸 단어를 떠올리지 못할 때 빈칸을

채워준다. 그러나 잘못된 단어를 사용했다고 고쳐 말할 필
요는 없다.

- 최대한 단순한 문장으로 전하려는 메시지를 수식어 없이
직설적으로 명확히 전달한다.
- "꼭 이렇게 하세요.", "이거 하지 마세요." 등과 같이 명령하
거나 강요하는 말은 사용하지 않는다.
- 사실에 근거해서 비난하거나 훈계하는 말은 사용하지 않는
다.
- 어르신이 화를 낼 때는 목소리를 높이거나 흥분하지 말고,
주제를 다른 쪽으로 바꾼다.
- 어르신이 하는 말 뒤에 숨은 감정과 의도(불안, 걱정, 혼란스
러움, 배고픔, 피곤함 등)가 무엇인지를 파악한다.
- 무슨 말을 하든 경청하는 태도를 통해 어르신이 존중받고
있음을 느끼게 한다.
- 효과적인 대화를 위해 표정과 몸짓뿐 아니라 사진, 문자 등
도 활용한다.
- 손을 잡거나 신체 접촉을 통해 친밀감을 전달한다. 단 의심
이 많은 경우는 적당한 거리를 유지한다.

생명을 가진 누구도 노화를 피할 수는 없다. 노화와 더불어
다른 사람의 도움 없이 혼자 힘으로 할 수 없는 일들이 많아지는
어르신들이 품격을 지키며 노후생활을 하는 것은 어르신 혼자만

의 힘으로는 불가능하다. 어려운 시간들을 살아오신 삶에 대해 존경하고, 감사하는 마음을 바탕으로 신체적, 정신적인 고통을 마음 깊은 곳에서부터 이해하려고 노력하고, 어르신들의 건강 상태나 상황에 맞게 눈높이를 맞추어 배려하는 것, 어르신들의 건강과 행복을 위해 얼굴과 얼굴로 대면하고 대화하면서 마을 효과를 만들어내는 것은 고령사회를 살아가는 우리 모두의 과제이다.

27

다문화 사회 대화

세계화라는 이름으로 지구촌의 삶은 큰 변화를 겪고 있다. 정보와 물자의 유통이 가속화되면서 사람들의 교류도 활발해지고, 이에 따라 사람들과 함께 그들의 언어와 종교, 문화 등 다양한 생활양식들이 따라 다니게 된다. 세계 모든 사람들이 함께 소통하는 사회에서 고립적이고 폐쇄적인 자세로는 살아남기 힘든 세상이 되었다. 20세기까지 이른바 '단일민족'의 정체성으로 고정되었던 인식이 바뀔 겨를도 없이 대한민국 국민 중 외국인 200만 시대를 맞이했고, 외국인이 전체 인구의 4% 이상을 차지하면서 다문화 사회가 되었고, 디문화와 관련된 많은 현상들이 피부로 느껴지게 되었다. 2007년 8월 유엔 인종차별철폐위원회CERD에서 외국인 거주자가 크게 늘어난 한국 사회는 이제 다민족 사회가 된 만큼 단일민족이라는 개념을 극복해야 한다고 권고한 지도 십여 년이 지났다. 한국이 민족 단일성을 강조하는 것은 한국 땅에 사는 다양한 인종들 간의 이해와 관용, 우호 증진에 장애가 될 수 있다는 것이다.

문화적 다양성을 확보한 다문화

최근 한국 사회의 인구학적 특징으로는 초저출산 현상과 인구고령화, 다문화가족 증가 등이 거론된다. 1988년 올림픽 개최를 계기로 한국은 아시아의 주요한 이주노동력 유입 국가의 위상을 갖추게 되어, 국내 이주자의 규모가 급속도로 증가해 왔다. 1990년대 초반 이래 취업이나 결혼을 목적으로 아시아 국가들로부터 한국으로 이주해 오는 외국인의 규모가 빠르게 증가하여 경제협력개발기구OECD가 '이민국가'로 지정한 나라이며, 약 200개국에서 몰려온 외국인들이 살고 있다. 나라지표에 따르면 국내 체류 외국인은 2017년 기준 2,180,498명으로, 2000년 당시 49만 명이었던 것에 비해 십여 년 사이에 4배 이상 늘었다. 외국인주민도 186만 여 명으로 총 인구의 3.6%를 차지하고 있다.

일반적으로 이주민은 이주노동자, 결혼이주민과 그 가족, 유학생, 망명자 등 조국을 떠나 다른 나라에 옮겨 가서 사는 사람을 뜻한다. 이 가운데는 결혼이민자나 그 자녀와 같이 귀화하여 한국 국적을 가진 사람도 있지만, 외국인 근로자와 유학생, 연수생도 있고, 교수나 기술지도와 같은 전문 인력과 선원과 같은 기능 인력도 있다. 또한 고려인이나 조선족과 같은 재외동포, 북한이탈주민도 있다. 이와 같이 한국인의 구성은 다인종·다민족 국가로 바뀐 것에 비해, 다문화가족은 아직 소수이며, 다문화 가구원들은 피부색과 외모가 다르다거나 개발도상국 출신이라는 이유로 사회적 편견과 차별의 피해를 당하는 일이 있다. 한국은 다인종 사회나 다민족 사회가 되었을 뿐, 문화적 다양성이 공존하는 다문화 사회에는 이르지 못한 것이다.

다문화 가족의 증가로 국제결혼 가정, 외국인 근로자 가정, 북한이탈주민 가정의 자녀들이 크게 늘어났고, 초등학교와 중고등학교 학생 가운데 다문화 가정의 자녀 비율이 높아졌다. 그러나 미처 이들을 교육할 교육 내용이나 교수 방법에 대한 준비를 하지 못한 상태에서 학생 비율이 높아지면서 여러 가지 문제점들도 나타나고 있다. 학교에 입학하지 않는 경우도 있고, 학교에 입학은 했지만 수업을 따라가기 힘드니까 중간에 학업을 포기하는 학생들도 많다. 학교에 다니는 경우도 한국어 사용 능력이 부족하다 보니 한국어를 도구로 공부해야 하는 다른 과목도 이해하기 어려워서 학업에 어려움을 겪을 뿐 아니라, 사회적 편견 때문에 친구를 사귀기 어렵고, 집단 따돌림이나 놀림 등으로 정서적 충격과 정체성의 혼란을 느낀다. 심지어 저소득층일수록 학용품이나 준비물을 마련하는 데도 어려움이 있어서 소비 수준의 차이에서 오는 소외감을 느낀다. 특히 불법체류 노동자의 자녀는 의료 혜택을 받을 수 없고, 은행 이용이나 휴대전화 가입 같은 기본적인 생활도 어려우며, 이러한 어려움이 학교생활로 이어지고 있다.

다문화 가정 자녀들의 군입대도 본격화되고 있다. 2012년 첫 부사관이 배출되었고, 현재 3,000명이 넘는 다문화 장병이 복무 중인데, 국방부는 2028-2032년에는 연평균 팔천 명의 다문화 가정 자녀들이 징병검사 대상자가 될 것으로 예측하고 있다. 2011년부터 다문화 장병의 군생활 적응을 위해 다문화 자녀 2-3명이 함께 입대하고 내무 생활을 하는 동반입대 복무제도를 시행하고 있다. 그러나 다문화 장병을 따로 관리하는 것은 차별적인 행위가 될 위험성을 갖고 있다는 이유로 군생활의 어려움이나 고충에 대한 현황도 파악되지 않고 있다.

네가 내 방에 들어왔잖아?

다양한 문화를 가진 사람들이 함께 살다보면 문화적 갈등이나 사회적 갈등은 생기게 마련이다. 언니나 동생과도 같은 방을 쓰려면 싸울 일이 많아질 것인데, 하물며 한국 문화에 적응하지 못한 사람들과 타문화를 이해하지 못하는 사람들이 같이 살면서 어려움을 겪는 것은 당연한 일일 것이다. 이 경우, 내가 살던 방에 동생인 네가 들어왔으니, 언니가 가르쳐 주는 대로 따라하라는 언니는 친절하고 좋은 언니라기보다는 자기중심적인 기준만을 고집하는 이기주의자일 뿐이다.

이민자에게 우리말과 우리 문화를 빨리 익혀서 의사소통도 원활하고 지역사회에 쉽게 융화될 수 있도록 지원해 주면 된다는 생각은 집단 이기주의적인 생각이다. 이것은 실제로는 소수 인종과 민족이 자신의 언어, 종교, 관습 등을 포기하고 그 사회의 주류 집단의 문화에 동화되도록 하는 것이고, 초기 미국의 이민정책을 나타내는 용광로 이론melting-pot theory과 맥을 같이 하는 생각이다. 그러나 우리보다 먼저 다문화 시대를 맞이한 나라들에서는 서로 다른 문화에 대한 이해와 존중을 바탕으로 사회 통합을 추구하는 관점인 문화적 다원주의나 다문화주의에 바탕을 두고 있다.

따라서 모든 문화가 동등한 가치를 가지는 것으로 보아 주류 문화뿐 아니라 소수 인종과 민족이 자신의 문화를 유지하면서 공존하는 것을 인정하는 것이 바람직하다. 한 방 안에서 언니의 방식과 동생의 방식이 모두 존중받는 방식을 찾아야 한다는 것이다.

다름다운 사람들

다문화 사회의 소통을 위해서는 다문화 사회 구성원 모두가 노력해야 한다. 한편으로 다문화가정으로 지칭되는 소수자들이 의사소통의 문제를 해결하고 정체성의 문제, 가정, 사회생활, 문화에 적응하려는 노력도 필요하지만, 다른 한편으로는 다른 인종이나 민족과 더불어 사는 것이 익숙하지 않은 다수자들의 노력이 있어야 한다는 뜻이다. 단일민족을 강조해온 우리나라의 경우, 급격하게 다문화 사회로 진입하게 되면서 문화충돌이나 사회적 갈등이 일어날 가능성도 있다는 점을 생각하면, 이 땅의 주인이라고 생각하는 다수자의 의식 변화와 노력이 더욱 절실하다.

이와 같은 상황에서 필요한 것은 다문화 교육이다. 다문화 교육은 문화적, 민족적 정체성과 다양성이 증대되는 세계를 살아가기 위해 필요한 지식, 기능, 가치와 태도를 함양하도록 다양한 문화, 민족, 사회계층의 사람들이 사회적 다양성을 수용하고, 사회적 통합을 이루도록 하는 것이다. 한 방송사에서는 '다름다운'이라는 신조어를 사용해서 "다름다운 사람을 찾습니다" 라는 캠페인을 했다. 다름다운은 다름과 아름다움을 결합한 단어로 '다르기에 아름다울 수 있다'는 뜻을 가지고 있다. 또한 '다름답다'고 당당하게 말함으로써 움츠러들지 않고 당당하게 함께 아름다운 세상을 만들어 간다는 것이다.

그러기 위해서는 문화 이해와 수용을 위한 노력이 필요하다. 문화가 무엇이며, 문화적 차이를 어떻게 이해할 것인가를 논의하고 성찰하는 기본적인 문화 감수성 훈련과 문화 경계 넘기 훈련에 중점을 두어 다양성, 평등, 정의에 초점을 맞추며 한 사회 내의 다양성을 인정하는 다양한 관점을 알게 함으로써 편견과 갈등을 줄이는 것이다.

비언어적 표현의 차이

문화적 다양성의 한 양상으로 말을 보조하는 몸짓이나 표정, 동작이 문화마다 다르다는 것을 이해하고 수용할 필요가 있다. 의사소통에서 말의 내용보다는 말하는 목소리, 태도, 표정이 더 중요하다. 그러나 인종이나 민족에 따라 목소리나 몸동작을 사용하는 양상이 다르기 때문에 오해나 편견의 원인이 되기도 한다.

"어서와. 한국은 처음이지?"라는 텔레비전 프로그램에서 보면 멕시코에서 온 친구들은 큰 소리로 이야기를 나누지만, 독일 친구들은 이에 비해 작은 소리로 대화를 나눈다. 목소리의 크기, 속도도 다 다르고, 인사하는 방식도 다 다르다. 대화를 하면서 어디를 보고 대화하느냐 하는 것도 다 다르다.

미국에 이민 간 가정에서 현지에서 자란 초등학생 아들이 아버지에게 말을 하면서 눈을 똑바로 보고 이야기를 했다. 아들의 태도가 반항적이라고 생각한 아버지는 아들을 한 대 때리면서 어른 눈을 그렇게 똑바로 보는 것이 아니라고 하였는데, 아들은 아버지가 자신을 때렸다고 신고를 해서 경찰이 왔고, 법원에서 문화적 차이라는 것이 받아들여질 때까지 아들을 따로 격리, 보호해서 아버지는 아들을 볼 수 없었던 사례도 있다.

이야기를 나눌 때 상대방과 유지하는 거리도 다 다르고, 이리 오라고 부르는 손짓도 다 다르다. 따라서 내가 가지고 있던 기준을 가지고 판단하는 것은 오해의 요인이 될 수 있다는 것을 이해하고 인정하는 것이 필요하다. 그리고 내 방식대로 하라고 요구하기보다는 다른 방식의 의미가 무엇인지 파악하려는 마음이 준비되어야 한다.

맥락 의존도의 차이

말한 내용이 해석되는 방식도 문화마다 다르다. 자기 생각을 직설적이고 정확한 언어로 표현하는 문화^{저맥락 문화 low-context}도 있지만, 말로 분명하게 표현하기보다는 돌려서 함축적으로 표현하는 문화^{고맥락 문화 high-context}도 있다. 고맥락 문화에서는 직관이나 눈치, 체면이 의사소통에 매우 중요한 요소가 되지만, 저맥락 문화에서는 정확한 정보 전달이 중요한 요소가 된다. 배가 고플 때 저맥락 문화에서는 "밥 줘요."라고 직접 말하지만, 고맥락 문화에서는 "뭐 먹을 것 좀 있나?"와 같이 돌려 말하거나, 심지어는 체면 때문에 배고프다는 사실을 말하지 않기도 한다. 일반적으로 한국, 일본, 중국을 비롯한 동남아시아와 남유럽 국가들은 대부분 고맥락 문화에 속하지만, 북미와 호주, 북유럽 국가들은 저맥락 문화에 속한다.

다미   : 어머니, 저 왔어요.

어머니 : 뭐 이런 걸 다 사왔니?

다미   : 죄송해요. 제가 몰라서 잘못 사왔나 봐요.

결혼이주 여성들이 겪는 어려움 가운데 많은 부분은 이러한 특성 때문에 일어난다. 집에 오면서 과일을 사들고 온 며느리에게 어머니는 고맙다는 말 대신에 그냥 와도 되는데 뭘 사왔냐고 말한 것이지만, 시댁에 가면서 정성껏 과일을 사가지고 간 며느리에게는 이 말이 물건을 잘못 사왔다는 꾸지람으로 해석이 된다. 아버님 생신을 앞두고 언제 갈까 여쭤보았더니 "피곤한테 천천히 와라." 하셔서 피곤하니까 푹 쉬고 오라는 말로 해석하고 저녁에 갔더니, 다 늦게 뭐 하러 왔느냐고 역정을 내셨다는 이야기와 같은 맥락이다.

공적인 장면에서의 대화와 사적인 장면에서의 대화, 친소관계에 따라 달라지는 높임의 등급, 상황이나 나이, 성별에 따라 같은 말이라도 다르게 해석되는 한국말은 누구라도 제대로 사용하기 어렵지만, 특히 이주민들에게는 매우 어려운 일이다. 따라서 자신의 생각을 드러내는 방식에는 다양한 변이형들이 있음을 알고, 내 방식과 다르면 예절도 모르고 말도 할 줄 모른다고 생각하는 편견을 버리고, 장면에 따라 소통할 수 있는 유연성을 가져야 한다.

감사 인사는 아첨?

무엇을 느끼고 말하는 방식도 문화마다 다르다. 사람이 말을 하는 것은 나무에 오르거나 발로 차거나 물을 마시는 것과 마찬가지로 상태를 행동의 한 부분이라는 점 때문에 말하는 것을 대화행위화행, speech act라고 한다. 손을 비비며 무릎을 꿇어 용서를 구하는 행동과 같은 뜻으로 '죄송합니다.'라고 말을 하고, 어린아이의 머리를 쓰다듬어 주는 행동과 같은 뜻으로 '참 잘했다.'라고 말을 하는 것이다. 그런데 이렇게 대화로 행동하는 방식이나 요령도 다 문화적 차이가 있다. 어떤 문화에서는 직접적으로 말하는 것이 좋다고 받아들이지만, 어떤 문화에서는 돌려서 간접적으로 말하는 것이 좋다고 생각한다. 어떤 문화에서는 반드시 말해야 한다고 생각하지만, 어떤 문화에서는 마음으로 느낄 수 있는 것을 말로 하는 것이 낯간지럽다고 생각한다.

남북 언어 가운데 뜻은 통하나 표현 방법이 달라서 의사소통에 어려움을 겪는 경우가 있다. 특히 인사, 감사, 칭찬, 사과, 거절 표현이 서로 다르다. 북한이탈주민들과 함께 생활하면서 남한 사람들은 북한 사람들이 감사를 모르고, 고마운 것을 표현할 줄 모르는 사람들이라고 불평한다. 그렇지만 북한이탈주민들은 남한 사람들이 아무 것도 아닌 것을 감사하다고 빈말을 하면서 상대방에게 아첨을 하거나 마음에도 없이 말만 하는 사람들이라고 불평한다.

실제로 조사를 해보니, 북한이탈주민들은 북한에서 정치적으로 강요된 의무적인 감사의 상황과 달리 남한에서 일상적으로 감사 표현을 하는 것에 어려움을 느끼며, 고맙다는 마음이 있어도 쑥스러워서 말로 하지는 않는 사람들도 많았다. 이렇게 마음의 상태를 말로 표현하는 방식도 언어마다 다르고, 같은 언어를 사용해도 다양한 변이형들이 있음을 이해해야 한다. 말로 표현되는 것은 생각의 아주 작은 부분이고, 표현하는 방식도 다 다르기 때문에, 내 방식만이 옳다고 생각하고 다른 것을 비난하거나 거부하는 것은 소통을 더 어렵게 만드는 일이다.

왜 빙빙 돌려 말할까?

말의 내용을 구성하는 방식도 문화마다 다르다. 글을 쓰는 방식의 차이를 그림으로 설명한 카플란kaplan, 1966의 연구를 통해 보면, 어떤 사람들은 주저 없이 본론을 이야기하지만, 어떤 사람들을 앞뒤로 오가며 본론으로 진행하고, 어떤 사람들은 중간을 생략해 버리고 본론을 제시한다. 그런데 동양 사람들은 말을 빙빙 돌리면서 본론에 접근하는 수사적 방식을 사용한다.

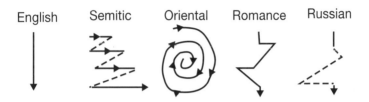

Patterns of Discourse(Kaplan, 1966:14)

English　Semitic　Oriental　Romance　Russian

　　문화에 따라 본론부터 시작하는 문화와 서론을 중시하는 문화, 정보 중심으로 본론을 구성하는 문화와 친교 중심으로 본론을 구성하는 문화 등 다양한 문화적 변이형이 있다. 용건을 말하기 위해 먼저 예의를 차려 순서대로 차근차근 시작하는 다수자들에 비해 한국어에 익숙하지 않은 사람들일수록 용건만 간단한 단어로 이야기할 수밖에 없다. 실제로 강의 중에 어떤 유학생은 "선생님 나 배 아파."라고 이야기해서 강의실 분위기가 어색해지기도 했다. 그냥 말이 숙달되지 않은 것, 그리고 문화적 차이에 의해서 용건을 직접적으로 이야기하는 것을 정중하지 못함, 무례함, 교양 없음, 배우지 못함 등과 같은 가치의 판단의 영역으로 비약하는 것은 소통을 더 어렵게 할 뿐이다.

말 끼어들기

　　말하는 순서에 대한 생각도 문화마다 다르다. 대화에서 누가 먼저 말을 해야 하는가에 대한 생각도 다 다르다. 아무나 말을 시작하는 문화도 있지만 서열을 고려하는 문화도 있다. 정해진 순서는 없어도 대가족제도의 전통을 바탕으로 어른이나 연장자, 상급자가 먼저 말을 하고 난 다음에 말을 하는 것을 예의로 생각하는 사람들의 관점에서는 스스럼없이 아무 때나 말을 하는 사람이나, 다른 사람이 이야기를 하고 있는데 끼어들어서 말을 하는 사람을 보면 매우 불편할 것이다. 물론 한 번에 한 사람씩 이야기하는 것이 가장 듣기 편하지만, 같이 말을 하다 보면 두 사람 이상이 동시에 말을 하는 중복이 나타나기도 한다.

중복이 일어나면 매우 불편하게 생각하는 문화도 있지만, 태국이나 일본, 이탈리아 등에서는 이런 대화가 상대방을 방해하기는커녕, 애정과 관심을 표현하는 방법으로 이용된다는 점을 생각하면, 대화 중간에 끼어드는 것도 다 문화적으로 다르게 해석되는 요소임을 알 수 있다. 대부분 한국어가 익숙하지 않은 사람들은 할 말을 구성하기 위해 시간이 필요하기 때문에 신중하게 말하는 심사숙고형에 속하는 경우가 많다. 따라서 충분히 생각하고 말할 수 있는 시간만큼 기다려 주고, 여유를 두고 다음 말을 시작하면서 대화를 이끌어 가야 한다.

대화와 대화 사이에 유지하는 공백도 문화에 따라 다르고, 상대방이 말을 할 때 중복해서 말을 하는 것을 방해로 받아들이는지 협조로 받아들이는지도 문화에 따라 다 다르기 때문에, 내 방식만이 옳다고 생각하고 답답하게 생각하거나 조급하게 대응하는 것은 소통을 더 어렵게 만드는 일이다.

낯선 한국으로 삶의 터전을 옮겨서 생활하는 이민자들은 다른 문화 속에서 다른 방식으로 말해 왔던 사람들이다. 게다가 한국말이 아닌 다른 말을 모국어로 사용해 오던 사람들이다. 그들은 도움을 필요로 하는 대상이 아니라 이해와 배려를 원하는 이웃이다. 지구촌에서 누구나가 다른 문화, 다른 공간에서 생활하게 된다면 겪어야 하는 문제들을 해결해 나가고 있는 우리 사회의 동등한 구성원이다. 따라서 자신과 익숙한 방식으로 대화하지 않는 것을 다른 관점으로 해석하여 오해하거나 편견을 가지고 바라보는 것이 아니라, 그들의 방식을 이해하고 받아들이면서, 서로 달라서 어쩔 수 없이 벌어지는 간격은 배려로 메꿔갈 수 있는 마음이 준비되어야 한다.

참고문헌

1장 참고문헌

Birdwhistell, Ray L. (1952). *Introduction to Kinesics: An Annotation System for Analysis of Body Motion and Gesture*, Washington. DC: Department of State, Foreign Service Institute.

Goffman, Erving (1967). *Interaction Ritual: Essays on Face-to-Face Behavior*, Anchor Books.

Mehrabian, Albert (1971). *Silent Messages*, Belmont, CA: Wadsworth.

Moris, Jan (1974). *Conundrum*, NY.: Harcourt Brace Jovanovich.

Ong, Walter J. (1982). *Orality and Literacy; The Technologizing of the Word*, Routledge

Sapir, Edward (1927). The unconscious patterning of behavior in society, In David Goodman Mandelbaum, ed., (1949). *Selected Writings of Edward Sapir, in Language, Culture and Personality*, 544-59, Berkeley: University of California Press.

2장 참고문헌

Mehrabian, Albert (1971). *Silent Messages*, Belmont, CA: Wadsworth.

Tannen, Deborah (1984). *Conversational Style: Analyzing Talk among Friends*, NY.: Oxford University Press.

3장 참고문헌

Goffman, Erving (1974). *Frame Analysis: an Essay on the Organization of Experience*, Cambridge, MA: Harvard University Press.

Tannen, Deborah (2001). *I Only Say This Because I Love You: Talking to Your Parents, Partner, Sobs, and Kids When You're All Adults*, NY.: Random House.

4장 참고문헌

Blanchard, Kenneth, Lacinak, Thad, Tompkins, Chuck & Ballard, Jim. (2002). *Whale Done! The Power of Positive Relationships*, NY.: The Free Press. 조천제 옮김, 칭찬은 고래도 춤추게 한다, 21세기북스.

Byock, Ira (2004). *The Four Things That Matter Most: A Book about Living*, Free Press.

Goleman, Daniel (2006). *Social Intelligence: The New Science of Human Relationships*, Bantam Books.

Gross, Stefan F. (1997). *Beziehungs Intelligenz*, 박정미 옮김 (2000). 인간관계지능, 청년정신.

Leech, Geoffrey (1983). *Principles of Pragmatics*, London: Longman.

5장 참고문헌

Tannen, Deborah (2001). *I Only Say This Because I Love You: Talking to Your Parents, Partner, Sobs, and Kids When You're All Adults*, NY.: Random House.

6장 참고문헌

Hall, Edward T. (1966). *The Hidden Dimension*, NY.: Doubleday.

7장 참고문헌

구현정·전영옥 (2005). 의사소통의 기법, 박이정.

Luft, Joseph. & Ingham, Harry (1955). The Johari window, a graphic model of interpersonal awareness, *Proceedings of the western training laboratory in group development*, Los Angeles: University of California, Los Angeles.

Luft, Joseph (1969). *Of Human Interaction*, Palo Alto, California: National Press.

Sinek, Simon https://www.youtube.com/watch?v= 3ev7GXz FTPgg

8장 참고문헌

김민희 (2017). 자존감 상실의 시대, 주간조선 2481호, 2017. 11. 6.
https://weekly.chosun.com/client/news/viw.asp?ctcd=C01&nNewsNumb=002481100001
구현정·전영옥 (2005). 의사소통의 기법, 박이정.
Satir, Virginia (1991). *Peoplemaking*, Palo Alto, California: Science and Behavior Books.

9장 참고문헌

Littlejohn, Stephen W. (1983). *Theories of Human Communication*, Bermont, CA: Wadsworth Publishing Company.
Jourard, Sidney M. (1964). T*he Transparent Self: Self-disclosure and Well-being*, NY.: Van Nostrand Reinhold.

10장 참고문헌

Rosenthal, Robert and Jacobsen, Lenore (1968). *Pygmalion in the Classroom: Teacher Expectation and Pupils' Intellectual Development*, NY.: Holt, Rinehart and Winston.
하완 (2018). 하마터면 열심히 살 뻔했다, 웅진 지식하우스.

11장 참고문헌

구현정 (2015). 대화의 기법: 이론과 실제, 도서출판 경진.

구현정·최연실·전정미 (2014). 분야별 화법 분석 및 향상 방안 연구: 가정 내 대화법, 국립국어원.

국립국어원 (2011). 표준 언어 예절, 국립국어원.

12장 참고문헌

사이토 다카시 지음, 장은주 옮김 (2014). 잡담이 능력이다, 위즈덤하우스.

Fine, Debra (2005). *The Fine Art of Small Talk*, Hachette Books. 김미옥 옮김 (2007). 스몰토크, 21세기북스.

Hayakawa, Samuel Ichiye & Hayakawa, Alan R. (1990). *Language in Thought and Action*, NY.: Harcourt Brace Jovanovich.

13장 참고문헌

정혜신 (2018). 당신이 옳다, 해냄출판사.

Rogers, Carl Ramsom (1972). *On Becoming a Person: a Therapist's View of Psychotherapy*, Boston: Houghton Mifflin.

14장 참고문헌

구현정·전정미(2019). 유머학개론, 박이정.

Harker, Lee Anne & Keltner, Dacher (2001). Expressions of positive emotion in women's college yearbook pictures and their relationship to personality and life outcomes across adulthood. *Journal of Personality and Social Psychology*, 80, 112-124.

Mulkay, Michael (1988). O*n Humor: Its Nature and Its Place in Modern Society*, Blackwell.

15장 참고문헌

구현정·전정미 (2007). 화법의 이론과 실제, 박이정.

Grice, H. P. (1975), Logic and conversation, Cole, P. and Morgan, J. L. (eds.), S*yntax and Semantics 3 Speech acts*, 41-58, New York, Academic Press.

16장 참고문헌

Ford, C. E. and Thomson, S. A. (1995). Interactional units in conversation: syntactic, intonational, and pragmatic resources for the projection of turn completion. Ochs, E., Schegloff, E., and Thompson, S. A. (eds.), *Interaction and Grammar*, Cambridge, Cambridge University Press.

Ho S, Foulsham T, Kingstone A (2015). Speaking and listening with the eyes: gaze signaling during dyadic interactions, *PLoS* ONE 10(8):e0136905. https://doi.org/10.1371/journal.

pone.0136905

Sacks, Harvey; Schegloff, Emanuel A.; Jefferson, Gail (1974).
A simplest systematics for the organization of turn-taking for
conversation, *Language* 50 (4), 696-735.

Tannen Deborah (1984). *Conversational Style: Analyzing Talk
among Friends*, NY.: Oxford University Press.

17장 참고문헌

Ketterman, Grace H. (1993). *Verbal Abuse: Healing the Hidden
Wound*, Vine Books.

Heritage, John. (1984). *Garfinkel and Ethnomethodology*,
Cambridge: Polity Press.

Tannen Deborah (1984). *Conversational Style: Analyzing Talk
among Friends*, NY.: Oxford University Press.

Teicher, Martin H. Samson J. A., Anderson C. M., and Ohashi K.
(2016), Effects of childhood maltreatment on brain structure,
function and connectivity. *Nature Reviews Neuroscience*, 2016-
17, 652-666.

18장 참고문헌

Sacks, Harvey; Schegloff, Emanuel A.; Jefferson, Gail (1974).
A simplest systematics for the organization of turn-taking for

conversation, *Language* 50 (4), 696-735.

Tannen, Deborah (2012). Turn-taking and intercultural discourse and communication. In Paulston, Christina; Kiesling, Scott; Rangel, Elizabeth. *The Handbook of Intercultural Discourse and Communication*, 135-157, Chicester, UK: John Wiley & Sons.

19장 참고문헌

Hall, Edward T. (1976). *Beyond Culture*, Anchor Books.

Johnson, Mark. (1990) *The Body in the Mind: The Bodily Basis of Meaning, Imagination, and Reason*, University of Chicago Press.

20장 참고문헌

Snow, Catherine (1983). Literacy and language: relationships during the preschool years, *Harvard Educational Review* 53(2), 165-189.

National Center on Addiction and Substance Abuse at Columbia University (2009). The importance of family dinners V [Electronic Version].

http://www.casacolumbia.org/absolutenm/articlefiles/380-Importance%20of%20Family%20Dinners%202003.pdf.

21장 참고문헌

김광수 (2011). https://news.kotra.or.kr/user/globalBbs/kotranews/7/globalBbsDataView.do?setIdx=245&dataIdx=104815

일본능률협회 (2012). https://mayonez.jp/topic/5383

일본 마이나비 (2016). https://product-senses.mazrica.com/senseslab/tips/nominication

잡코리아 (2016). https://m.jobkorea.co.kr/GoodJob/Tip/View?News_No=10638&schCtgr=0&TS_XML=

잡코리아 (2018). http://www.youthdaily.co.kr/news/articleView.html?idxno=8127

22장 참고문헌

박선우·유현지·이수미 (2016). 한국어 SNS텍스트에 사용된 지역어의 기능에 대하여, 어문학 133, 1-31, 한국어문학회.

하 완 (2018). 하마터면 열심히 살 뻔했다, 웅진 지식하우스.

Turkle, Sherry (2016). *Reclaiming Conversation,: The Power of Talk an a Digital Age*, Penguin Press. 황소연 역(2018). 대화를 잃어버린 사람들, 민음사.

Schmidt, Eric (2012), Boston University 139th Commencement Address, https://www.bu.edu/news/2012/05/20/boston-university-139th-commencement-address-eric-schmidt/

'Digital in 2018' https://wearesocial.com/blog/2018/01/global-digitalreport-2018

23장 참고문헌

다카이 노부오 지음, 유인경 옮김 (1998). 멋지게 사과하는 방법 80가지, 한양출판.

Lewicki, Roy J., Polin, Beth, & Lount Jr, Robert B. (2016). An exploration of the structure of effective aplologies, *Negotiation and Conflict Management Research* 9-2, 177-196. https://doi. org/10.1111/ncmr.12073

24장 참고문헌

Gray, John, (1992). *Men Are from Mars, Women Are from Venus*, Harper Collins.

Hofstede, Geert (2001). *Culture's Consequences: Comparing Values, Behaviors, Institutions, and Organizations Across Nations* (2nd ed.), Thousand Oaks, CA: SAGE Publications.

Pease, Barbara (2000). *Why Men Don't Listen & Women Can't Read Maps: how we're different and what to do about it*, NY.: Welcome Rain.

25장 참고문헌

Facts & Trends (2017). https://issuu.com/factsandtrends/docs/

ftfall2017

Jenkins, Ryan (2017). Generation Z Versus Millennials: The 8 Differences You Need to Know, https://www.inc.com/ryan-jenkins/generation-z-vs-millennials-the-8-differences-you-.html

Jensen, Rolf (2002). Dream Society, McGraw-Hill. 서정환 옮김 (2017). 드림 소사이어티: 미래 경영의 지배자들, 리드리드 출판.

26장 참고문헌

Pinker, Susan (2014). *The Village Effect How Face-to-Face Contact Can Make Us Healtier, Happier, and Smarter*, Spiegel & Grau.

Ballard, Clive (2017). Impact of Dementia research, http://www.exeter.ac.uk/dementia/https://www.youtube.com/watch?v=gKZGL1VtD1w

중앙치매센터 홈페이지 https://www.nid.or.kr/main/main.aspx

27장 참고문헌

구현정 (2017). 남북한 감사 화행 비교 연구, 한말연구 43, 5-28.

Kaplan, Robert (1966). Cultural thought patterns in intercultural education, *Language Learning* 16(1), 1-20.